危险货物道路运输安全管理手册丛书

运输管理篇

危险货物道路运输安全管理手册

严 季 范晓秋◎主 编

人民交通出版社股份有限公司
China Communications Press Co.,Ltd.

内 容 提 要

本书为危险货物道路运输安全管理手册丛书之一，内容包括危险货物道路运输安全管理基础知识、法规和标准体系，危险货物道路运输托运及承运、从业人员管理、凭证道路运输、应急管理等。

本书可供我国危险货物道路运输相关管理人员、科学研究人员和企业从业人员学习使用。

图书在版编目(CIP)数据

危险货物道路运输安全管理手册. 运输管理篇 / 严季，范晓秋主编. — 北京 ：人民交通出版社股份有限公司，2019.5

ISBN 978-7-114-15534-5

Ⅰ. ①危… Ⅱ. ①严… ②范… Ⅲ. ①公路运输—危险货物运输—交通运输安全—标准—汇编—中国 Ⅳ. ①D922.145②U492.8-65

中国版本图书馆 CIP 数据核字(2019)第 093091 号

Weixian Huowu Daolu Yunshu Anquan Guanli Shouce (Yunshu Guanli Pian)

书　　名：危险货物道路运输安全管理手册(运输管理篇)
著 作 者：严　季　范晓秋
责任编辑：董　倩
责任校对：张　贺
责任印制：张　凯
出版发行：人民交通出版社股份有限公司
地　　址：(100011)北京市朝阳区安定门外外馆斜街 3 号
网　　址：http://www.ccpress.com.cn
销售电话：(010)59757973
总 经 销：人民交通出版社股份有限公司发行部
经　　销：各地新华书店
印　　刷：中国电影出版社印刷厂
开　　本：787 × 1092　1/16
印　　张：13.75
字　　数：297 千
版　　次：2019 年 6 月　第 1 版
印　　次：2019 年 6 月　第 1 次印刷
书　　号：ISBN 978-7-114-15534-5
定　　价：45.00 元

前言 PREFACE

《中华人民共和国安全生产法》第三十六条要求，生产经营单位生产、经营、运输、储存、使用危险物品或者处置废弃危险物品，必须执行有关法律、法规和国家标准或者行业标准，建立专门的安全管理制度，采取可靠的安全措施，接受有关主管部门依法实施的监督管理；第二十四条要求，生产经营单位的主要负责人和安全生产管理人员必须具备与本单位所从事的生产经营活动相应的安全生产知识和管理能力。

从事危险货物道路运输安全管理工作的人员，不仅要依法学习有关法律、行政法规、部门规章和国家标准或行业标准，还要熟悉危险货物的概念、分类、特性以及危险货物道路运输管理、从业人员管理、车辆管理、风险管理、隐患排查等专业知识。危险货物道路运输不仅政策性强，而且专业性强，要求危险货物道路运输管理人员必须加强法规、标准和专业知识的学习。

为进一步贯彻《中华人民共和国安全生产法》的有关要求，落实企业主体责任，切实提高企业管理水平，改变企业安全管理"工作喊口号、制度挂墙上、工作无抓手"的现状，编者根据危险货物道路运输企业的要求和实际情况，编写了更具有操作性、更具体和更细化的安全管理丛书，以指导危险货物道路运输企业开展安全管理工作。

危险货物道路运输安全管理手册丛书包括：

(1)危险货物道路运输安全管理手册(法规篇)；

(2)危险货物道路运输安全管理手册(标准篇)；

(3)危险货物道路运输安全管理手册(危险货物和危险化学品篇)；

(4)危险货物道路运输安全管理手册(风险管理和隐患排查篇)；

(5)危险货物道路运输安全管理手册(车辆管理篇)；

(6)危险货物道路运输安全管理手册(运输管理篇)；

(7)危险货物道路运输安全管理手册(典型案例篇)；

(8)危险货物道路运输安全管理手册(知识问答篇);

(9)危险货物品名表及安全卡实用大全。

本书重点介绍了危险货物道路运输安全管理基础知识、法规和标准体系、托运及承运、从业人员管理、凭证道路运输、应急管理等内容。

本书由严季、范晓秋担任主编,李川、方卫兵、陈海燕担任副主编。参编人员有孔方桂、胡海平、唐娜、黄昌伟、秦树甲、赵国统、张彪、侯喜胜、田洪庆、常连玉、汪泽罡、沈小燕、晏远春、沈民、杨开贵、李弢、程国华、曾嘉、邓一凡。

由于作者水平有限,书中难免有不妥之处,敬请有关专家、学者和从事危险货物道路运输管理工作的人员批评指正,以便修订时进一步完善。

编　者

2019 年 4 月

第一章　危险货物道路运输安全管理基础知识

危险货物道路运输安全管理直接关系到每个驾驶人员和押运人员的人身安全，关系到社会的道路交通安全和环保安全，关系到道路运输企业的安全管理和经济效益。“平平安安出发、平平安安回家”，实现道路运输本质安全，既是危险货物道路运输企业每个从业人员每天要实现的安全目标，也是各级政府交通运输主管部门和道路运输经营单位的安全目标。危险货物道路运输安全不仅具有一般安全生产管理的规律和特点，同时还有自身特殊的安全管理要求和方法。本章简要介绍安全生产管理基本概念、现代安全管理理论和危险货物道路运输安全管理特点。

第一节　安全生产管理基本概念

一、安全生产与安全生产管理

(一)安全生产

安全生产，广义上是指在社会生产活动中，通过人、机、物料、环境、方法的和谐运作，使生产过程中潜在的各种事故风险和伤害因素始终处于有效控制状态，切实保护劳动者的生命安全和身体健康，保护环境和保障设备与设施安全。

安全生产是安全与生产的统一，安全促进生产，生产必须安全。做好安全管理，保障劳动条件，可以调动职工的生产积极性，避免职工伤亡、防止环境污染、减少财产损失，从而增加生产经营单位的经济效益、促进生产可持续发展；而生产必须安全，则是因为安全是生产的前提条件，没有安全就无法生产。

(二)安全生产管理

安全生产管理是管理的重要组成部分，是安全科学的一个分支。

所谓安全生产管理，就是针对人们在生产过程中的安全问题，运用有效的资源，发挥人们的智慧，通过人们的努力，进行有关决策、计划、组织和控制等活动，实现生产过程中人与机器设备、物料、环境的和谐，达到安全生产的目标。

安全生产管理也是国家应用立法、监督、监察等手段，企业通过规范化、标准化、科学化、系统化的管理制度和操作程序，对危害因素进行辨识、评价、控制，消除事故隐患，达到安全生产的目标。

安全生产的目标是减少事故和控制危害，尽量避免生产过程中由于事故所造成的人身

伤害、环境污染、财产损失以及其他损失。安全生产管理包括安全生产法制管理、行政管理、监督管理、工艺技术管理、设备设施管理、作业环境和条件管理等方面。

二、事故与事故隐患以及危险与危险源

(一)事故

《现代汉语词典》中“事故”多指生产、工作上发生的意外损失或灾祸。《职业事故和职业病记录与通报实用规程》中把“职业事故”定义为:“由工作引起或者在工作过程中发生的事件,并导致致命或非致命的职业伤害。”

《生产安全事故报告和调查处理条例》(国务院令第493号)将“生产安全事故”定义为:“生产经营活动中发生的造成人身伤亡或者直接经济损失的事件。”根据生产安全事故造成的人员伤亡或者直接经济损失,事故一般分为以下等级:

(1)特别重大事故,是指造成30人以上死亡,或者100人以上重伤(包括急性工业中毒,下同),或者1亿元以上直接经济损失的事故;

(2)重大事故,是指造成10人以上30人以下死亡,或者50人以上100人以下重伤,或者5000万元以上1亿元以下直接经济损失的事故;

(3)较大事故,是指造成3人以上10人以下死亡,或者10人以上50人以下重伤,或者1000万元以上5000万元以下直接经济损失的事故;

(4)一般事故,是指造成3人以下死亡,或者10人以下重伤,或者1000万元以下直接经济损失的事故。

上述等级中所称的“以上”包括本数,“以下”不包括本数。

(二)事故隐患

国家安全生产监督管理总局颁布的第16号令《安全生产事故隐患排查治理暂行规定》,将安全生产事故隐患(以下简称事故隐患)定义为:“生产经营单位违反安全生产法律、法规、规章、标准、规程和安全生产管理制度的规定,或者因其他因素在生产经营活动中存在可能导致事故发生的物的危险状态、人的不安全行为和管理上的缺陷。”

事故隐患分为一般事故隐患和重大事故隐患。一般事故隐患,是指危害和整改难度较小,发现后能够立即整改排除的隐患。重大事故隐患,是指危害和整改难度较大,应当全部或者局部停产停业,并经过一定时间整改治理方能排除的隐患,或者因外部因素影响致使生产经营单位自身难以排除的隐患。

危险货物道路运输事故隐患就是指道路运输危险货物过程中,可导致事故发生的人的不安全行为、危险货物的不安全状态、车辆和道路以及管理上的缺陷。

值得注意的是,从事故隐患定义出发,企业违反有关安全生产的法律法规、国家行业标准的违法行为属重大事故隐患,必须立即整改。

(三)危险

根据系统安全工作的观点,危险是指系统中存在导致发生不期望后果的可能性超过了人们的承受程度。从危险的概念可以看出,危险是人们对事物的具体认识,必须指明具体对象,如:危险人员、危险物质、危险环境、危险条件、危险状态、危险因素等。

(四)危险源

从安全生产角度,危险源是指可能造成人员伤害、疾病、财产损失、作业环境破坏或其他损失的根源或状态。

根据危险源在事故发生、发展中的作用,一般把危险源划分为两大类,即第一类危险源和第二类危险源。

第一类危险源是指生产过程中存在的,可能发生意外释放的能量,包括生产过程中各种能量源、能量载体或危险物质。第一类危险源决定了事故后果的严重程度,它具有的能量越多,发生事故后果越严重。第二类危险源是指导致能量或危险物质约束或限制措施破坏或失效的各种因素。广义上包括人的失误、物的故障、环境不良以及管理缺陷等因素。第二类危险源决定了事故发生的可能性,它出现越频繁,发生事故的可能性越大。普通企业安全管理工作重点是第二类危险源的控制问题。

值得注意的是,重大危险源不仅有法律的定义,而且在管理方面也有法律要求。在《中华人民共和国安全生产法》(以下简称《安全生产法》)中,将“重大危险源”定义为:“长期地或者临时地生产、搬运、使用或者储存危险物品,且危险物品的数量等于或者超过临界量的单元(包括场所和设施)。”同时,《安全生产法》第三十七条规定,生产经营单位对重大危险源应当登记建档,进行定期检测、评估、监控,并制定应急预案,告知从业人员和相关人员在紧急情况下应当采取的应急措施。生产经营单位应当按照国家有关规定将本单位重大危险源及有关安全措施、应急措施报有关地方人民政府安全生产监督管理部门和有关部门备案。

三、安全与本质安全

安全与危险是相对的概念,是人们对生产、生活中是否可能遭受健康损害和人身伤亡的综合认识。

(一)安全

广义安全是指没有危险、不出事故的状态。“无危则安,无缺则全”。《韦氏大词典》将安全定义为:“没有伤害、损伤或危险,不遭受危害或损害的威胁,或免除了危害、伤害或损失的威胁。”

生产过程中的安全,即安全生产,是指不发生工伤事故、职业病、设备或财产损失。工程上的安全性,是用概率表示的近似客观量,用以衡量安全的程度。

系统工程中的安全概念，认为世界上没有绝对安全的事物，任何事物中都包含有不安全因素，具有一定的危险性。安全是一个相对的概念，危险性是对安全性的隶属度；当危险性低于某种程度时，人们就认为是安全的，即安全是危险状态受控可接受的程度。

（二）本质安全

本质安全是指通过设计等手段使生产设备或生产系统本身具有安全性，即使在误操作或发生故障的情况下也不会造成事故。具体包括两方面的内容：

1. 失误——安全功能

防失误本质安全是指操作者即使操作失误，也不会发生事故或伤害，或者说设备、设施和技术工艺本身具有自动避免人的不安全行为的功能。

2. 故障——安全功能

防故障本质安全是指设备、设施或生产工艺发生故障或损坏时，还能暂时维持正常工作或自动转变为安全状态。

上述两种安全功能应该是设备、设施和技术工艺本身固有的，即在规划设计阶段就应被纳入其中，而不是事后的补偿。

本质安全是生产中预防为主的根本体现，也是安全生产的最高境界。实际上，基于当前技术的局限、资金条件和人们对事物的认知程度等原因，本质安全是一个不断追求的目标。

第二节　现代安全生产管理理论

安全生产管理随着安全科学技术和管理科学的发展而发展，系统安全工程原理和方法的出现，使安全生产管理的内容、方法原理都有了很大的拓展。

一、安全生产管理原理与原则

安全生产管理作为管理的主要组成部分，遵循管理的普遍规律，既服从管理的基本原理与原则，又有其特殊的原理与原则。

安全生产管理原理是从生产管理的共性出发，对生产管理中安全工作的实质内容进行科学分析、综合、抽象与概括所得出的安全生产管理规律。安全生产原则是在生产管理原理的基础上，指导安全生产活动的通用规则。

（一）系统原理

1. 系统原理的含义

系统原理是现代管理学的一个最基本原理。它是指人们在从事管理工作时，运用系统理论、观点和方法，对管理活动进行充分的系统分析，以达到管理的优化目标，即用系统论的观点、理论和方法来认识和处理管理中出现的问题。

系统是由相互作用和相互依赖的若干部分组成的有机整体。任何管理对象都可以作为一个系统。系统可以分为若干个子系统,子系统可以分为若干个要素,即系统是由要素组成的。按照系统的观点,管理系统具有6个特征:集合性、相关性、目的性、整体性、层次性和适应性。

安全生产管理系统是生产管理的一个子系统,包括各级安全管理人员、安全防护设备与设施、安全管理规章制度、安全生产操作规程以及安全生产管理信息等。安全贯穿于生产活动的各个方面,安全生产管理是全员、全方位、全天候、全过程的管理。

2. 运用系统原理的原则

(1)动态相关性原则。构成管理系统的各要素是运动和发展的,各要素相互联系又相互制约。任何企业管理系统的正常运转,不仅要受到系统本身条件的限制和制约,还要受到其他有关系统的影响和制约,并随着时间、地点以及人们的不同努力程度而发生变化。企业管理系统内部各部分的动态相关性是管理系统向前发展的根本原因。所以,要提高安全管理的效果,必须掌握各管理对象要素之间的动态相关特征,充分利用相关因素的作用。

(2)整分合原则。为了实现高效率管理,必须在整体规划下明确分工,在分工基础上进行有效的综合。从整体上把握系统的环境,分析系统的整体性质、功能,确定出总体目标;然后围绕着总目标,进行多方面的合理分解、分工,以构成系统的结构与体系;在分工之后,要对各要素、环节、部分及其活动进行系统综合,协调管理,形成合理的系统流通构成,以实现总目标,即"整体把握、科学分解、组织综合"。

(3)反馈原则。反馈是控制过程中对控制机构的作用。反馈原则是指成功的高效管理,离不开灵活、准确、快速的反馈。企业生产的内部条件和外部环境在不断变化,所以必须及时捕获、反馈各种安全生产信息,及时采取行动。

(4)封闭原则。在任何一个管理系统内部,管理手段、管理过程等必须构成一个连续封闭的回路,才能形成有效的管理活动,这就是封闭原则。在企业安全生产中,各管理机构之间、各种管理制度和方法之间,必须具有紧密的联系,形成相互制约的回路式安全管理原则,安全生产才能有效落到实处。

(二)人本原理

1. 人本原理

在管理中必须把人的因素放在首位,体现以人为本的指导思想,这就是人本原理。以人为本有两层含义:其一,一切管理活动都是以人为本展开的,人既是管理的主体,又是管理的客体,每个人都处在一定的管理层面上,离开人就无所谓管理;其二,在管理活动中,作为管理对象的要素和管理系统各环节,都是需要人掌管、运作、推动和实施。

2. 运用人本原理的原则

(1)动力原则。推动管理活动的基本力量是人,管理必须有能够激发人的工作能力的动力,这就是动力原则。对于管理系统,有三种动力,即物质动力、精神动力和信息动力。

(2)能级原则。现代管理学认为,单位和个人都具有一定的能量,并且可按照能量的大小顺序排列，形成管理的能级，就像原子中电子的能级一样。在管理系统中，建立一套合理能级，根据单位和个人能量的大小安排其工作，才能发挥不同能级的能量，保证结构的稳定性和管理的有效性。

(3)激励原则。管理中的激励就是利用某种外部诱因的刺激调动人的积极性和创造性。以科学的手段，激发人的内在潜力，使其充分发挥积极性、主动性和创造性，这就是激励原则。人的工作动力来源于内在动力、外部压力和工作吸引力。

(4)行为原则。需要与动机是人的行为的基础，人类的行为规律是需要决定动机，动机产生行为，行为指向目标，目标完成需要得到满足，于是又产生新的需要、动机、行为，以实现新的目标。安全生产工作的重点就是防治人的不安全行为。

(三)预防原理

1. 预防原理

安全生产管理工作应该做到预防为主，通过有效的管理和技术手段，减少和防止人的不安全行为和物的不安全状态，这就是预防原理。在可能发生人身伤害、设备或设施损坏和环境破坏的场合，事先采取措施，防止事故发生。

2. 运用预防原理的原则

(1)偶然损失原则。事故后果以及后果的严重程度，都是随机的、难以预测的。反复发生的同类事故，并不一定产生完全相同的后果，这就是事故损失的偶然性。偶然损失原则说明：无论事故损失大小，都必须做好预防工作。

(2)因果关系原则。事故的发生是许多因素互为因果连续发生的最终结果，只要事故的因素存在，发生事故是必然的，只是时间或迟或早而已，这就是因果关系原则。

(3)3E 原则。造成人的不安全行为和物的不安全状态的原因可归结为 4 个方面，即技术原因、教育原因、身体和态度原因以及管理原因。针对这 4 个方面的原因，可以采取 3 种防止对策，即工程技术(Engineering)对策、教育(Education)对策和法制(Enforcement)对策。

(4)本质安全化原则。本质安全化原则是指从一开始和从本质上实现安全化，从根本上消除事故发生的可能性，从而达到预防事故发生的目的。本质安全化原则不仅可以应用于设备、设施，还可以应用于建设项目。

(四)强制原理

1. 强制原理

采取强制管理的手段控制人的意愿和行为，使个人的活动、行为等受到安全生产管理要求的约束，从而实现有效的安全生产管理，这就是强制原理。所谓强制就是绝对服从，不必经被管理者同意便可采取控制行动。

2. 运用强制原理的原则

(1)安全第一原则。安全第一就是要求在进行生产和其他活动时把安全工作放在一切工作的首要位置。当生产和其他工作与安全发生矛盾时,要以安全为主,生产和其他工作要服从安全,这就是安全第一原则。

(2)监督原则。监督原则是指在安全工作中,为了使安全生产法律规律得到落实,必须设立安全生产监督管理部门或设置专职安全管理人员,必须明确安全生产监督管理职责,对企业生产中的守法和执法情况进行监督。

二、事故致因理论

事故致因理论是用来阐明事故的成因、始末过程和事故后果,以便对事故现象的发生、发展进行明确的分析。事故致因理论的出现,距今已有 80 年历史,其是从最早的单因素理论发展到不断增多的复杂因素的系统理论。

事故致因理论的发展经历了 3 个阶段,即以事故频发倾向论和海因里希因果连锁论为代表的早期事故致因理论、以能量意外释放论为主要代表的第二次世界大战后的事故致因理论和现代的系统安全理论。

(一)事故频发倾向理论

1919 年,英国的格林伍德和伍兹把许多伤亡事故发生次数按照泊松分布、偏倚分布和非均等分布进行了统计分析后发现,当发生事故的概率不存在个体差异时,一定时间内事故发生次数服从泊松分布。

一些工人由于存在精神或心理方面的问题,如果在生产操作过程中发生过一次事故,当再继续操作时,就有发生第二次、第三次事故的倾向,符合这种统计分布的主要是少数有精神或心理缺陷的工人,服从偏倚分布。

当工厂中存在许多特别容易发生事故的人时,发生不同次数事故的人数服从非均等分布。

在此研究基础上,1939 年,法默和查姆勃等人提出了事故频发倾向理论。事故频发倾向是指个别容易发生事故的稳定的个人内在倾向。事故频发倾向者的存在是工业事故发生的主要原因,即少数具有事故频发倾向的工人是事故频发倾向者,他们的存在是工业事故发生的原因。如果企业中减少了事故频发倾向者,就可以减少工业事故。

尽管事故频发倾向论把工业事故的原因归因于少数事故频发倾向者的观点是错误的,然而从职业适合性的角度来看,关于事故频发倾向的认识也有一定可取之处。

(二)事故因果连锁理论

1. 海因里希因果连锁理论

1)海因里希法则

这个法则最初是 1941 年由美国的海因里希(W. H. Heinrich)统计许多事故后得出的。当时,海因里希统计了 55 万件机械事故,其中死亡、重伤事故 1666 件,轻伤 48334 件,其余则为无伤害事故，从而得出一个重要结论，即在机械事故中，死亡、重伤、轻伤和无伤害事故的比例为1∶29∶300，国际上把这一法则叫作事故法则。这个法则说明，在机械生产过程中，每发生330起意外事件，有300件未产生人员伤害、29件造成人员轻伤、1件导致重伤或死亡，如图1-1所示。

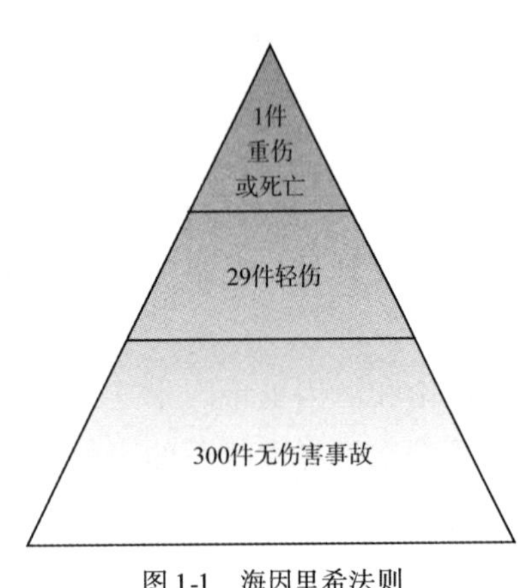

图1-1　海因里希法则

对于不同的生产过程，不同类型的事故，上述比例关系不一定完全相同，但这个统计规律说明了在进行同一项活动中，无数次意外事件，必然导致重大伤亡事故的发生。而要防止重大事故的发生，必须减少和消除无伤害事故，要重视事故的苗头和未遂事故，否则终会酿成大祸。重伤和死亡事故虽有偶然性，但是不安全因素或动作在事故发生之前已暴露过许多次，如果在事故发生之前，抓住时机，及时消除不安全因素，许多重大伤亡事故是完全可以避免的。

海因里希法则也可以称为“1∶29∶300法则”，或者是“300∶29∶1法则”。

2）海因里希因果连锁理论

1931年，美国的海因里希在《工业事故预防》一书中，阐述了工业安全理论，论述了事故发生的因果连锁理论，后来被称为海因里希因果连锁理论。

海因里希把工业伤害事故的发生发展过程描述为具有一定因果关系事件的连锁，即人员伤亡的发生是事故的结果，事故的发生原因是人的不安全行为或物的不安全状态，人的不安全行为或物的不安全状态是由于人的缺点造成的，人的缺点是由于不良环境诱发或者是由先天的遗传因素造成的。

海因里希将事故因果连锁过程概括为5个因素：遗传及社会环境、人的缺点、人的不安全行为或物的不安全状态、事故、伤害。海因里希用多米诺骨牌来形象地描述这种事故因果连锁关系。在多米诺骨牌系列中，一颗骨牌被碰倒了，则将发生连锁反应，其余的骨牌相继被碰倒。如果移去中间的一颗骨牌，则连锁被破坏，事故过程被中止，如图1-2所示。他认为，企业安全工作的中心就是防止人的不安全行为，消除机械的或物的不安全状态，中断事故连锁的进程从而避免事故的发生。

海因里希曾经调查了美国的75000起工业伤害事故，发现98%的事故是可以预防的，只有2%的事故超出人的能力能够达到的范围，是不可预防的。在可预防的工业事故中，以人的不安全行为为主要原因的事故占88%，以物的不安全状态为主要原因的事故占10%。海因里希认为事故的主要原因是由于人的不安全行为或者物的不安全状态造成的，但是二者为孤立原因，没有一起事故是由于人的不安全行为及物的不安全状态共同引起的。因此，研究结论是：几乎所有的工业伤害事故都是由于人的不安全行为造成的。后来，这种观点受到了许多研究人员的批判。

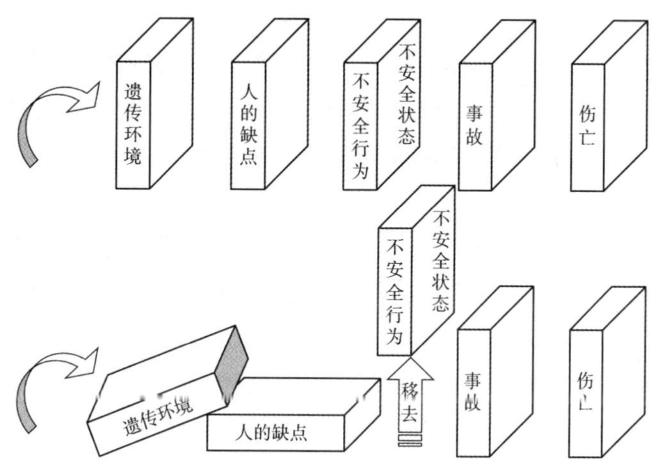

图 1-2 海因里希因果连锁理论

2. 现代因果连锁理论

博德(Frank Bird)在海因里希事故因果连锁理论的基础上,提出了现代事故因果连锁理论。现代事故因果连锁理论认为:事故的直接原因是人的不安全行为、物的不安全状态;间接原因包括个人因素及与工作有关的因素;根本原因是管理的缺陷,即管理上存在的问题或缺陷导致间接原因存在;间接原因的存在又导致直接原因存在,最终导致事故发生。

现代事故因果连锁过程同样为 5 个因素,但每个因素的含义与海因里希的都有所不同。

1)管理缺陷

对于大多数企业来说,由于各种原因,完全依靠工程技术措施预防事故既不经济也不现实,只能通过完善安全管理工作,经过较大的努力,才能防止事故的发生。企业管理者必须认识到,只要生产没有实现本质安全化,就有发生事故及伤害的可能性,因此,安全管理是企业管理的重要一环。

安全管理系统要随着生产的发展变化而不断调整完善,十全十美的管理系统不可能存在。安全管理上的缺陷,致使能够造成事故的其他原因出现。

2)个人及工作条件的原因

这方面的原因是由于管理缺陷造成的。个人原因包括缺乏安全知识或技能,行为动机不正确,生理或心理有问题等;工作条件原因包括安全操作规程不健全,设备、材料不合适,以及存在温度、湿度、粉尘、气体、噪声、照明、工作场地状况(如打滑的地面、障碍物、不可靠支撑物)等有害作业环境因素。只有找出并控制这些原因,才能有效地防止后续原因的发生,从而防止事故的发生。

3)直接原因

人的不安全行为或物的不安全状态是事故的直接原因。这种原因是安全管理中必须重点加以追究的原因。但是,直接原因只是一种表面现象,是深层次原因的表征。在实际工作中,不能停留在这种表面现象上,而要追究其背后隐藏的管理上的缺陷原因,并采取有效的控制措施,从根本上杜绝事故的发生。

4)事故

这里的事故被看作是人体或物体与超过其承受阈值的能量接触,或人体与妨碍正常生理活动的物质的接触。因此,防止事故就是防止接触。可以通过对装置、材料、工艺等的改进来防止能量的释放,或者操作者提高识别和回避危险的能力,佩戴个人防护用具等来防止接触。

5)损失

人员伤害及财物损坏统称为损失。人员伤害包括工伤、职业病、精神创伤等。

在许多情况下,可以采取恰当的措施使事故造成的损失最大限度地减小。如对受伤人员进行迅速正确的抢救,对设备进行抢修以及平时对有关人员进行应急训练等。

现代事故因果连锁理论把考查的范围局限在企业内部,用以指导企业的安全工作。实际上,工业伤害事故的原因是很复杂的,法律法规、标准规范、科技水平、管理手段等对伤害事故的发生和预防都有着重要的影响。

(三)能量意外释放理论

1961年,吉布森(Gibson)提出观点:事故是一种不正常的或不希望的能量释放,各种形式的能量是构成伤害的直接原因。因此,应该通过控制能量来预防伤害事故。在吉布森的研究基础上,哈登(Haddon)于1966年完善了能量意外释放理论,提出"人受伤害的原因只能是某种能量的转移",并提出了能量逆流于人体造成伤害的分类方法。他将伤害分为两类:第一类伤害是由于施加了局部或全身性损伤阀值的能量引起的;第二类伤害是由影响了局部或全身性能量交换引起的,主要指中毒窒息和冻伤。哈登认为,在一定条件下某种形式的能量能否产生伤害(造成人员伤亡)事故,取决于能量大小、接触能量时间长短和频率以及力的集中程度。根据能量意外释放论,可以利用各种屏蔽来防止意外的能量转移,从而防止事故的发生。

(四)轨迹交叉理论

轨迹交叉理论(Trace Intersecting Theory)可以概括为:设备故障(或物处于不安全状态)与人为失误,两事件链的轨迹交叉就会构成事故。该理论主要观点是:在事故发展进程中,人的因素运动轨迹与物的因素运动轨迹的交点就是事故发生的时间和空间点,即人的不安全行为和物的不安全状态发生于同一时间、同一空间,或者说人的不安全行为和物的不安全状态相通,则将在此时间、空间发生事故,如图1-3所示。

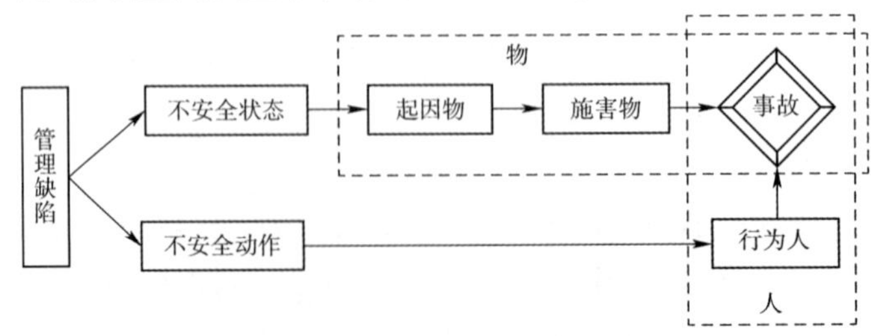

图1-3　轨迹交叉理论

轨迹交叉理论作为一种研究伤亡事故致因的理论，强调人的因素和物的因素同样重要，可以避免人与物两种因素运动轨迹交叉，即避免人的不安全和物的不安全状态的同时、同地出现，来预防事故的发生。

（五）系统安全理论

在20世纪50年代到20世纪60年代，美国研制洲际导弹的过程中，系统安全理论应运而生。系统安全是指在系统生命周期内应用系统安全管理方法和系统安全工程原理，辨识系统中的危险源，并采取有效的控制措施使其危险性减至最小，从而使系统在规定的性能、时间和成本范围内达到最佳的安全程度。

系统安全的基本原则就是在一个新系统的构思阶段就必须考虑其安全性的问题，制定并执行安全工作规划——系统安全活动，属于事前分析和预先的防护，与传统的事后分析并积累事故经验的思路截然不同，系统安全活动贯穿于整个系统生命周期，直到系统报废为止。

系统安全理论包括很多区别于传统安全理论的创新概念：

（1）在事故致因理论方面，改变了人们只注重操作人员的不安全行为，而忽略硬件的故障在事故致因中所起作用的传统观念，开始考虑如何通过改善物的系统可靠性来提高复杂系统的安全性，从而避免事故。

（2）没有任何一种事物是绝对安全的，任何事物中都潜伏着危险因素，通常所说的安全或危险只不过是一种主观的判断。

（3）不可能根除一切危险源，可以减少来自现有危险源的危险性，宁可减少总的危险性而不是只彻底消除几种选定的风险。

（4）由于人的认识能力有限，有时不能完全认识危险源及其风险，即使认识了现有的危险源，随着生产技术的发展，新技术、新工艺、新材料和新能源的出现，又会产生新的危险源。安全工作的目标就是控制危险源，努力把事故发生概率减到最低，即使万一发生事故时，也把伤害和损失控制在较轻的程度上。

系统安全是人们为解决复杂系统的安全性问题而开发、研究出来的安全理论、方法体系，是系统工程与安全工程结合的完美体现。

三、双重预防机制

风险分级管控机制和隐患排查治理机制合称为双重预防机制。

（一）双重预防机制目的与目标

1.构建双重预防机制的目的

构建双重预防机制就是针对安全生产领域“认不清、想不到、管不好”的突出问题，强调安全生产的关口前移，从隐患排查治理前移到安全风险管控，防范遏制重特大事故的发生。

2. 双重预防机制建设的目标

构建双重预防机制就是要在全社会形成有效管控风险、排查治理隐患、防范和遏制重特大事故的思想共识，推动建立企业安全风险自辨自控、隐患自查自治，政府领导有力、部门监管有效、企业责任落实、社会参与有序的工作格局，促使企业形成常态化运行的工作机制，切实提升安全生产整体预控能力，夯实遏制重特大事故的坚实基础。

通过双重预防的工作机制，切实把每一类风险都控制在可接受范围内，把每一个隐患都治理在形成之初，把每一起事故都消灭在萌芽状态。

（二）双重预防机制原理

1. 安全风险分级管控

1）风险

风险就是指某种特定的危险事件（事故或意外事件）发生的可能性与其产生的后果的组合。或者说是某一特定危害可能存在的损失或伤害的潜在性变成现实的机会。风险包括3个条件：后果、暴露、可能性。

《公路水路行业安全生产风险管理暂行办法》（交安监发〔2017〕60号）第六条将“风险”定义为：公路水路行业安全生产风险（以下简称风险）是指生产经营过程中发生安全生产事故的可能性。

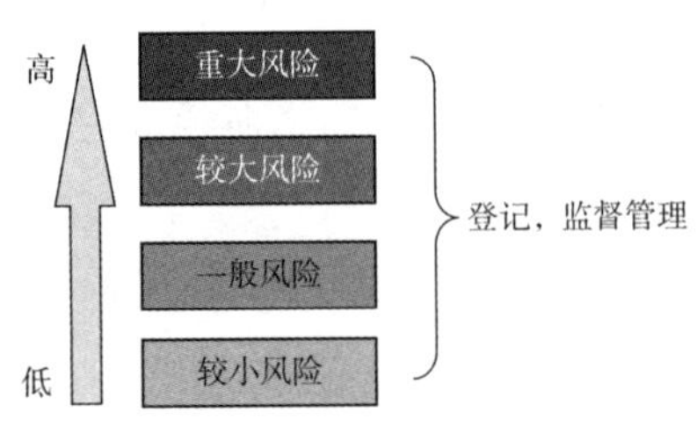

图1-4 风险等级四色标示图

2）风险分级

风险等级从高到低依次划分为：重大风险、较大风险、一般风险、较小风险（低风险），并对应红、橙、黄、蓝四色标示（图1-4）。在实际工作中，需要根据作业现场风险情况绘制风险辨识四色图。

3）风险分级管控

危险货物道路运输企业风险分级管控措施如下。

（1）重大风险（红色），具有高度危险性，重点管控，制定企业应急预案，一般超出企业应急能力范围，应与各地市、区级应急预案相衔接，得到相应的外部应急支持。

（2）较大风险（橙色），具有较大危险性，在企业可控范围，制定企业应急预案，企业具有相应的应急处理能力，由企业安全管理部门落实应急措施。

（3）一般风险（黄色），具有一般危险性，在运输部门或班组的可控范围，制定企业应急预案，企业运输部门或班组能应急处置，由企业运输部门或班组落实应急措施。

（4）较小风险（蓝色），具有较低危险性，在当班人员可控范围，当班运输驾驶人员和押运人员利用随车应急用品即可现场应急处置，由当班运输人员落实应急措施，不需要其他应急救援。

2. 隐患排查治理

隐患就是指在某个条件、事物以及事件中所存在的不稳定并且影响到个人或者他人安全利益的因素,它是一种潜藏着的因素。

隐患排查治理是安全风险分级管控的强化与深入。实施事故隐患排查治理闭环管理,推进企业安全生产标准化和隐患排查治理体系建设,建立自查、自改、自报事故隐患的排查治理信息系统,实现隐患排查、登记、评估、报告、监控、治理、销账的全过程记录和闭环管理。

3. 双重预防机制原理

1)双重预防机制构筑防范生产安全事故的两道防火墙

第一道是管风险,第二道是治隐患。国家安委办在《标本兼治遏制重特大事故工作指南》(安委办〔2016〕3号)中指出:“把安全风险管控挺在隐患前面,把隐患排查治理挺在事故前面”。

2)双重预防机制严把两道关口

按照目标导向,坚持重大风险重点管控,严把风险管控关;

按照问题导向,坚持重大隐患限期治理,严把隐患治理关。

(三)双重预防机制实施

(1)重大事故隐患严格落实:分级负责、领导督办、跟踪问效、治理销号制度。

(2)隐患排查治理闭环管理体系:建立事故隐患登记报告、限期整改、整改公示、验收销号等制度。

(3)隐患治理“五落实”:责任、措施、资金、时限和预案“五落实”。

(4)风险和隐患管控“五个一”机制:确定一名领导包抓、制定一个管控(治理)预案、落实一套管控(治理)措施、明确一名管控(治理)责任人、复查提交一份管控(治理)报告。

(5)“六位一体”管控体系:排查(建库)、辨识(分级)、管理(明责)、控制(防范)、预警(促改)、考评(奖惩)。

(6)安全监管“六个一”标准:全面推行一个管控方案、一套辨识标准、一张风险分布四色图、一块风险管控公示牌、一份管控责任清单、一套管控措施清单。

(7)风险管控七项制度:分级管控、日常巡查、专家会诊、在线监控、风险告知、评估预警、安全准入。

(四)双重预防机制核心思想与原则

(1)基于风险:危害辨识—风险评估—制定措施—过程控制,确定管理焦点,解决想不到的问题。

(2)预先控制:接触前、接触、接触后三个阶段全过程管理,预先控制、预防发生;解决风险管理的路径问题。

(3)系统性：从设计与建设—验收—安全生产责任—检查与监督—培训—应急，系统性连接起来，实质就是综合治理的具体体现，解决管不到的问题。

(4)全员参与：是安全生产党政同责、一岗双责的具体表现，实质是安全生产责任主体具体落实，安全生产人人有责，解决风险管理的主体问题。

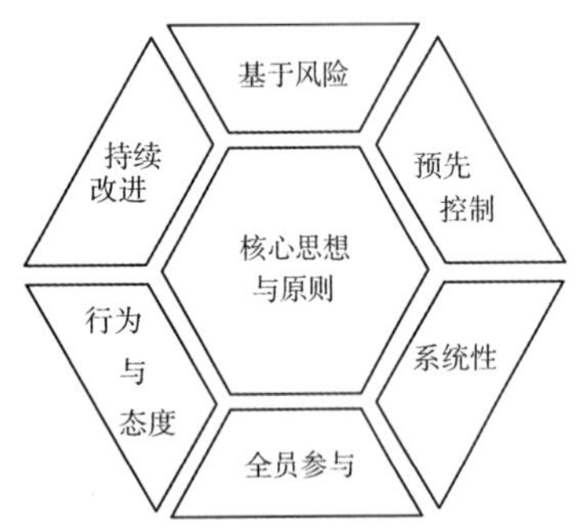

图 1-5 双重预防机制核心思想与原则

(5)行为与态度：人的不安全行为占 88%（70% 以上），态度（思想/意图）影响行为，以积极安全的态度消除不安全行为，解决风险管理的动机问题。

(6)持续改进：实质是企业能建立自我发现问题、自我改进问题、自我康复、自我免疫的机制，解决企业风险管理的动力问题；PDCA 循环，解决管不好的问题。

图 1-5 为双重预防机制核心思想与原则。

四、危险源分类分级管理

（一）危险源的分类管理

在危险货物道路运输安全管理工作中，第一类危险源是危险货物本身的危险特性，以及设计制造运输车辆所固有的性能状况。如某种危险货物：已知存在不稳定的特性，需要在运输之前添加稳定剂；或者具有爆炸特性，需要外包装增加强度、内包装上增加缓冲以防撞抗震；或根据危险特性需要密封防潮、遮阳防晒等。如危险货物运输车辆：必须安装卫星定位行驶记录仪、限速 80km/h；易燃液体道路运输常压罐车必须具备紧急切断阀、呼吸阀、阻火器、导除静电拖地带等。这些在运输之前就已经做出运输安全规定和设计制造措施，以保障道路运输过程的安全。

危险货物道路运输第二类危险源是从业人员的不安全行为、道路和天气的不安全状况、规章制度的缺陷，这里对第一类危险源（即危险货物、危险货物运输车辆）的管理缺陷属于第二类危险源。同时，通过改进第二类危险源中安全管理属性，提高第一类危险源的本质安全属性。

危险源可以是一次事故、一种环境、一种状态的载体，也可以是可能产生不期望后果的人或物。如液化石油气储罐可能发生泄漏，引起中毒、火灾或爆炸事故，因此，充装了液化石油气的储罐是危险源；充装了液化石油气的道路运输车辆是移动的危险源；在道路运输过程中，驾驶人员的不安全行为、道路状况不良、天气异常恶劣等，或同时由于管理缺陷，未及时监测、制止、消除出现的隐患，或未及时排除车辆存在的安全附件故障（例如制动失灵、轮胎缺陷等）隐患，此时液化石油气的道路运输事故将不可避免。

因此，危险货物道路运输安全管理重点管控第二类危险源，同时还要管控好第一类危险源。

(二)危险源分级管理

为了对危险源进行分级管理,防止重大事故发生,提出了重大危险源的概念,广义上说,重大危险源就是可能导致重大事故发生的危险源。但是,根据《危险化学品重大危险源辨识》(GB 18218—2018)适用范围规定,重大危险源辨识不适用于危险化学品运输,或者说危险化学品运输没有重大危险源辨识标准。

因此,为了对危险货物道路运输危险源进行分级管理,提出重要危险源的概念,将危险货物道路运输危险源分为一般危险源和重要危险源。根据危险源辨识,分析和判断容易导致事故发生、其性质和后果属于重要程度的危险源就是重要危险源,否则就是一般危险源。各企业应制定相应的危险源分级管控措施,严格管控重要危险源,对重要危险源制定应急预案管理,防止重大事故的发生。

第三节　我国安全生产管理概述

一、安全生产方针

《安全生产法》在总结我国安全生产管理经验的基础上,将“安全第一、预防为主、综合治理”作为我国安全生产工作的基本方针,强调落实生产经营单位的主体责任,建立生产经营单位负责、职工参与、政府监管、行业自律和社会监督的机制,全面加强企业安全管理,健全规章制度,完善安全标准,提高企业技术水平,夯实安全生产基础。

安全生产方针的含义如下:

(1)安全第一,就是在生产经营活动中,在处理保证安全与生产经营活动的关系上,要始终把安全放在首要位置,优先考虑从业人员和其他人员的人身安全,实行“安全优先”的原则,在确保安全的前提下,努力实现生产的其他目标。

(2)预防为主,就是按照系统化、科学化的管理思想,按照事故发生的规律和特点,千方百计预防事故的发生,做到防患于未然,将事故消灭在萌芽状态。虽然人类在生产活动中还不可能完全杜绝事故的发生,但只要思想重视,预防措施得当,事故是可以减少和避免的。

(3)综合治理,就是标本兼治,重在治本,在采取断然措施遏制重特大事故,实现治标的同时,积极探索和实施治本之策,综合运用科技手段、法律手段、经济手段和必要的行政手段,从发展规划、行业管理、安全投入、科技进步、经济政策、教育培训、安全立法、激励约束、企业管理、监管体制、社会监督以及追究事故责任、查处违法违纪等方面着手,解决影响制约我国安全生产的历史性、深层次问题,做到思想认识上警钟长鸣,制度保证上严密有效,技术支撑上坚强有力,监督检查上严格细致,事故处理上严肃认真。

二、以人为本和安全发展的理念

以人为本，首先是以人的生命为本，强调保护人的生命与健康安全，关爱生命、保障健康是一切安全生产的出发点，是社会的共同责任和社会进步的必要条件。

坚持安全发展，在生产中获得安全保障，是劳动者的基本权利，也是保持社会和谐与稳定的必然要求。安全发展的核心是体现发展为了人民，无论何时何地，都要把维护广大人民群众的生命权和健康权放在首位，把安全生产工作纳入各级党组织的重要工作议事日程、各级政府经济与社会发展总体规划和企业长远发展规划之中，实现安全发展的根本和落脚点是认真切实贯彻落实安全生产法规、制度和措施。

以人为本、安全发展的含义如下：

(1)以人为本，必须要以人的生命为本。人的生命最宝贵，生命安全权益是最大的权益。发展不能以牺牲人的生命为代价，不能损害劳动者的安全和健康权益。

(2)经济社会发展必须以安全为基础、前提和保障。国民经济和区域经济，各行业和领域、各类生产经营单位的发展，要建立在安全保障能力不断增强、安全生产状况持续改善、劳动者生命安全和身体健康得到切实保障的基础上，做到安全生产与经济社会发展各项工作同步规划、同步部署、同步实施、同步推进，实现可持续发展。

(3)构建社会主义和谐社会必须解决安全生产问题。安全生产既是人民群众关注热点、难点，也是和谐社会建设的切入点、着力点。只有做好安全生产，实现安全发展，国家才能富强安宁，百姓才能平安幸福，社会才能和谐安定。

三、安全生产六大体系

为深入贯彻落实《国务院关于进一步加强企业安全生产工作的通知》精神，应采取切实有效的政策措施，加强企业安全保障、政府监管和社会监督、安全科技支撑、法律法规和政策标准、应急救援、宣传教育培训“六大体系”建设，提高企业本质安全水平和事故防范、监察执法和群防群治、技术装备的安全保障、依法依规安全生产、事故救援和应急处置、从业人员安全素质与社会公众自救互救“六个能力”，促进安全生产长效机制建设，促进安全生产形势根本好转，为经济发展方式转变提供有力支持和切实保障。

(一)企业安全保障体系

建立完善责任落实、基础扎实、投入到位、管理规范的企业安全保障体系，着力提高企业本质安全水平和事故防范能力。

(1)企业安全生产主体责任保障，切实强化企业法人代表、实际控制人第一责任者的责任，健全企业安全管理机构，完善管理制度，把安全生产作为企业固本强基的重要举措，纳入企业发展战略，永续推进。

(2)及时排查治理安全隐患保障，切实做到整改措施、责任、资金、时限和预案“五到位”，切实加快推进区域防控工程建设。严格落实企业领导干部现场带班制度，及时解决安全生产中遇到的突出问题。

(3)安全投入保障，足额提取用好安全生产费用，落实技术改造和隐患治理资金，积极参加工伤保险、安全责任保险等险种，加强事故赔偿能力。

(4)职工安全培训保障，坚持安全培训不合格不能上岗，确保职工安全上岗。

(二)政府监管和社会监督体系

建立完善覆盖全面、监管到位、监督有力的政府监管和社会监督体系，着力提高监察执法和群防群治能力，实行国家监察、地方监管、企业负责的安全工作体制。

各级政府主管部门应大力推进安全生产监管监察机构工作条件标准化建设，加强执法装备配备到位，促进执法能力的提高，确保公平、公正执法。加快推进安全生产监管监察信息化建设，构建各级安全监管、安全生产应急救援机构信息化共用共享系统支撑平台和保障体系，提高安全生产监管监察效率，同时，加强社会监督力量建设。

(三)安全科技支撑体系

建立完善与工业化、信息化发展要求相适应的安全科技支撑体系，着力提高技术装备的安全保障能力。安全生产科技支撑体系主要包括政府引导推动、技术装备研发转化、专家智力支持、中介技术服务、企业推广应用和技术标准转化等组成部分。

大力支持安全生产科技立项，将安全生产领域亟待解决的重大基础理论和公益性、关键性技术研究纳入相关科技计划。加强企业生产技术管理，切实落实企业负责人安全生产技术管理负责制，强化企业主要技术负责人技术决策和指挥权。鼓励和引导企业研发，采用先进适用的安全技术和产品，加快安全生产适用技术和新装备、新工艺、新标准的推广应用，强制淘汰落后技术产品。

(四)法律法规和政策标准体系

建立完善门类齐全、配套完备、针对性强的安全生产法律法规和政策标准体系，着力提高依法依规安全生产能力。以《安全生产法》为龙头，以相关法律、行政法规、部门规章、地主性法规、地主性行政规章和其他规范性文件以及安全生产国家标准、行业标准为主体的安全生产法律法规已形成体系，日趋健全和完善。加强安全生产法制建设，依法加强安全管理，是安全生产领域贯彻落实“依法治国”基本方略，建立依法、科学、长效的安全生产管理体制机制。

各地出台编制安全生产规划，实现安全生产与经济社会发展同步规划、同步实施。坚持“安全第一、预防为主、综合治理”的安全生产方针，针对各行业的需求和急迫要求，按照国家相关法律法规的规定，结合各地实际情况，制定出台相配套的地方法规和规章，确保依法依规安全生产，把《国务院关于进一步加强企业安全生产工作的通知》中的各项政策措施真正落到实处。

（五）应急救援体系

建立完善反应迅速、机动灵活、处置高效的应急救援体系，着力提高事故救援和应急处置能力。为防止事故扩大，降低事故危害，减少人员伤亡，将事故的损失降到最低程度，必须建立信息通畅、反应迅速、指挥得力、决策科学、救援有效、保障有力的事故应急救援体系。

(1)推进应急救援指挥协调机构、机制建设，建立覆盖“横向到边、纵向到底”的安全生产应急管理机构，建立与国家、主管部门及行业应急管理机构之间畅通的工作机制。

(2)加强应急救援队伍建设和应急演练，包括属地辖区、多个相关部门和周边单位联动的应急演练，以及双盲演练。

(3)完善安全生产应急预案与应急平台体系。

建立完善面向基层、贴近实际、载体多样的宣传教育培训体系，着力提高从业人员安全素质和社会公众自救互救能力。

（六）安全生产宣传教育培训体系

安全生产宣传教育培训是安全生产工作的重要组成部分，开展安全宣传和安全文化建设，促进安全生产教育培训，提高安全生产素质和安全生产技能，从而保障安全生产。

强化《安全生产法》等有关法律、法规宣传，牢固树立“培训不到位是重大安全隐患”的意识，坚持依法培训、按需施教的工作理念，以落实持证上岗和先培训后上岗制度为核心，以落实企业安全培训主体责任、提高企业安全培训质量为着力点，扎实开展全员安全培训及从业人员继续教育和在岗再培训的实施工作，推进安全月活动和安全知识竞赛，开展应急演练和技能比武等，努力实现全覆盖、多手段、高质量的安全培训格局，切实减少和杜绝违章指挥、违规作业和违反劳动纪律的“三违”现象，有效推进安全生产标准化，实现安全生产形势持续稳定、全面好转。

第四节　危险货物道路运输安全管理的特点

危险货物道路运输安全是指在道路运输的全过程中，通过人员、车辆、货物、装卸和道路的和谐运行，使危险货物道路运输全过程中潜在的各种事故风险和伤害因素始终处于有效控制状态，避免发生人身伤亡、环境污染和财产损失等道路运输事故。危险货物道路运输安全管理具有以下特点。

一、高危特性

由于道路运输本身就是一种危险性较高的生产活动，再加上危险货物所具有的危险特性，一旦发生道路交通事故，很容易造成二次事故，转化为危险货物道路运输事故。

危险货物道路运输事故是指在道路运输危险货物过程中,发生车辆损坏、危险货物泄漏、中毒、火灾、爆炸等,造成人身伤亡、环境污染、财产损失的事件。如果发生危险货物泄漏,导致发生燃烧、爆炸、中毒或者造成环境污染,其事故性质就比较严重,甚至造成重大伤亡。

因此,危险货物道路运输是一种高危的生产活动。

二、严格监管

危险货物道路运输安全管理的对象是指从业人员、运输车辆、危险货物等;管理的内容包括安全生产管理机构和安全管理人员、安全生产责任制、安全生产管理规章制度、安全生产策划、安全生产教育培训、安全生产监督检查、安全生产档案等。

从国家法律法规、标准规范的制定,到各级主管部门的监督检查,再到企业的自身安全管理要求,都是基于危险货物道路运输的高危特性、从严要求,各级主管部门、各项安全管理工作应更加仔细。

危险货物道路运输企业要求具备危险货物道路运输条件取得许可资质,危险货物道路运输从业人员取得主管部门考核合格的从业资格证,车辆达到技术等级要求取得危险货物道路运输证,并不得出借、出租、转让。

在日常危险货物道路运输中,利用行驶记录仪建立卫星定位监管平台,实行实时动态监管,杜绝超速等违法行为,甚至安装实时视频和主动防御智能化监管系统,达到更高的监管要求,杜绝接打移动电话、抽烟、疲劳驾驶等违法行为。

三、危险货物道路运输本质安全

危险货物道路运输本质安全主要体现在以下 3 个方面。

(一)提高危险货物本质安全

改进危险货物的包装方式,增加外包装强度,增加内包装密封、防振,以及固定防碰撞,或采取降温,或添加稳定剂等,或更换更合适的运输车辆类型,是提高危险货物本质安全的有效措施。

(二)提高运输车辆本质安全

对危险货物运输车辆安装限速 80km/h 设备,以及对易燃液体道路运输常压罐车安装紧急切断阀、呼吸阀、阻火器、导除静电拖地带、增加防护安全距离等,是提高危险货物道路运输车辆本质安全的有效措施。

为了推进运输车辆本质安全,交通运输部颁布了阻隔防爆技术、爆胎应急装置方面的推荐性行业标准:《道路运输车辆油箱及液体燃料运输罐体阻隔防爆安全技术要求》(JT/T 1046—2014)和《营运客车爆胎应急安全装置技术要求》(JT/T 782—2010)。

（三）提高车辆驾驶本质安全

对危险货物运输车辆安装卫星定位行驶记录仪、加装视频监控系统、主动防御驾驶报警系统，完善运输车辆智能化安全驾驶监控管理，实现疲劳驾驶预警、路线偏离预警、道路障碍预警、前车距离预警及自动紧急制动等功能，是提高危险货物道路运输车辆驾驶本质安全的有效措施性。

第二章　危险货物道路运输安全管理法规和标准体系

根据《安全生产法》第四条、第十条中的有关规定，“生产经营单位必须遵守本法和其他有关安全生产的法律、法规……生产经营单位必须执行依法制定的保障安全生产的国家标准或者行业标准”；《安全生产法》第三十六第二款规定，“生产经营单位生产、经营、运输、储存、使用危险物品或者处置废弃危险物品，必须执行有关法律、法规和国家标准或者行业标准，建立专门的安全管理制度，采取可靠的安全措施，接受有关主管部门依法实施的监督管理”，生产经营单位必须遵守《安全生产法》和其他有关安全生产的法律、法规；必须执行依法制定的保障安全生产的国家标准或者行业标准。据此，了解、学习、掌握、执行涉及危险货物道路运输安全管理的法规标准，是生产经营单位的法定职责，也是有关管理人员依法行政的依据。

第一节　法 规 体 系

一、法规的基本概念

根据《中华人民共和国立法法》，法律、行政法规、规章的概念如下。

（一）法律

《中华人民共和国立法法》第七条规定，全国人民代表大会和全国人民代表大会常务委员会行使国家立法权。全国人民代表大会制定和修改刑事、民事、国家机构的和其他的基本法律。全国人民代表大会常务委员会制定和修改除应当由全国人民代表大会制定的法律以外的其他法律。也就是说，全国人民代表大会负责基本法，全国人民代表大会常务委员会制定基本法以外的其他法律。全国人民代表大会通过的法律由国家主席签署主席令予以公布。

法律简称为“法”，是国家的产物，是指统治阶级（统治集团就是政党，包括国王、君主），为了实现统治并管理国家的目的，经过一定立法程序，所颁布的基本法律和普通法律。法律是全体国民意志的体现，国家的统治工具。

（二）行政法规

国务院根据宪法和法律，制定行政法规；行政法规由总理签署国务院令公布。简单说，行政法规，就是国务院令。

在实际工作中，人们把“法律、行政法规”简称为“法规”；而人们常说的依法依规，是指依据法律、依据行政法规。

《中华人民共和国立法法》第七十二条第一款规定，省、自治区、直辖市的人民代表大会及其常务委员会根据本行政区域的具体情况和实际需要，在不同宪法、法律、行政法规相抵触的前提下，可以制定地方性法规。据此规定，有立法权的地方人民政府根据本行政区域的具体情况和实际需要，制定有关条例。如广东省人民政府制定了《广东省安全生产条例》《广东省道路交通安全管理条例》《广东省道路运输管理条例》；深圳市人民政府制定了《深圳经济特区道路交通安全管理条例》等。

（三）规章

《中华人民共和国立法法》第八十条规定，国务院各部、委员会、中国人民银行、审计署和具有行政管理职能的直属机构，可以根据法律和国务院的行政法规、决定、命令，在本部门的权限范围内，制定规章。部门规章规定的事项应当属于执行法律或者国务院的行政法规、决定、命令的事项。没有法律或者国务院的行政法规、决定、命令的依据，部门规章不得设定减损公民、法人和其他组织权利或者增加其义务的规范，不得增加本部门的权力或者减少本部门的法定职责。“规章”也称为“部门规章”。以交通运输部为例，其“部门规章”是由部务会议通过并公布的部令，如《道路危险货物运输管理规定》（交通运输部令 2016 年第 36 号）等。

同时，省市县各级人民政府有关部门，制定实施有关法规相应的管理办法，如《广东省剧毒化学品管理办法》《广东省道路危险货物运输企业安全生产工作规范》《深圳市交通运输行业安全生产标准化达标工作实施方案（试行）》等。

二、与危险货物道路运输有关的主要法规

法规是有适用范围的。一般讲，法规的第一条是立法目的，第二条或第三条是适用范围。与危险货物道路运输有关的安全生产法律、法规，见表 2-1。涉及危险货物道路运输的部门规章还有《机动车强制报废标准规定》《企业安全生产费用提取和使用管理办法》《交通运输企业安全生产标准化建设评价管理办法》等。

要注意“法规、规章”的适用范围。如有些“法规、规章”，适用范围是“在中华人民共和国领域内从事生产经营活动的单位的安全生产”，也就是说适用我国境内的所有企业（通用的）；如有些“法规、规章”，适用范围是“危险化学品生产、储存、使用、经营和运输的安全管理”，也就是说适用我国境内危险化学品生产、储存、使用、经营和运输企业（专用的）。这也是在表 2-1 中列明“适用范围”的目的。

危险货物道路运输管理法规一览表

表 2-1

类别	序号	名 称	适用范围
1 法律	1	《中华人民共和国安全生产法》	第二条 在中华人民共和国领域内从事生产经营活动的单位(以下统称生产经营单位)的安全生产,适用本法;有关法律、行政法规对消防安全和道路交通安全、铁路交通安全、水上交通安全、民用航空安全以及核与辐射安全、特种设备安全另有规定的,适用其规定
	2	《中华人民共和国道路交通安全法》	第二条 中华人民共和国境内的车辆驾驶人、行人、乘车人以及与道路交通活动有关的单位和个人,都应当遵守本法
	3	《中华人民共和国特种设备安全法》	第二条 特种设备的生产(包括设计、制造、安装、改造、修理)、经营、使用、检验、检测和特种设备安全的监督管理,适用本法。 本法所称特种设备,是指对人身和财产安全有较大危险性的锅炉、压力容器(含气瓶)、压力管道、电梯、起重机械、客运索道、大型游乐设施、场(厂)内专用机动车辆,以及法律、行政法规规定适用本法的其他特种设备
	4	《中华人民共和国刑法》	第六条 凡在中华人民共和国领域内犯罪的,除法律有特别规定的以外,都适用本法
	5	《中华人民共和国消防法》	第二条 消防工作贯彻预防为主、防消结合的方针,按照政府统一领导、部门依法监管、单位全面负责、公民积极参与的原则,实行消防安全责任制,建立健全社会化的消防工作网络
	6	《中华人民共和国产品质量法》	第二条 在中华人民共和国境内从事产品生产、销售活动,必须遵守本法
	7	《中华人民共和国固体废物污染环境防治法》	第二条 本法适用于中华人民共和国境内固体废物污染环境的防治。 第六十条 运输危险废物,必须采取防止污染环境的措施,并遵守国家有关危险货物运输管理的规定
	8	《中华人民共和国突发事件应对法》	第二条 突发事件的预防与应急准备、监测与预警、应急处置与救援、事后恢复与重建等应对活动,适用本法
2 行政法规	1	《中华人民共和国道路运输条例》(国务院令第 406 号)	第二条 从事道路运输经营以及道路运输相关业务的,应当遵守本条例
	2	《危险化学品安全管理条例》(国务院令第 591 号)	第二条 危险化学品生产、储存、使用、经营和运输的安全管理,适用本条例。 第九十七条第二款 民用爆炸物品、烟花爆竹、放射性物品、核能物质以及用于国防科研生产的危险化学品的安全管理,不适用本条例
	3	《医疗废物管理条例》(国务院令第 380 号)	第三条 本条例适用于医疗废物的收集、运送、储存、处置以及监督管理等活动。 第二十六条 医疗废物集中处置单位运送医疗废物,应当遵守国家有关危险货物运输管理的规定……

续上表

类别	序号	名　　称	适用范围
2 行政法规	4	《麻醉药品和精神药品管理条例》(国务院令第442号)	第二条　麻醉药品药用原植物的种植，麻醉药品和精神药品的实验研究、生产、经营、使用、储存、运输等活动以及监督管理，适用本条例
	5	《城镇燃气管理条例》(国务院令第583号)	第二条　城镇燃气发展规划与应急保障、燃气经营与服务、燃气使用、燃气设施保护、燃气安全事故预防与处理及相关管理活动，适用本条例。 第二十四条　通过道路、水路、铁路运输燃气的，应当遵守法律、行政法规有关危险货物运输安全的规定以及国务院交通运输部门、国务院铁路部门的有关规定；通过道路或者水路运输燃气的，还应当分别依照有关道路运输、水路运输的法律、行政法规的规定，取得危险货物道路运输许可或者危险货物水路运输许可
	6	《易制毒化学品管理条例》(国务院令第445号)	第二条　国家对易制毒化学品的生产、经营、购买、运输和进口、出口实行分类管理和许可制度
	7	《中华人民共和国道路交通安全法实施条例》(国务院令第405号)	第二条　中华人民共和国境内的车辆驾驶人、行人、乘车人以及与道路交通活动有关的单位和个人，应当遵守道路交通安全法和本条例
	8	《缺陷汽车产品召回管理条例》(国务院令第626号)	第二条　在中国境内生产、销售的汽车和汽车挂车(以下统称汽车产品)的召回及其监督管理，适用本条例。 第三条　本条例所称缺陷，是指由于设计、制造、标识等原因导致的在同一批次、型号或者类别的汽车产品中普遍存在的不符合保障人身、财产安全的国家标准、行业标准的情形或者其他危及人身、财产安全的不合理的危险。 本条例所称召回，是指汽车产品生产者对其已售出的汽车产品采取措施消除缺陷的活动
	9	《生产安全事故报告和调查处理条例》(国务院令第493号)	第二条　生产经营活动中发生的造成人身伤亡或者直接经济损失的生产安全事故的报告和调查处理，适用本条例；环境污染事故、核设施事故、国防科研生产事故的报告和调查处理不适用本条例
3 管理规定 (部门规章)	1	《道路危险货物运输管理规定》	第二条　从事道路危险货物运输活动，应当遵守本规定。军事危险货物运输除外
	2	《道路货物运输及站场管理规定》	第二条　从事道路货物运输经营和道路货物运输站(场)经营的，应当遵守本规定

续上表

类别	序号	名　称	适用范围
3 管理规定 (部门规章)	3	《道路运输从业人员管理规定》	第二条　本规定所称道路运输从业人员是指经营性道路客货运输驾驶人员、道路危险货物运输从业人员、机动车维修技术人员、机动车驾驶培训教练员、道路运输经理人和其他道路运输从业人员。 道路危险货物运输从业人员包括道路危险货物运输驾驶人员、装卸管理人员和押运人员
	4	《道路运输车辆动态监督管理办法》	第二条　道路运输车辆安装、使用具有行驶记录功能的卫星定位装置(以下简称卫星定位装置)以及相关安全监督管理活动,适用本办法

综上所述,我国危险货物道路运输安全管理的主要法规,如图2-1所示。

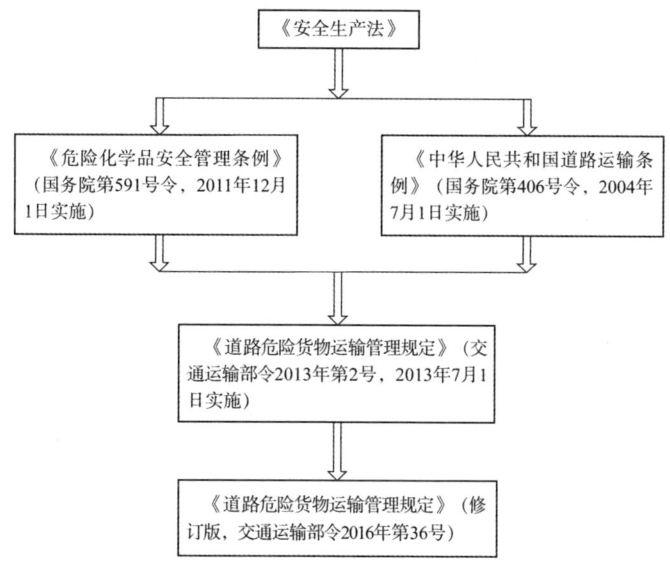

图2-1　我国危险货物道路运输安全管理的主要法规

三、关于放射性物品道路运输

首先要了解基本法理“专项法规(条例)优于通用法规(条例)”。“专项法规(条例)优于通用法规(条例)”是指,在同级法规比较时,专项法规(条例)优于通用法规(条例)。以下举例说明。

《危险化学品安全管理条例》(国务院令第591号)在附则的第九十七条第二款中明确了“民用爆炸物品、烟花爆竹、放射性物品、核能物质以及用于国防科研生产的危险化学品的安全管理,不适用本条例”,故民用爆炸物品、烟花爆竹、放射性物品道路运输不适用《危险化学品安全管理条例》。而《危险化学品安全管理条例》是制定《道路危险货物运输管理规定》的上位法,故在《道路危险货物运输管理规定》第二条第二款中也规定了“法律、行政法规对民用爆炸物品、烟花爆竹、放射性物品等特定种类危险货物的道路运输另有规定的，从其规定”。

这样，依据“专项法规（条例）优于通用法规（条例）”的基本法理，民用爆炸物品、烟花爆竹、放射性物品道路运输应分别执行《民用爆炸品安全管理条例》（国务院令第466号，自2006年9月1日起施行）、《烟花爆竹安全管理条例》（国务院令第455号，自2006年1月21日起施行）、《放射性物品运输安全管理条例》（国务院令第562号，自2010年1月1日起施行），而不是执行《危险化学品安全管理条例》以及《道路危险货物运输管理规定》。

（1）交通运输部为解释其有关法律关系和有关单位的问题，专门下发了《关于对采用集装箱运输奥运会烟花爆竹的批复》（厅公路便〔2008〕20号）、《关于〈关于民用爆炸物品运输是否应纳入道路危险货物运输行业管理的请示〉的复函》（交运发〔2010〕105号）。

（2）交通运输部依据《放射性物品运输安全管理条例》（国务院令第562号）赋予交通运输部的职责，制定了《放射性物品道路运输管理规定》（交通运输部令2010年第6号）。具体讲，交通运输部依据《道路运输条例》和《危险化学品安全管理条例》，制定了《道路危险货物运输管理规定》（交通运输部令2013年第2号）；依据《道路运输条例》和《放射性物品运输安全管理条例》，制定了《放射性物品道路运输管理规定》（交通运输部令2010年第6号）。

由此可知，依据我国法规，《道路危险货物运输管理规定》（交通运输部令2016年第36号）与《放射性物品道路运输管理规定》（交通运输部令2010年第6号）的法律效力是相同，故危险货物道路运输，不包括放射性物品道路运输，如图2-2所示。

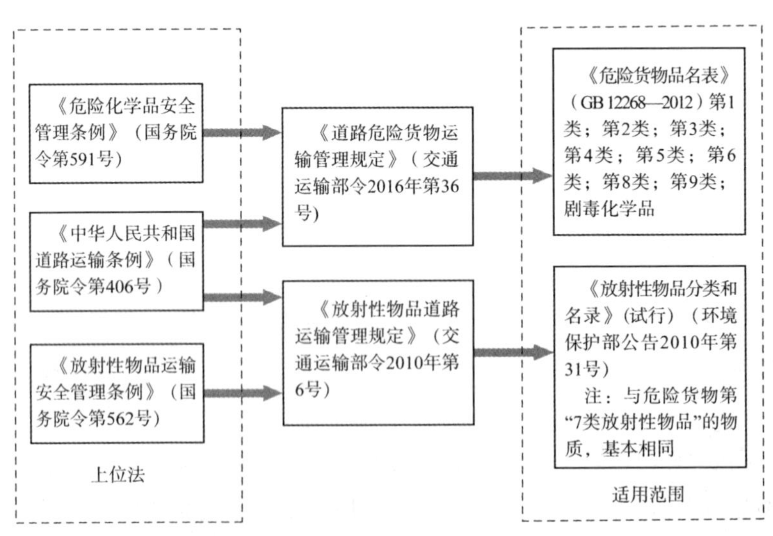

图2-2 危险货物道路运输、放射性物质道路运输安全管理法规体系

四、关于危险废物道路运输

(一)危险废物

《固体废物污染环境防治法》第八十八条规定,危险废物是指列入国家危险废物名录或者根据国家规定的危险废物鉴别标准和鉴别方法认定的具有危险特性的固体废物。

《固体废物污染环境防治法》第五十一条规定,国务院环境保护行政主管部门应当会同国务院有关部门制定国家危险废物名录,规定统一的危险废物鉴别标准、鉴别方法和识别标志。具体讲,危险废物以列入《国家危险废物名录》为准。未列入《国家危险废物名录》或产生的危险废物,也可以根据国家规定的危险废物鉴别标准和鉴别方法认定。

《国家危险废物名录》自2008年修订实施以来,对加强我国危险废物管理起到了重要的基础支撑作用,但随着我国危险废物管理的深入,以及国家最高人民检察院和最高人民法院《关于办理环境污染刑事案件适用法律若干问题的解释》的实施,2008年版《国家危险废物名录》已不能满足我国危险废物管理的需要,亟待修订完善。

《国家危险废物名录》(2016版)于2016年由环境保护部联合国家发展和改革委员会、公安部向社会发布,自2016年8月1日起施行。新版名录修订坚持问题导向,遵循连续性、实用性、动态性等原则,不仅调整了危险废物名录,还增加了《危险废物豁免管理清单》。本次修订将危险废物调整为46大类别479种(其中362种来自原名录,新增117种)。将原名录中HW06有机溶剂废物、HW41废卤化有机溶剂和HW42废有机溶剂合并成HW06废有机溶剂与含有机溶剂废物,将原名录表述有歧义且需要鉴别的HW43含多氯苯并呋喃类废物和HW44含多氯苯并二噁英废物删除,增加了HW50废催化剂。新增的117种危险废物,源于科研成果和危险废物鉴别工作积累以及征求意见结果,主要是对HW11精蒸馏残渣和HW50废催化剂类废物进行了细化。

为提高危险废物管理效率,本次修订中增加了《危险废物豁免管理清单》。列入《危险废物豁免管理清单》中的危险废物,在所列的豁免环节,且满足相应的豁免条件时,可以按照豁免内容的规定实行豁免管理。共有16种危险废物列入《危险废物豁免管理清单》,其中7种危险废物的某个特定环节的管理已经在相关标准中进行了豁免,如生活垃圾焚烧飞灰满足入场标准后可进入生活垃圾填埋场填埋(填埋场不需要危险废物经营许可证);另外9种是基于现有的研究基础可以确定某个环节豁免后其环境风险可以接受,如废弃电路板在运输工具满足防雨、防渗漏、防遗撒要求时可以不按危险废物进行运输。

《国家危险废物名录》(2016版)的发布实施将推动危险废物科学化和精细化管理,对防范危险废物环境风险、改善生态环境质量将起到重要作用。《国家危险废物名录》(2016版)样式如图2-3所示。

废物类别	行业来源	废物代码	危 险 废 物	危险特性
HW01 医疗废物	卫生	831-001-01	感染性废物	In
		831-002-01	损伤性废物	In
		831-003-01	病理性废物	In
		831-004-01	化学性废物	T
		831-005-01	药物性废物	T

a) 国家危险废物名录

序号	废物类别/代码	危险废物	豁免环节	豁 免 条 件	豁 免 内 容
		家庭日常生活中产生的废药品及其包装			

本目录各栏目说明：

1. “序号”指列入本目录危险废物的顺序编号；
2. “废物类别/代码”指列入本目录危险废物的类别或代码；
3. “危险废物”指列入本目录危险废物的名称；
4. “豁免环节”指可不按危险废物管理的环节；
5. “豁免条件”指可不按危险废物管理应具备的条件；
6. “豁免内容”指可不按危险废物管理的内容。

b) 危险废物豁免管理清单

图 2-3 《国家危险废物名录》(2016 版)样式

(二)危险废物道路运输

根据《中华人民共和国固体废物污染环境防治法》，对道路运输的要求有：

(1)运输危险废物，必须采取防止污染环境的措施，并遵守国家有关危险货物运输管理的规定。禁止将危险废物与旅客在同一运输工具上载运。具体讲，根据《固体废物污染环境防治法》，道路运输危险废物应当遵守《道路危险货物运输管理规定》。

(2)对危险废物的容器和包装物以及收集、储存、运输、处置危险废物的设施、场所，必须设置危险废物识别标志。

(3)收集、储存危险废物，必须按照危险废物特性分类进行。禁止混合收集、储存、运输、处置性质不相容而未经安全性处置的危险废物。禁止将危险废物混入非危险废物中储存。

(4)直接从事收集、储存、运输、利用、处置危险废物的人员，应当接受专业培训，经考核合格，方可从事该项工作。

(5)产生、收集、储存、运输、利用、处置危险废物的单位，应当制定在发生意外事故时采取的应急措施和防范措施，并向所在地县级以上地方人民政府环境保护行政主管部门报告；环境保护行政主管部门应当进行检查。

(6)危险废物转移联单管理制度。《固体废物污染环境防治法》要求，转移危险废物的，必须按照国家有关规定填写危险废物转移联单，并向危险废物移出地设区的市级以上地方人民政府环境保护行政主管部门提出申请。移出地设区的市级以上地方人民政府环境保护行政主管部门应当商经接受地设区的市级以上地方人民政府环境保护行政主管部门同意后，方可批准转移该危险废物。未经批准的，不得转移。

（三）危险废物道路运输许可

有关危险废物道路运输许可，按交通运输部《关于危险废物是否纳入道路危险货物运输管理有关问题的复函》（交函运〔2012〕309号）执行。

知识链接

《关于危险废物是否纳入道路危险货物运输管理有关问题的复函》

（交函运〔2012〕309号）

云南省交通运输厅：

你厅《关于危险废物是否纳入道路危险货物运输管理有关问题的请示》（云交运管〔2012〕854号）收悉。经研究，函复如下：

一、《中华人民共和国固体废物污染环境防治法》第六十条规定，“运输危险废物，必须采取防止污染环境的措施，并遵守国家有关危险货物运输管理的规定”；《医疗废物管理条例》第二十六条规定，“医疗废物集中处置单位运送医疗废物，应当遵守道路危险货物运输管理规定“。因此，危险废物、医疗废物道路运输应遵守《道路危险货物运输管理规定》，其《道路运输经营许可证》的经营范围应核定为：危险废物、医疗废物。

二、从事危险废物、医疗废物道路运输的驾驶人员、押运人员、装卸管理人员都应当取得相应的道路危险货物运输从业资格。

交通运输部

2012年12月17日

五、关于医疗废物道路运输

（一）医疗废物

《医疗废物管理条例》（国务院令第380号，自2003年6月16日起实施）第二条明确：“本条例所称医疗废物，是指医疗卫生机构在医疗、预防、保健以及其他相关活动中产生的具有直接或者间接感染性、毒性以及其他危害性的废物”。

医疗废物分类目录，由国务院卫生行政主管部门和环境保护行政主管部门共同制定、公布。医疗废物以列入《医疗废物分类目录》为准。

知识链接

医疗废物分类目录

类别	特　征	常见组分或者废物名称
感染性废物	携带病原微生物具有引发感染性疾病传播危险的医疗废物	1. 被病人血液、体液、排泄物污染的物品，包括： (1)棉球、棉签、引流棉条、纱布及其他各种敷料； (2)一次性使用卫生用品、一次性使用医疗用品及一次性医疗器械； (3)废弃的被服； (4)其他被病人血液、体液、排泄物污染的物品
		2. 医疗机构收治的隔离传染病病人或者疑似传染病病人产生的生活垃圾
		3. 病原体的培养基、标本和菌种、毒种保存液
		4. 各种废弃的医学标本
		5. 废弃的血液、血清
		6. 使用后的一次性使用医疗用品及一次性医疗器械视为感染性废物
病理性废物	诊疗过程中产生的人体废弃物和医学实验动物尸体等	1. 手术及其他诊疗过程中产生的废弃的人体组织、器官等
		2. 医学实验动物的组织、尸体
		3. 病理切片后废弃的人体组织、病理蜡块等
损伤性废物	能够刺伤或者割伤人体的废弃的医用锐器	1. 医用针头、缝合针
		2. 各类医用锐器，包括：解剖刀、手术刀、备皮刀、手术锯等
		3. 载玻片、玻璃试管、玻璃安瓿等
药物性废物	过期、淘汰、变质或者被污染的废弃的药品	1. 废弃的一般性药品，如：抗生素、非处方类药品等
		2. 废弃的细胞毒性药物和遗传毒性药物，包括： (1)致癌性药物，如硫唑嘌呤、苯丁酸氮芥、萘氮芥、环孢霉素、环磷酰胺、苯丙氨酸氮芥、司莫司汀、三苯氧氨、硫替派等； (2)可疑致癌性药物，如：顺铂、丝裂霉素、阿霉素、苯巴比妥等； (3)免疫抑制剂
		3. 废弃的疫苗、血液制品等
化学性废物	具有毒性、腐蚀性、易燃易爆性的废弃的化学物品	1. 医学影像室、实验室废弃的化学试剂
		2. 废弃的过氧乙酸、戊二醛等化学消毒剂
		3. 废弃的汞血压计、汞温度计

说明：

1. 一次性使用卫生用品是指使用一次后即丢弃的，与人体直接或者间接接触的，并为达到人体生理卫生或者卫生保健目的而使用的各种日常生活用品。

2. 一次性使用医疗用品是指临床用于病人检查、诊断、治疗、护理的指套、手套、吸痰管、阴道窥镜、肛镜、印模托盘、治疗巾、皮肤清洁巾、擦手巾、压舌板、臀垫等接触完整粘膜、皮肤的各类一次性使用医疗、护理用品。

3. 一次性医疗器械是指《医疗器械管理条例》及相关配套文件所规定的用于人体的一次性仪器、设备、器具、材料等物品。

4. 医疗卫生机构废弃的麻醉、精神、放射性、毒性等药品及其相关的废物的管理，依照有关法律、行政法规和国家有关规定、标准执行。

(二)医疗废物道路运输

根据《医疗废物管理条例》，对道路运输的要求有：

(1)医疗废物集中处置单位运送医疗废物,应当遵守国家有关危险货物运输管理的规定,使用有明显医疗废物标识的专用车辆。医疗废物专用车辆应当达到防渗漏、防遗撒以及其他环境保护和卫生要求。运送医疗废物的专用车辆不得运送其他物品。具体讲,根据《医疗废物管理条例》,道路运输医疗废物应当遵守《道路危险货物运输管理规定》。

(2)医疗卫生机构和医疗废物集中处置单位,应当采取有效的职业卫生防护措施,为从事医疗废物收集、运送、储存、处置等工作的人员和管理人员,配备必要的防护用品,定期进行健康检查;必要时,对有关人员进行免疫接种,防止其受到健康损害。

(3)禁止任何单位和个人转让、买卖医疗废物。禁止在运送过程中丢弃医疗废物;禁止在非储存地点倾倒、堆放医疗废物或者将医疗废物混入其他废物和生活垃圾。禁止将医疗废物与旅客在同一运输工具上载运。禁止在饮用水源保护区的水体上运输医疗废物。

(4)转让、买卖医疗废物,邮寄或者通过铁路、航空运输医疗废物,或者违反本条例规定通过水路运输医疗废物的,由县级以上地方人民政府环境保护行政主管部门责令转让、买卖双方、邮寄人、托运人立即停止违法行为,给予警告,没收违法所得;违法所得 5000 元以上的,并处违法所得 2 倍以上 5 倍以下的罚款;没有违法所得或者违法所得不足 5000 元的,并处 5000 元以上 2 万元以下的罚款。

(5)托运医疗废物的,应当向承运人提供环境保护主管部门核发的危险废物转移联单。即医疗卫生机构和医疗废物集中处置单位,应当依照《中华人民共和国固体废物污染环境防治法》的规定,执行危险废物转移联单管理制度。

(三)医疗废物道路运输许可

有关医疗废物道路运输许可,按交通运输部《关于危险废物是否纳入道路危险货物运输管理有关问题的复函》(交函运〔2012〕309 号)执行。

第二节 标 准 体 系

一、标准的基础知识

根据《中华人民共和国标准化法》,标准包括国家标准、行业标准、地方标准和团体标准、企业标准。国家标准分为强制性标准、推荐性标准,行业标准、地方标准是推荐性标准。

《中华人民共和国标准化法》规定,强制性标准必须执行。国家鼓励采用推荐性标准。

(一)有关标准的代码

在我国,标准代码是由“汉语拼音缩写 + 标准顺序号—年(标准颁布时间)”组成的。如《危险货物品名表》的编号是(GB 12268—2012),如图 2-4 所示。

常见标准汉语拼音缩写及含义,见表 2-2。

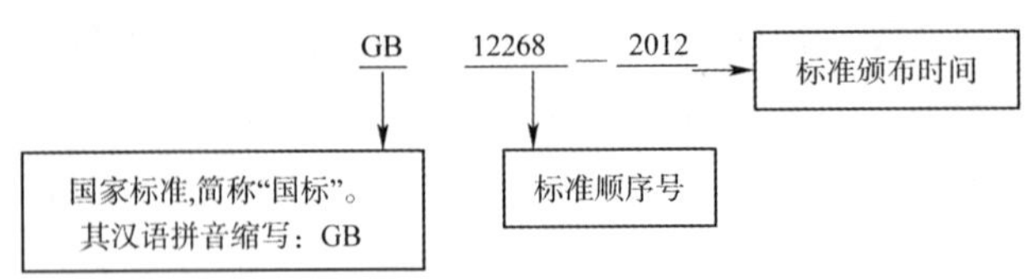

图 2-4　标准代码组成

常见标准汉语拼音缩写及含义　　表 2-2

汉语拼音缩写	含　义	汉语拼音缩写	含　义
GB	国家标准	GA	公安标准
JT	交通行业标准	AQ	安监标准

在此强调,在使用标准时,要以新颁布的为准。如现在使用《危险货物品名表》(GB 12268),要使用2012年版的,不能使用2005年版。

(二)关于强制性和推荐性问题

国家标准、行业标准分为,强制性标准和推荐性标准。推荐性标准代码为“汉语拼音缩写+/T”,如GB/T、JT/T为推荐性。从理论上讲,强制性国家标准必须执行。

值得注意的是,法规和部门规章(部令)中引用的推荐性标准,也要执行。如:《道路危险货物运输管理规定》引用了《道路运输车辆技术等级划分和评定要求》(JT/T 198);《道路运输车辆动态监督管理办法》引用了《道路运输车辆卫星定位系统车载终端技术要求》(JT/T 794)。

(三)关于特种设备安全技术规范(TSG)

根据《中华人民共和国特种设备安全法》第八条“特种设备生产、经营、使用、检验、检测应当遵守有关特种设备安全技术规范及相关标准”的有关规定,压力容器使用、维护等要执行“特种设备安全技术规范”。

如《移动式压力容器安全技术监察规程》(TSG R0005—2011),其汉语拼音缩写的含义是:T—特种;S—设备;G—规程、规范;R—容器。

(四)标准的适用范围

《安全生产法》规定“生产经营单位必须执行依法制定的保障安全生产的国家标准或者行业标准”。在实际工作中,一定要注意标准的适用范围是否与我们的工作有关。如我们从事的是危险货物道路运输,使用的标准的适用范围要与危险货物道路运输有关,而不能使用危险货物生产、包装、储存的标准。

(五)标准的层次

标准的层次,如图2-5所示。

安全生产标准是围绕如何消除、限制或预防劳动过程中的危险和有害因素，保护职工安全与健康，保障设备、生产正常运行而制定的统一规定。

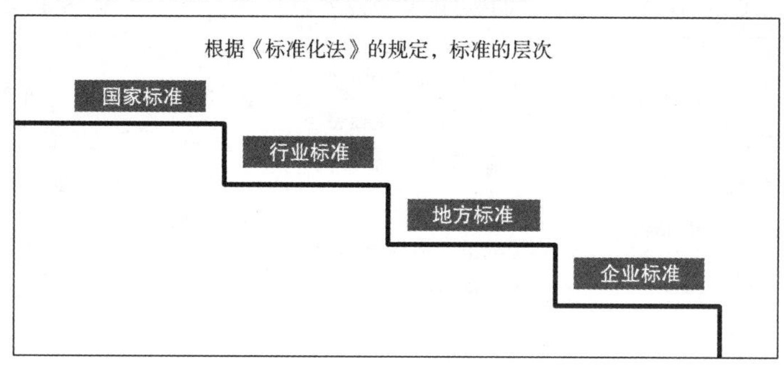

图 2-5 标准的层次

值得注意的是，《中华人民共和国标准化法》要求，推荐性国家标准、行业标准、地方标准、团体标准、企业标准的技术要求不得低于强制性国家标准的相关技术要求。

二、国家标准

涉及危险货物道路运输的主要国家标准，见表 2-3。

涉及危险货物道路运输的国家标准 表 2-3

<table>
<tr><th colspan="2">标准类别</th><th>标准名称</th><th>标准提出、归口单位</th><th>标准适用</th></tr>
<tr><td rowspan="4">国家标准</td><td rowspan="3">(1)危险货物运输通用标准(道路、铁路、航空、水运)</td><td>《危险货物分类和品名编号》(GB 6944—2012)</td><td rowspan="2">本标准由中华人民共和国交通运输部提出。
本标准由全国危险化学品标准化技术委员会(SAC/TC 251)归口</td><td>本标准规定了危险货物分类、危险货物危险性的先后顺序和危险货物编号。
本标准适用于危险货物运输、储存、经销及相关活动</td></tr>
<tr><td>《危险货物品名表》(GB 12268—2012)</td><td>本标准规定了危险货物品名表的一般要求、结构和危险货物品名表。本标准适用于危险货物运输、储存、经销及相关活动</td></tr>
<tr><td>《危险货物运输包装通用技术条件》(GB 12463—2009)</td><td>本标准由全国危险化学品标准化技术委员会(SAC/TC 251)提出并归口</td><td>本标准规定危险货物包装分类、基本要求、性能试验和检验方法、技术要求、类型和标记代码。
本标准适用于盛装危险货物的运输包装</td></tr>
<tr><td>(2)车辆通用标准(客运、货运车辆)</td><td>《道路运输车辆综合性能和检验方法》(GB 18565—2016)</td><td>本标准由中华人民共和国交通运输部提出。
本标准由全国汽车维修标准化技术委员会归口</td><td>本标准规定了道路运输车辆的综合性能要求及检验方法。
本标准适用于申请从事道路运输车辆和在用道路运输车辆，从事道路运输相关业务的车辆可参照执行</td></tr>
</table>

续上表

标准类别		标准名称	标准提出、归口单位	标准适用
国家标准	(2)车辆通用标准（客运、货运车辆）	《汽车、挂车及汽车列车外廓尺寸、轴荷及质量限值》(GB 1589—2016)	本标准由中华人民共和国国家发展和改革委员会、交通运输部、公安部共同提出。 本标准由全国汽车标准化技术委员会归口	本标准规定了汽车、挂车及汽车列车的外廓尺寸、轴荷及质量的限值。 本标准适用于在道路上使用的汽车（最大设计总质量超过26000kg的汽车起重机除外）、挂车及汽车列车
	(3)危险货物道路运输标准及安全技术监察规程	《道路运输危险货物车辆标志》(GB 13392—2005)	本标准由中华人民共和国交通部提出。 本标准由交通部公路司归口	本标准规定了道路运输危险货物车辆标志的分类、规格尺寸、技术要求、试验方法、检验规则、包装、标志、装卸、运输和储存，以及安装悬挂和维护要求。 本标准适用于道路运输危险货物车辆标志的生产、使用和管理
		《道路运输爆炸品和剧毒化学品车辆安全技术条件》(GB 20300—2006)	本标准由国家发展和改革委员会提出。 本标准由全国汽车标准化技术委员会归口	本标准规定了道路运输爆炸品和剧毒化学品车辆的术语和定义、要求、标志和随车文件。本标准适用于在道路上运输爆炸品和剧毒化学品的汽车和挂车（以下简称车辆）
		《道路运输液体危险货物罐式车辆 第1部分 金属常压罐体技术要求》(GB 18564.1) 《道路运输液体危险货物罐式车辆 第2部分 非金属常压罐体技术要求》(GB 18564.2)	本部分由全国锅炉压力容器标准化技术委员会(SAC/TC 262)提出并归口	本部分规定了道路运输液体危险货物罐式车辆金属常压罐体的设计、制造、试验方法、出厂检验、涂装与标志标识以及定期检验项目的技术要求。 本部分适用装运介质为液体危险货物，工作压力小于0.1MPa，金属材料制造以及定型汽车底盘或半挂车架为永久性链接的罐体
		《移动式压力容器安全技术监察规程》(TSG R0005—2011)	5.6 作业人员 移动式压力容器的安全管理人员和操作人员应当持有相应的特种设备作业人员证。使用单位应当对移动式压力容器作业人员定期进行安全教育与专业培训并做好记录，保证作业人员了解所充装介质性质、危害性和罐体的使用特性，具备必要的移动式压力容器安全作业知识、作业技能，及时进行知识更新，确保作业人员掌握操作规程及事故应急措施，按章作业。 对于从事移动式压力容器运输押运的人员，应当取得国务院有关部门的资质书	

续上表

标准类别		标准名称	标准提出、归口单位	标准适用
国家标准	(4)其他相关标准	《汽车行驶记录仪》(GB/T 19056—2012)	本标准由中华人民共和国公安部提出。 本标准由公安部道路交通管理标准化技术委员会归口	
		《机动车安全运行技术条件》(GB 7258)	本标准由中华人民共和国公安部提出并归口	
		《危险货物运输车辆结构要求》(GB 21668)、《包装储运图示标志》(GB 191)、《危险货物运输包装类别划分原则》(GB/T 15098)、《汽车库、修车库、停车场设计防火规范》(GB 50067)、《化学品安全标签编写规定》(GB 15258)、《化学品安全技术说明书编写规定》(GB 16483)		

三、行业标准

涉及危险货物道路运输的主要行业标准,见表2-4。

涉及危险货物道路运输的行业标准 表2-4

标准类别		标准名称	标准提出、归口单位	标准适用
行业标准	(1)车辆通用标准(客运、货运车辆)	《道路运输车辆技术等级划分和评定要求》(JT/T 198—2016)	本标准由全国汽车维修标准化技术委员会(SAC/TC 247)提出并归口	本标准规定了道路运输车辆的技术等级划分、评定项目、评定要求以及评定规则。 本标准适用于申请从事道路运输经营的车辆和正在从事道路运输经营的车辆。从事驾驶员培训等道路运输相关业务的车辆可参照使用
		《营运货车燃料消耗量限值及测量方法》(JT/T 719—2016)	本标准由交通部能源部管理办公室提出并归口	本标准规定了营运货车燃料消耗量限值及测量方法。 本标准适用于以柴油或汽油为单一燃料且最大总质量为3500~49000kg的营运货车
	(2)《危险货物道路运输规则》	《危险货物道路运输规则 第1部分:通则》(JT/T 617.1)	本标准由交通运输部运输服务司提出。 本标准由全国道路运输标准化技术委员会(SAC/TC 521)归口	本部分规定了危险货物的范围及运输条件、运输条件豁免、国际多式联运相关要求、人员培训要求、各参与方的安全要求以及安保防范要求。 本部分适用于危险货物道路运输
		《危险货物道路运输规则 第2部分:分类》(JT/T 617.2)		本部分规定了道路运输危险货物的分类,包括分类的一般要求和具体规定。 本部分适用于道路运输危险货物的类别、对应的危险性类型和包装类别的确定

续上表

标准类别		标准名称	标准提出、归口单位	标准适用
行业标准	(2)《危险货物道路运输规则》	《危险货物道路运输规则　第3部分：品名及运输要求索引》(JT/T 617.3)	本标准由交通运输部运输服务司提出。 本标准由全国道路运输标准化技术委员会(SAC/TC 521)归口	本部分规定了道路运输危险货物品名的一般要求、道路危险货物运输要求索引、特殊规定，以及有限数量危险货物和例外数量危险货物的道路运输要求。 本部分适用于危险货物道路运输
		《危险货物道路运输规则　第4部分：运输包装使用要求》(JT/T 617.4)		本部分规定了道路运输危险货物包装、中型散装容器、大型包装、可移动罐柜、罐式车辆罐体的使用要求。 本部分适用于道路运输危险货物运输包装的选择和使用
		《危险货物道路运输规则　第5部分：托运要求》(JT/T 617.5)		本部分规定了危险货物道路运输托运的一般要求，集合包装及混合包装的标记标志要求，包件的标记和与标志要求，集装箱、罐体与车辆的标志牌和及标记，运输单据。 本部分适用于危险货物道路运输的托运
		《危险货物道路运输规则　第6部分：装卸条件及作业要求》(JT/T 617.6)		本部分规定了危险货物道路运输的装卸作业的一般要求，包件运输装卸条件、散装运输装卸条件、罐式运输装卸条件和装卸作业要求。 本部分适用于危险货物道路运输环节的装卸作业
		《危险货物道路运输规则　第7部分：运输条件及作业要求》(JT/T 617.7)		本部分规定了危险货物道路运输的运输装备条件、人员条件及运输作业要求。 本部分适用于危险货物道路运输的运输作业
	(3)危险货物道路运输推荐标准	《危险货物道路运输企业运输事故应急预案编制要求》(JT/T 911—2014)	本标准由中华人民共和国交通运输部道路运输司提出。 本标准由全国道路运输标准化技术委员会(SAC/TC 521)归口	本标准规定了危险货物道路运输企业运输事故应急预案的编制步骤、预案内容以及文本格式与要求。 本标准适用于指导危险货物道路运输企业编制危险货物运输过程中事故应急预案
		《危险货物道路运输企业安全生产管理制度编写要求》(JT/T 912—2014)		本标准规定了危险货物道路运输企业安全生产管理制度的编制要求、编制内容、编制步骤、格式及要求。 本标准适用于危险货物道路运输企业安全生产管理制度的编写。使用自备车辆为本单位服务的非经营性危险货物道路运输单位的安全生产管理参照执行

续上表

标准类别		标准名称	标准提出、归口单位	标准适用
行业标准	(3)危险货物道路运输推荐标准	《危险货物道路运输企业安全生产责任制编写要求》(JT/T 913—2014)	本标准由中华人民共和国交通运输部道路运输司提出。 本标准由全国道路运输标准化技术委员会(SAC/TC 521)归口	本标准规定了危险货物道路运输企业安全生产责任制的编制要求、编制内容及格式和要求等。 本标准适用于危险货物道路运输企业安全生产责任制的编写。使用自备车辆为本单位服务的非经营性危险货物道路运输单位的安全生产管理参照执行
		《危险货物道路运输企业安全生产档案管理技术要求》(JT/T 914—2014)		本标准规定了危险货物道路运输企业安全生产档案管理要求、档案分类、归档范围、立卷归档、电子档案。 本标准适用于危险货物道路运输企业安全生产档案管理编制
	(4)其他标准	《汽车导静电橡胶拖地带》(JT 230—1995)	本标准由中华人民共和国交通部公路司提出并归口	本标准适用于油罐车、液化石油气罐车等装运易燃易爆货物的车辆及其他需要导除静电的车辆

危险货物道路运输安全管理的主要标准如图 2-6 所示。

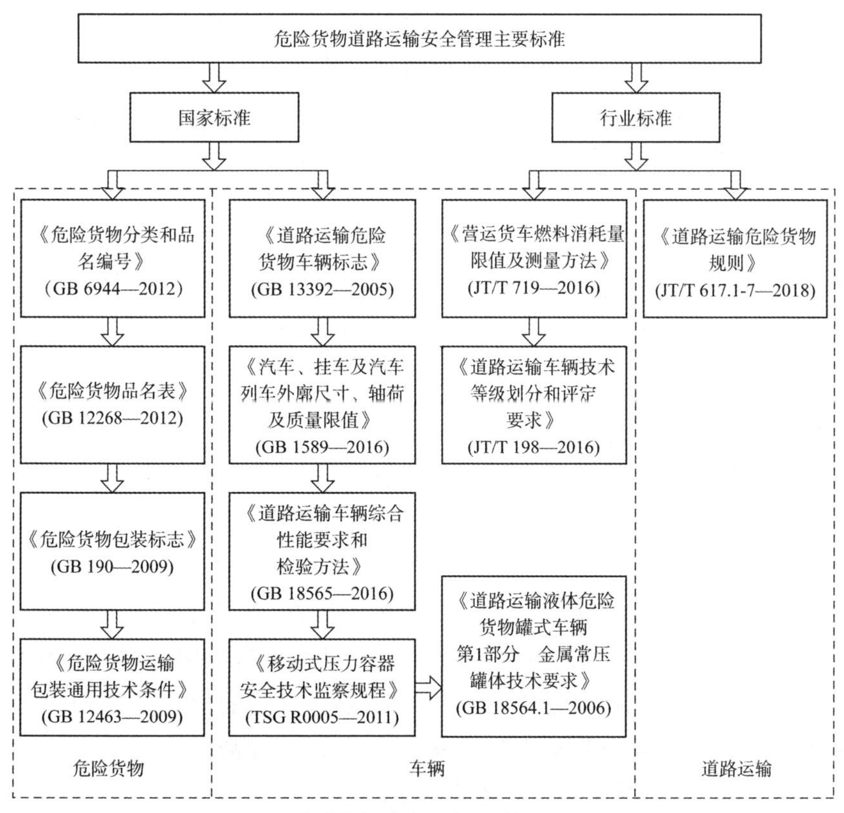

图 2-6　危险货物道路运输安全管理主要标准

第三章　危险货物道路运输托运及承运

第一节　概　　念

一、危险货物道路运输

依据《道路危险货物运输管理规定》,危险货物道路运输是指使用载货汽车通过道路运输危险货物的作业全过程。其中,危险货物以《危险货物品名表》(GB 12268—2012)为准;道路是指公路、城市道路和在单位管辖范围但允许社会机动车通行的地方,包括广场、公共停车场等用于公众通行的场所;载货汽车,以《中华人民共和国机动车行驶证》的"车辆类型"为准。

从定义出发,强调以下3个问题。

(一)载货汽车问题

交通运输部在全国范围内,管理的是载货汽车通过道路运输危险货物的过程。也就是说,其他车辆(非机动、电动车、低速汽车)危险货物道路运输不属于交通运输部门的管辖范围。如牛车马车往农田运输农药、化肥(其中有些属于危险货物),或者运输柴油给农机加油等,故其牛车马车运输危险货物的管理就不适用《道路危险货物运输管理规定》。

(二)空车问题

从危险货物道路运输的定义可知,危险货物道路运输不应该包括空驶车辆。同时,《危险化学品安全管理条例》第四十三条规定的"通过公路运输危险化学品,必须配备押运人员,并随时处于押运人员的监管之下……"也表述了这层意思。也就是说,车上没有危险货物,就没有必要配押运人员了。举例说明,一车袋装危险货物从乙地运输到甲地,交付给收货人。车辆回程时是空车,其车上没有危险货物,故其管理就不适用《道路危险货物运输管理规定》。

值得注意的是,盛装过危险货物的空容器,未经消除危险处理、有残留物的,仍按原装危险货物办理托运,理由如下。

(1)常压容器罐车的罐体和盛装过危险货物的空容器(如汽油桶),一般很难将液态危险货物倒干净(卸载时不可能百分之百全部卸干净),使得空容器内往往会有残留的液体危险货物。考虑到:一是空容器内残留物可能会泄漏,造成一定的危险;二是如空容器中残留液是易燃液体,其挥发会与空气形成爆炸性混合气,其危险性甚至比满桶更大;故卸载后的常压容器罐车和空容器还应按危险货物道路运输进行管理。

(2)压力容器罐车和气瓶,为了便于继续储运原装的气体和保证气体的纯洁性(纯度),

不允许有其他气体混入容器，故要求在卸载后的罐车或用完后的气瓶内必须保留有一定的剩余气体和保持一定的压力(不允许将容器内的压力卸载，完全与外界大气压一样，要有残留压力的)。所以，空的压力容器罐车和气瓶，应与原装物品的条件相同，按危险货物运输。

举例说明，乙炔气瓶，必须含有余压(含有规定充装量0.5% ~1.0%的剩余气体)。乙炔气瓶里面溶剂是丙酮，乙炔本身具有高度可燃可爆性，如空瓶中没有余压，空气进入气瓶会发生火灾或爆炸；使用氧气时，不得将瓶内氧气全部用完，最少应留0.1MPa，以便在再装氧气时吹除灰尘和避免混进其他气体。由于气瓶内有余压，气瓶中有剩余的气体属于危险货物，故“空气瓶”也是危险货物，也要按危险货物道路运输管理。

(三)道路概念

机场的场(厂)区、大型危险化学品生产企业的场(厂)区内，社会车辆不能驶入，也就是说场(厂)区内不属于“道路”，故在场(厂)区内的车辆运输危险货物不适用《道路交通安全法》《道路运输管理条例》和《道路危险货物运输管理规定》。

货物运输要经过托运受理、装载货物、道路运输、卸载接收等环节。这些环节分别由不同的当事人来操作完成，同时各自承担相应的责任。

根据《道路货物运输及站场管理规定》第二条，道路货物运输经营是指为社会提供公共服务、具有商业性质的道路货物运输活动。道路货物运输包括道路普通货运、道路货物专用运输、道路大型物件运输和道路危险货物运输。以下道路危险货物运输也称为危险货物道路运输(把“道路运输”作为一个关键词、词组，便于搜索)。

根据《道路危险货物运输管理规定》第十二条，设区的市级道路运输管理机构应当按照《中华人民共和国道路运输条例》和《交通行政许可实施程序规定》，以及本规定所明确的程序和时限实施道路危险货物运输行政许可，并进行实地核查。决定准予许可的，应当向被许可人出具《道路危险货物运输行政许可决定书》，注明许可事项，具体内容应当包括运输危险货物的范围(类别、项别或品名，如果为剧毒化学品应当标注“剧毒”)，专用车辆数量、要求以及运输性质，并在10日内向道路危险货物运输经营申请人发放《道路运输经营许可证》，向非经营性道路危险货物运输申请人发放《道路危险货物运输许可证》。

因此，危险货物道路运输分为经营性和非经营性两种，经营性属于商业性质、有运输费用发生，非经营性是企业为本单位服务、没有运输费用发生。为了便于道路运输管理机构在许可工作时的实际操作，《道路危险货物运输管理规定》规定“省级以上安全生产监督管理部门批准设立的生产、使用、储存危险化学品的企业以及有特殊需求的科研、军工等企事业单位”，可以使用自备专用车辆从事为本单位服务的非经营性道路危险货物运输。

二、托运人

(一)托运人的定义

委托运输货物的当事人，称为托运人。

（二）托运人的范围

通常在经营性货物运输合同中托运人称为甲方，可以是货物的所有人即货主，也可以是货物的管理人即货物代理人，还可以是货物购买人即收货人；在非经营性危险货物运输活动中托运人是企业的业务部门、按工作职责与流程为本单位内部发出危险货物运输服务需求，在某些特殊性情况下，也转化为货主，比如：某企业的业务部门与客户签订合同，合同约定客户的危险货物需要运达该企业，运输由该企业非经营性运输部门承担上门装运，此时客户是实际托运人即货物的货主。

三、承运人

（一）承运人的定义

承担运输货物的当事人，称为承运人。

（二）承运人的范围

通常在经营性货物运输合同中承运人称为乙方，就是道路运输企业；在非经营性危险货物运输活动中承运人是企业的运输部门、按工作职责与流程为本单位内部提供危险货物运输服务。

第二节　危险货物道路运输托运人责任

1999 年 10 月 1 日实行的《中华人民共和国合同法》第三百零七条规定，托运人托运易燃易爆、有毒、有腐蚀性、有放射性等危险物品的，应当按照国家有关危险物品运输的规定对危险物品妥善包装，作出危险物标志和标签，并将有关危险物品的名称、性质和防范措施的书面材料提交承运人。托运人违反前款规定的，承运人可以拒绝运输，也可以采取相应措施以避免损失的发生，因此，产生的费用由托运人承担。该条款在法律上明确了托运人的责任。以下介绍我国涉及危险货物道路运输托运人责任的法规和标准的要求。

一、《危险化学品安全管理条例》的规定

根据《危险化学品安全管理条例》（国务院令第 591 号）的规定，托运人应该履行以下法定义务。

（一）托运人应当依法托运

国家对危险货物的运输实行资质认定制度。通过道路运输危险化学品的，托运人应当委托依法取得危险货物道路运输许可的企业承运。托运人应向具有危险货物道路运输经营资质的企业办理托运，且托运的危险货物应与承运企业的经营范围相符合。

从目前危险货物道路运输事故的统计情况来分析，事故之所以发生，很大的原因是承运人没有危险货物运输资质，不具有相应的安全设施设备、安全规章制度，且从业人员也不具有相应的专业运输知识。因此，从托运人的源头管理入手，禁止托运人委托不具资质的承运人运输危险货物，可以很好地遏制非法承运问题。

《危险化学品安全管理条例》在规定托运人义务的同时，还有对违法托运的处罚条款。即委托未依法取得危险货物道路运输许可的企业承运危险化学品，由交通运输主管部门责令改正，处10万元以上20万元以下的罚款；有违法所得的，没收违法所得；拒不改正的，责令停产停业整顿；构成犯罪的，依法追究刑事责任。

（二）托运人不得夹带和谎报、匿报

托运人不得在托运的普通货物中夹带危险化学品，不得将危险化学品匿报或者谎报为普通货物托运。托运人如果在托运的普通货物中夹带危险化学品或将危险化学品匿报或者谎报为普通货物托运，是托运人明知故犯的违法行为。针对这种违法托运情况，根据《危险化学品安全管理条例》的规定，由交通运输主管部门责令改正，处10万元以上20万元以下的罚款；有违法所得的，没收违法所得；拒不改正的，责令停产停业整顿；构成犯罪的，依法追究刑事责任。

（三）托运人应该提供《化学品安全技术说明书》和《化学品安全标签》

根据《危险化学品安全管理条例》的规定，托运人应该提供危险化学品的《化学品安全技术说明书》和《化学品安全标签》。包含以下几层含义：

（1）危险化学品生产企业应当提供与其生产的危险化学品相符的化学品安全技术说明书，是强调与产品相符。

（2）危险化学品包装（包括外包装件）上粘贴或者拴挂与包装内危险化学品相符的化学品安全标签，是强调方便用户查阅。

（3）化学品安全技术说明书和化学品安全标签所载明的内容应当符合国家标准的要求，是强调符合国际标准。这里讲的国家标准，是指符合《化学品安全标签编写规定》（GB 15258—2009）、《化学品安全技术说明书编写规定》（GB 16483—2008）。

（4）危险化学品生产企业发现其生产的危险化学品有新的危险特性的，应当立即公告，并及时修订其化学品安全技术说明书和化学品安全标签，是强调及时修订。

托运人（包括生产企业）违反上述法定义务，由安全生产监督管理部门按照《危险化学品安全管理条例》第七十八条的规定处理。

（四）托运人的告知要求

在实际工作中，托运人往往是危险货物的生产、储存等企业，对危险货物的属性、特性以及应急处置措施，相比承运人更为熟悉和了解，因此，《危险化学品安全管理条例》规定了托运人对相关信息的告知说明的义务。这有利于承运人在运输过程中，根据托运人提供的信

息及时积极地采取相应的安全保护措施。此外根据《危险化学品安全管理条例》的规定，对于性质不稳定或者因聚合、分解而在运输中能引起剧烈反应的危险货物，如：乙烯基甲醚、乙酰乙烯酮、丙烯醛、丙烯酸等，托运人应当采用加入稳定剂或抑制剂等方法，保证运输安全。

根据《危险化学品安全管理条例》第六十三条，要求托运人告知承运人的内容有：

(1)托运危险化学品的，托运人应当向承运人说明所托运的危险化学品的种类、数量、危险特性以及发生危险情况的应急处置措施，并按照国家有关规定对所托运的危险化学品妥善包装，在外包装上设置相应的标志；

(2)运输危险化学品需要添加抑制剂或者稳定剂的，托运人应当添加，并将有关情况告知承运人。

该条款规定了托运人的义务。如果托运人没有履行上述义务，承运人应当拒绝运输，否则将影响社会安全和自身安全。同时，承运人应当向有关部门举报托运人的违法行为。当然，交通运输主管部门可以依据《危险化学品安全管理条例》第八十六条的规定，对托运人的上述违法行为进行处理。

货物性质的确定是托运人的责任。从托运人委托有危险化学品运输资质的企业承运时，应该提供《化学品安全技术说明书》和《化学品安全标签》，并告知危险特性等法律义务的规定看，货物的性质应当由托运人明确是否属于危险货物。图3-1进一步说明了托运人的职责。

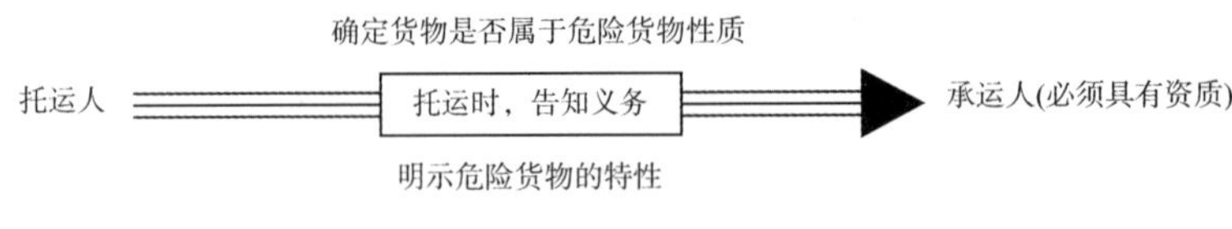

图3-1　托运人的职责

(五)托运人关于包装的责任

包装是安全的保障，当危险化学品生产企业作为托运人时，应当对货物进行包装并确保其符合国家有关要求，必须对提交货物的包装完好合格负责。

根据《危险化学品安全管理条例》，危险化学品生产企业要做到：

(1)必须保证危险化学品的包装应当符合法律、行政法规、规章的规定以及国家标准、行业标准的要求。

(2)危险化学品包装物、容器的材质以及危险化学品包装的型式、规格、方法和单件质量(重量)，应当与所包装的危险化学品的性质和用途相适应。

如果危险化学品包装物、容器是列入国家实行生产许可证制度的工业产品，生产包装物、容器企业应当依照《工业产品生产许可证管理条例》的规定，取得工业产品生产许可证。其产品要经国务院质量监督检验检疫部门认定的检验机构检验合格，方可出厂销售。

包装容器可能是危险化学品生产企业自己生产制造的，也可能是由专门的包装生产厂家制造的，还可能是货主在提交运输之前委托他人另行包装过的。无论什么情况下，对于合同运输的双方而言，托运人应对其托运货物的包装质量负全部责任。托运人当然可以就包装不合格向有关各方交涉,但这与承运人无关。总之,不是由包装制造商、货物生产商、代为包装商、托运人等共同对承运人负连带责任,而是由托运人单独对承运人负全部责任。

(3)货物交付运输后,在启运前发现包装破损泄漏的,如不能证明是承运人的过错造成的,托运人有责任改换或修理包装;如果有证明是承运人的过错造成的,也应由托运人负责改换或修理包装,而由承运人赔偿托运人由此而造成的直接损失。改换或修理后的包装必须符合国家规定的要求。包装泄漏污染了车厢、货舱,托运人应提供清洗材料和方法。

(4)托运人托运货物的包装与国家规定的具体规定不一致时,托运人有责任向承运人提供包装试验和适用的情况及证明文件。

(5)集装箱或集合包装内部的所有单件包装都必须保证不采用集装箱或集合包装时,亦能达到国家规定的质量标准。

二、《道路危险货物运输管理规定》的有关要求

依据上位法《危险化学品安全管理条例》制定的《道路危险货物运输管理规定》,不仅规定了上述托运人的职责要求,而且还根据危险货物道路运输实际情况,提出了以下要求。

(一)关于装卸管理人员指派

《道路危险货物运输管理规定》第四十条第二款规定:"危险货物运输托运人和承运人应当按照合同约定指派装卸管理人员;若合同未予约定,则由负责装卸作业的一方指派装卸管理人员"。

该条款是关于装卸管理人员指派的相关规定。如此规定的原因在于,有些行业管理人员存在一个误区,认为装卸管理人员一定由承运人指派,因此认为运输企业如果没有聘请装卸管理人员则不予行政许可。但具体实务中,关于装卸管理人员的指派是根据承托双方的协商确定的,既可以由托运人指派,也可以由承运人指派。

如一些有特殊要求的危险化学品生产企业,承运方的运输车辆按生产方的要求停在指定位置或区域后,驾驶人员休息;然后由生产方派专人接车,开车到生产区内装货;之后,再将车货交给驾驶人员(承运方)。这种情况下,承运方一般很难指派装卸管理人员。

(二)要求危险货物托运人记录承运情况

《道路危险货物运输管理规定》第二十九条第二款规定,危险货物托运人应当对危险货物种类、数量和承运人等相关信息予以记录,记录的保存期限不得少于1年。

上述要求借鉴了《危险化学品安全管理条例》第二十三条和第四十一条的相关规定。该条例第二十三条规定:"生产、储存剧毒化学品或者国务院公安部门规定的可用于制造爆炸物品的危险化学品(以下简称易制爆危险化学品)的单位,应当如实记录其生产、储存的剧毒化学品、易制爆危险化学品的数量、流向……"。第四十一条规定:"危险化学品生产企业、经营企业销售剧毒化学品、易制爆危险化学品,应当如实记录购买单位的名称、地址、经办人的

姓名、身份证号码以及所购买的剧毒化学品、易制爆危险化学品的品种、数量、用途。销售记录以及经办人的身份证明复印件、相关许可证件复印件或者证明文件的保存期限不得少于1年”。每一个合法经营的危险化学品生产企业，其每年生产危险化学品的品种、数量和销售量，都应有生产、销售明细账（台账或记录）。危险化学品生产企业在明细账中增加记录承运人的相关信息，是社会负责的表现，将对从源头遏制违法承运起到积极作用。

具体而言，托运人在托运危险货物时，应当对承运人是否具备危险货物运输资质、运输的车辆状况和从业人员资格等进行查阅，并记录相关的承运信息，以备道路运输管理机构等有关部门进行查阅。需要注意的是，实践中，发生运输事故后，调查事故原因、认定事故责任时，需要托运人提供相关的承运信息记录。

在一些国家，对危险货物道路运输承运人没有资质要求，而是要求危险化学品生产企业将其产品（危险货物）的运输作为生产的一个环节，对运输以及托运负责。也就是说，危险化学品生产企业不仅要生产危险化学品，而且还要将危险化学品安全地送到用户手里，这样生产环节才算终止。在我国，无论是基于法规规定还是道理或社会责任，危险化学品生产企业都应重视其产品运输，首先要做到委托有资质的企业承运，其次要核实车辆《道路运输证》的经营范围和从业人员资格，还应核实车辆的核定载质量。如由托运人指派装卸管理人员指导装载作业，则必然由托运人负责装载的合规性，从源头治理装载的违规与超载行为。

（三）关于禁止运输的规定

《道路危险货物运输管理规定》第三十五条第一款规定，危险货物道路运输企业或者单位不得运输法律、行政法规禁止运输的货物。

上述条款是依据《道路运输条例》第二十六条，即“货运经营者不得运输法律、行政法规禁止运输的货物”而做的规定。托运人和承运人不得托运、承运法律、行政法规禁止运输的货物。如根据现行法律、行政法规的规定，禁止运输的物品包括毒品、假劣药品以及伪造、变造、非法印刷的人民币等。

三、《危险货物道路运输规则　第5部分：托运要求》（JT/T 617.5—2018）有关要求

在《危险货物道路运输规则　第5部分：托运要求》（JT/T 617.5—2018）中，要求危险货物运输承运人应制作危险货物道路运输运单，并交由驾驶员随车携带。《危险货物道路运输运单》应满足以下要求。

（1）危险货物道路运输运单应至少包含以下信息。

①托运人的名称和联系电话；

②收货人的名称和联系电话；

③装货人（或充装人）的名称；

④运输企业名称、许可证号、联系电话；

⑤车辆车牌号码、道路运输证号；

⑥挂车车牌号码、道路运输证号；

⑦罐车(如适用)罐体编号、罐体容积；

⑧驾驶员姓名、从业资格证号及联系电话；

⑨押运员姓名、从业资格证号及联系电话；

⑩危险货物信息；

⑪实际发货/装货地址；

⑫实际收货/卸货地址；

⑬起运日期；

⑭是否为城市配送；

⑮备注；

⑯调度人、调度日期。

(2)危险货物道路运输运单填写要求如下。

①托运人：包括托运企业或单位名称和联系电话，联系电话应为托运方了解所托运货物的危险特性及应急处置措施的人员的电话和托运委托人电话。

②收货人：包括收货人名称和联系电话，联系电话应为收货方了解所接收货物的危险特性及应急处置措施的人员的电话和收货委托人电话。

③装货人(或充装人)：包括装货人(或充装人)单位名称。

④运输企业名称和经营许可证号应按照《道路运输经营许可证》填写。

⑤车辆信息和道路运输证号应按照《道路运输证》填写，车牌号码应为公安交通管理部门核发的车辆牌照号码。

⑥挂车信息：包括挂车车牌号码和道路运输证号。

⑦罐体信息：包括罐体编号和罐体容积。罐体编号为罐车罐体的唯一编号或罐式集装箱箱主代码。罐体容积单位为 m^3。

⑧驾驶员和押运员从业资格证号应按照《道路运输从业资格证》填写。

⑨危险货物信息：包括 UN 编号、货物正式运输名称、类别及项别、危险货物数量、包装类别、包装规格。(危险货物数量的填写要求参考 8.2.1.2 托运清单填写要求中的 i)。

⑩实际发货/装货地址：装货完成，车辆开始运输的地点，应填写具体地址；实际收货/卸货地址：运输目的地所在的具体地址。

⑪起运日期为装货完成开始运输的日期，格式为 yyyy－mm－dd。

⑫是否为城市配送：勾选项，对于危险货物城市配送(如成品油配送)车辆，若每个收货人接收的危险货物相同，每天可只填写一个运单，收货人、目的地可为最后一个收货人的名称及地址。

⑬备注：有关危险货物的某些特殊要求(可选)。

⑭调度人：为运输企业派发该运单的调度人员的姓名。

（3）危险货物道路运输运单上填写的信息应清晰、易辨。

危险货物道路运输运单格式，见表3-1。

危险货物道路运输运单格式　　表3-1

<table>
<tr><td colspan="7">危险货物道路运输运单</td></tr>
<tr><td colspan="7">运单编号：</td></tr>
<tr><td rowspan="2">托运人</td><td>名称</td><td colspan="2"></td><td rowspan="2">收货人</td><td>名称</td><td></td></tr>
<tr><td>联系电话</td><td colspan="2"></td><td>联系电话</td><td></td></tr>
<tr><td rowspan="2">装货人</td><td>名称</td><td colspan="2"></td><td>配运日期</td><td colspan="2"></td></tr>
<tr><td>联系电话</td><td colspan="2"></td><td>配运地</td><td colspan="2"></td></tr>
<tr><td>目的地</td><td colspan="5"></td><td>☐城市配送</td></tr>
<tr><td rowspan="9">承运人</td><td>单位名称</td><td colspan="2"></td><td>联系电话</td><td colspan="2"></td></tr>
<tr><td>许可证号</td><td colspan="5"></td></tr>
<tr><td rowspan="2">车辆信息</td><td>车牌号码(颜色)</td><td></td><td rowspan="2">挂车信息</td><td>车牌号码</td><td></td></tr>
<tr><td>道路运输证号</td><td></td><td>道路运输证号</td><td></td></tr>
<tr><td>罐体信息</td><td colspan="2">罐体编号</td><td>罐体容积</td><td colspan="2"></td></tr>
<tr><td rowspan="3">驾驶员</td><td>姓名</td><td></td><td rowspan="3">押运员</td><td>姓名</td><td></td></tr>
<tr><td>从业资格证号</td><td></td><td>从业资格证号</td><td></td></tr>
<tr><td>联系电话</td><td></td><td>联系电话</td><td></td></tr>
<tr><td colspan="6"></td></tr>
<tr><td>货物信息</td><td colspan="6">包括序号，UN开头的联合国编号，危险货物运输名称，类别及项别，包装类别，包装规格，单位，数量等内容，每项内容用逗号隔开</td></tr>
<tr><td>备注</td><td colspan="6"></td></tr>
<tr><td colspan="4">调度人：</td><td colspan="3">调度日期：</td></tr>
</table>

（4）危险货物性质或消防方法相抵触的货物应分别托运。

（5）使用集装箱运输危险货物的，托运人应提交危险货物装箱清单。

如果集装箱或集合包装内部有不同品名的货物，托运人要确认这些货物的性质不会相互抵触发生化学反应，相抵触的，要分别托运。

（6）托运需控温运输的危险货物，托运人应向承运人说明控制温度、危险温度和控温方法，并在运单上注明。

（7）托运需要添加抑制剂或者稳定剂的危险化学品，托运人交付托运时应当添加抑制剂或者稳定剂，并在运单上注明。

（8）托运凭证运输的危险货物，托运人应提交相关证明文件，并在运单上注明。

（9）托运危险废物、医疗废物，托运人应提供相应识别标识。

(10)托运食用、药用、医用的危险货物,应在运单上注明“食用”“药用”“医用”字样。

四、托运人的其他职责

根据货物运输的基本要求,托运人还具有以下职责。

(1)托运人应在集装箱、集装罐、集装束的外表悬挂或者粘贴符合国家标准的危险货物标志;托运人交运的货物包装外表不得有可能引起歧义的文字、图案和无关的标志。

(2)货物在运输业务流转活动中,每项业务活动都有相应的证明文件,记录业务活动的发生经过和结果。这些证明文件又称为运输证单或单据。运输证单的种类很多,制作者也不相同:有属于承运者内部管理为明确各储运环节岗位责任的各种单据,有属于托运人与有关各方发生业务往来如委托运输代理、委托包装检验等的各种单据。但托运人必须保证,对自己制作的托运证明书内容的正确性负法律责任。

在货物合同运输中,对合同双方(托运人、承运人)都有法律约束力的文件是运单,或者电子运单。

(3)收货人往往是运输合同缔约当事人以外的第三人,他虽未参与合同的订立,但享有向承运人领取货物、提出赔偿请求的权利,同时必须承担接收货物的义务。所以相对于承运人来说,收货人是托运方的连带责任人。一般情况下,货物包装完整无损而货物短损、变质,收货人拒收,或货物运抵到达地找不到收货人,以及由托运方负责装卸的货物,超过合同规定装卸时间所造成的损失,均应由托运方负责赔偿。

根据道路运输的特点,强调“承运人自受货起至送达交付前,应负保管责任”。危险货物运达卸货地点后,因故不能及时卸货的,应及时与托运人联系妥善处理。不能及时处理、存在较大风险的,承运人应立即报告当地公安部门。而由此引起的承运人的经济损失或危险货物发生变化而造成的其他损失,托运人应负相应的责任。

(4)托运人应负责组织装车,托运人在危险货物装车前应认真检查包装是否完好,当发现破损、撒漏时,托运人应调换包装或修理加固,包装要求由托运方负责,包装的具体要求如下:

①危险货物一般应单独包装。同一件包装内的货物必须是同一项或同一配装号(除爆炸品外),而且消防方法不相抵触的物品。

②包装的种类、材质、封口等应适应所装货物的性质。

③包装规格、形式及单位包装质量应便于装卸、搬运和保证运输过程中的安全。

④包装必须有规定的标志。

承运人做好复核工作,双方应做到点收、点交,并由双方在运单上签章确认。承运人有权拒绝运输不符合国家有关规定、标准要求的危险货物。如危险化学品生产企业未提供化学品安全技术说明书,或者未在包装(包括外包装件)上粘贴、拴挂化学品安全标签的。

上述托运人的责任,既是处理合同运输承托双方纠纷的准则,更重要的是进行危险货物运输安全管理的标准。托运人的责任对危险货物的运输安全起着主导作用,是决定危险货物运输安全与否的主要因素。

第三节 危险货物道路运输承运人责任

在我国，危险货物道路运输实行许可制度。从事危险货物道路运输业务，要取得交通运输部门危险货物道路运输许可，并向工商行政管理部门办理登记手续。如果承运人没有危险货物道路运输资质而承运危险货物，属于违法运输。对于违法承运行为，根据《危险化学品安全管理条例》第八十五条、《道路危险货物运输管理规定》第五十七条的规定，要依照有关道路运输的法律、行政法规的规定处罚。

托运人把危险货物交付给承运人，除合同约定外，自货物装载完成后，危险货物的安全保管责任即同时移交给了承运人，直到收货人从承运人手中提取货物为止，在整个承运期间，承运人要对所运危险货物负安全保管责任，《危险货物道路运输规则》（JT/T 617.5—2018）中有明确要求。

一、《危险化学品安全管理条例》的规定

根据《危险化学品安全管理条例》的规定，承运人应当履行以下法定义务。

（1）运输危险化学品，应当根据危险化学品的危险特性采取相应的安全防护措施，并配备必要的防护用品和应急救援器材。

承运人应当对自己承运的危险货物负责，根据所运危险货物的性质以及“安全技术说明书和安全标签”的要求，配备必需的应急处理器材和安全防护设备，以便在运输过程发生意外事故时，及时、有效地处理。

常见的应急处理器材和安全防护设备主要包括灭火器、塑料布、帆布、铲子、堵漏器材（如竹签、木塞、止漏器等）、警戒带、呼吸器、防护服、防尘面具、防护眼镜和手套等。

如运输液氯，由于液氯具有剧毒，吸入高浓度气体后可以致人死亡，并且包装容器受热也存在着爆炸的危险，因此运输过程中应当对驾驶人员和押运人员配备防护用品，避免从业人员通过吸入或者皮肤、眼睛接触的方式中毒或皮肤腐蚀。应当配置防护眼镜、防静电工作服、防化学品手套、防毒面具以及正压自给式空气呼吸器等。同时，液氯虽然不燃，但有助燃的特性，因此在运输过程中还要配备干粉、二氧化碳、水（雾状水）或泡沫等灭火剂等。此外还需要携带堵漏器材（如竹签、木塞、止漏器等）及时处理一些泄漏点。运输液氯还应当按照“安全技术说明书和安全标签”的要求以及托运人提供的应急防护信息配置其他器材和设备。

承运人未履行上述条款时，由交通运输主管部门依据《危险化学品安全管理条例》第八十六条的规定处理。

（2）运输危险化学品的驾驶人员、装卸管理人员、押运人员，应当了解所运输的危险化学品的危险特性及其包装物、容器的使用要求和出现危险情况时的应急处置方法。

危险货物道路运输从业人员应当熟悉有关安全生产的法规、技术标准、安全生产制度以及安全操作规程，了解所装运危险货物的性质、危害特性、包装物或容器的使用要求和发生意外事故时的处置措施，严格按照有关规定进行操作，不得违章作业。

需要强调的是,上述要求虽然是针对从业人员的,但其落实、执行应当由企业专职安全管理人员负责。专职安全管理人员要通过一系列办法,如对从业人员进行有针对性的培训、要求其随车携带《危险货物道路运输安全卡》等,切实提高从业人员业务水平;要对车辆配备必要的防护用品和应急救援器材,以便对出现的危险情况进行应急处置。

(3)用于运输危险化学品的槽罐以及其他容器应当封口严密,能够防止危险化学品在运输过程中因温度、湿度或者压力的变化发生渗漏、撒漏;槽罐以及其他容器的溢流和泄压装置应当设置准确、起闭灵活。

上述要求首先是针对罐车运输提出的。罐车分为常压容器罐车和压力容器罐车。常压容器罐车,可以依据《道路运输液体危险货物罐式车辆 第1部分:金属常压罐体技术要求》(GB 18564.1—2006)、《道路运输液体危险货物罐式车辆 第2部分:非金属常压罐体技术要求》(GB 18564.2—2008),确定罐体的充装系数和定期检验项目以及安装安全标示牌的要求。压力容器属于特种设备,因此,压力容器罐车应当依据《特种设备安全法》和《移动式压力容器安全技术监察规程》(TSG R0005—2011)的有关要求进行操作。特种设备的技术要求很高,技术性也很强,因此特种设备检验、充装等技术管理工作由质检部门负责。值得一提的是,TSG R0005—2011 要求"对于从事移动式压力容器运输押运的人员,应当取得国务院有关部门规定的资格证书",但其针对的应当是具有操作特种设备职责的押运人员。如果押运人员不操作特种设备,可以不要求取得资格证书。

其次是针对其他容器在运输过程中的要求。这里提及的其他容器,也包括压力容器,如气瓶(氧气瓶、煤气罐)等。

在此还需要特别强调的是,根据《特种设备安全法》的规定,压力容器属于特种设备,使用前应当向负责特种设备安全监督管理的部门办理使用登记,取得使用登记证书。具体而言,压力容器罐车在投入使用前,使用单位要按移动压力容器铭牌和产品数据表规定的一种介质,向产权单位所在地(或车辆注册登记地)的直辖市或者设区市的质量技术监督部门申请取得电子记录卡(IC卡)及《特种设备使用登记证》,如图3-2所示。

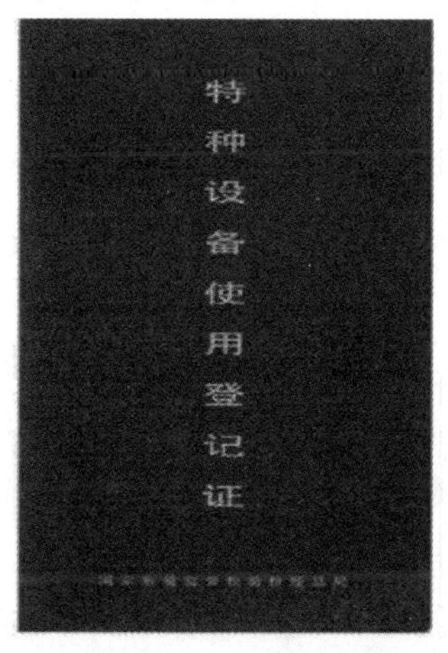

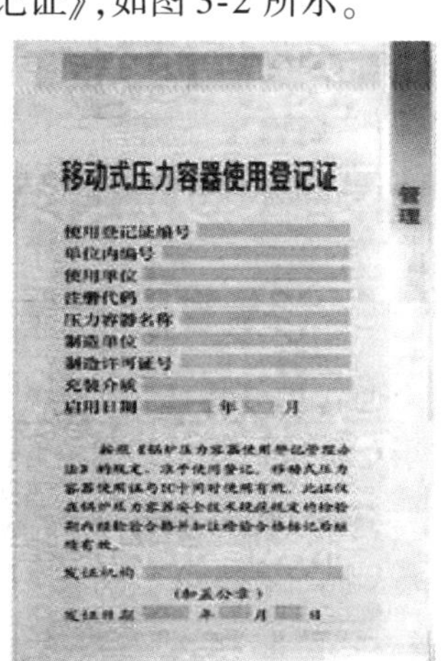
管理

移动式压力容器使用登记证

使用登记证编号
单位内编号
使用单位
注册代码
压力容器名称
制造单位
制造许可证号
充装介质
启用日期 年 月

发证机构
(加盖公章)
发证日期 年 月 日

图3-2 《特种设备使用登记证》

压力容器罐车取得《特种设备使用登记证》及电子记录卡后，才能开展相应的危险货物充装和道路运输活动。由此可以了解到，压力容器罐车应当充装何种介质、充装多少，由负责特种设备安全监督管理的部门负责决定（许可），其具体执行是由介质充装单位按车辆的“电子记录卡”的要求进行充装。

（4）通过道路运输危险化学品的，应当按照运输车辆的核定载质量装载危险化学品，不得超载。

众所周知，超载属于运输违法行为。造成2014年晋济高速公路山西晋城段岩后隧道“3·1”特别重大道路交通危化品燃爆事故的原因之一，就是山西籍追尾车辆存在超载行为，影响了制动。

《道路交通安全法实施条例》第一百零六条规定：“公路客运载客汽车超过核定乘员、载货汽车超过核定载质量的，公安机关交通管理部门依法扣留机动车后，驾驶人应当将超载的乘车人转运、将超载的货物卸载，费用由超载机动车的驾驶人或者所有人承担”。该规定包括三层含义：一是超载是指“载货汽车超过核定载质量”。“核定载质量”标注在其车辆的《机动车行驶证》上。也就是说，“核定载质量”以《机动车行驶证》上标注的为准；二是公安机关交通管理部门是对超载运输行为实施执法的主体；三是卸载货物所产生的费用，由超载机动车的驾驶人或者所有人承担。另外，还需要特别注意罐车装载同时不得超过罐体检验报告中的“核算最大装载质量”，该数据没有标注在行驶证上，但一定会比行驶证的“核定载质量”要小，如果装载超过“核算最大装载质量”但不超过“核定载质量”，此时单从行驶证上查看是不超载的，但是在专项检查或事故倒查时同样属于超载违法行为。

（5）危险化学品运输车辆应当符合国家标准要求的安全技术条件，并按照国家有关规定定期进行安全技术检验。

车辆检测，是检查、鉴定车辆技术状况和维修质量的重要手段，实现视情修理的重要保证，也是确保车辆符合国家规定技术标准的重要技术手段。为了确保道路运输车辆始终处于良好的技术状态，需要通过采取相应的技术手段进行诊断和鉴定，以确定是否需要维护，是否需要修理，以及维护和修理是否合格。现实中，一些道路货运经营者为了片面追求经济效益，往往过度使用道路运输车辆，使道路运输车辆超负荷运行，甚至带病运行，成为道路运输事故的重大隐患之一。加强道路运输车辆检测，有利于及时发现道路运输车辆在机械技术方面的问题，有利于及时维护和修理，使道路运输车辆保持良好的技术状态，有利于保证维修质量，有利于减少和消除道路运输事故隐患，防止和减少发生道路运输事故。

危险货物道路运输经营者在规定时间内，到符合国家相关标准的机动车综合性能检测机构进行检测。关于车辆检测的内容，应当符合国家标准《道路运输车辆综合性能要求和检验方法》（GB 18565—2016）和《汽车、挂车及汽车列车外廓尺寸、轴荷和质量限值》（GB 1589—2016）的规定。货运车辆技术等级分为一级、二级和三级，而专用车辆技术等级必须达到一级。配发《道路运输证》的市级道路运输管理机构，应当将车辆技术等级标明在专用车辆的《道路运输证》上。

上述检验是指交通运输部门机动车综合性能检验。根据《道路交通安全法》第十三条对机动车定期进行安全技术检验。

(6)危险化学品运输车辆应当悬挂或者喷涂符合国家标准要求的警示标志。

悬挂或者喷涂符合《道路危险货物运输车辆标志》(GB 13392—2005)的标志灯、标志牌;悬挂符合《道路运输液体危险货物罐式车辆　第1部分:金属常压罐体技术要求》(GB 18564.1—2006)、《道路运输液体危险货物罐式车辆　第2部分:非金属常压罐体技术要求》(GB 18564.2—2008)、《道路运输爆炸品和剧毒化学品车辆安全技术条件》(GB 20300—2008)的安全标示牌。

为了起到警示作用,所有危险货物道路运输车辆都要悬挂符合国家标志的标志灯、标志牌,并强调标志灯要夜光、标志牌要反光;为了确保施救正确,道路运输剧毒化学品、爆炸品和常压罐车、压力容器罐车都要悬挂安全标识牌,并强调要标明所运危险货物品名和施救方法。

(7)通过道路运输危险化学品的,应当配备押运人员,并保证所运输的危险化学品处于押运人员的监控之下。

危险货物道路运输强调除驾驶人员外,应当配备押运人员对运输全过程进行监管,其含义包括:一是除驾驶人员外配备专职押运人员,驾驶人员与押运人员不是同一人;二是由副驾驶人员兼押运人员,当副驾驶人员开车时则正驾驶人员兼押运人员,因此,必须双人持双证,即同时持有危驾证和危押证;三是由于按长途运输的制度要求长途运输的要配双班驾驶人员,在运输过程中,要一个人驾驶、一个人休息,如果兼任押运人员,即使轮换也应按时休息,仍然不能连续驾驶车辆。

配备道路危险货物运输押运人员,是保证运输安全的重要制度,保证危险货物一直处于押运人员的监管之下,有利于防止被盗、丢失,有利于防止危险货物脱落、扬洒以及燃烧、爆炸、泄漏的发生,有利于在发生运输事故后开展迅速报警、采取措施、防止危害和损失的进一步扩大等应急处理。同时,配备押运人员还可以通过押运人员提示路况、通行标志(包括危险化学品运输车辆禁止通行标志)等,并可以监督驾驶人员的安全驾驶行为,提示驾驶人员安全驾驶,保障运输的本质安全。

《危险化学品安全管理条例》第八十六条规定,“危险化学品道路运输企业押运人员未取得从业资格上岗作业的,由交通运输主管部门负责进行处理”;第八十九条规定,“通过道路运输危险化学品,不配备押运人员的,由公安机关负责进行处理”。

二、《道路危险货物运输管理规定》的有关要求

《道路危险货物运输管理规定》在上位法《危险化学品安全管理条例》的基础上,对承运人的职责进行了细化,并提出了以下要求。

(一)专用车辆技术等级为一级

专用车辆技术等级达到行业标准《道路运输车辆技术等级划分和评定要求》(JT/T

198—2016）规定的一级技术等级。

这里明确要求专用车辆技术性能应当符合国家标准，且技术等级达到一级水平。根据《道路运输车辆技术等级划分和评定要求》（JT/T 198—2016），营运车辆技术等级划分为一级、二级和三级。专用车辆要达到营运车辆技术等级为一级。

（二）禁止“小马拉大车”

使用牵引车运输货物时，挂车载货后的总质量应当与牵引车的准牵引总质量相匹配。

在实际运输过程中，存在挂车载货后的总质量与牵引车的准牵引总质量不相匹配的“小马拉大车”的现象。为解决这一问题，根据《道路交通安全法实施条例》“载货汽车所牵引挂车的载质量不得超过载货汽车本身的载质量”的规定，《道路危险货物运输管理规定》增加了“使用牵引车运输货物时，挂车载货后的总质量应当与牵引车的准牵引总质量相匹配”的要求。

（三）遏制“小车大罐”本质超载

“常压罐车运输时装满”的常识：如果常压罐车不装满（仅装2/3以下），在罐车制动时，由于罐内液体在惯性的作用下产生向前方的冲击力，将会影响罐车制动性；在罐车转弯时，由于罐内液体的摆动，将影响罐车的稳定性，容易产生侧翻，但是，装满时冲击力就减小很多，当然分仓设计和防波板的应用，极大地削减了冲击力、提高了安全性。

道路危险货物运输企业或者单位使用罐式专用车辆运输货物时，罐体载货后的总质量应当和专用车辆核定载质量相匹配。如果常压罐车按许可的充装介质充装满后，罐车超载，称为“小车大罐”本质超载。

（1）企业或者单位使用常压罐车运输危险货物时有责任防止本质超载。企业或者单位应明确了解罐体载货后的总质量应当和专用车辆核定载质量相匹配。

（2）道路运输管理机构许可时应核查到位，有责任防止本质超载。为了有效遏制“小车大罐”本质超载现象，道路运输管理机构严把许可关，在对常压罐车做出许可决定前，要核查“罐式专用车辆载货后的总质量应当与车辆核定载质量相匹配情况。”为防止道路运输管理机构许可常压罐车超载（本质超载），《道路危险货物运输管理规定》释义提出“一车一罐一品（一类品种）”的概念，但是，根据国务院对2014年晋济高速公路山西晋城段岩后隧道“3·1”事故调查报告的有关要求，罐车应当按《车辆生产企业及产品公告》或《罐车检验报告》的允许介质进行许可、运输，也就是说，可以不提“一车一罐一品”。但是，应考虑常压罐按罐检时以容积的90%计算为“核算最大装载质量”不得超载。

（四）随车携带《道路运输危险货物安全卡》

1. 目的

《危险化学品安全管理条例》要求，从事危险货物道路运输的驾驶人员、装卸管理人员、押运人员应掌握危险化学品运输的安全知识，全面了解所运载的危险化学品的性质、危害特性、储运要求和发生意外时的应急措施。同时，原国家安全生产监督管理总局在《危险化学品事故应急救援预案编制导则（单位版）》（安监管危化字〔2004〕第43号）中，提出了要建立与“安全卡”意义、作用相同的“安全运输卡制度”，要求“安全运输卡”包括所运输的危险货物性质、危害性、应急措施、注意事项及本单位、生产厂家、托运方应急联系电话等内容，每种危险化学品一张卡片；每次运输前，运输单位向驾驶人员、押运人员告知安全运输卡上有关内容，并将安全卡交驾驶人员、押运人员各一份。

汽车运输危险货物随车携带“安全卡”是强制性要求，危险货物道路运输企业（单位）必须执行。

2. 作用

《危险货物道路运输安全卡》是记载危险货物危险特性、应急处理措施以及相关管理部门联系电话的卡片。通过安全卡制度的制定，提高驾驶人员和押运人员对危险货物特性的了解，以及应急处理的能力。本卡分正反两面，正面列示了从业人员应知应懂的一些内容，如：主要危险性、储运要求、泄漏处理、灭火方法等，便于从业人员了解所运危险品的主要性质及应急措施，有效避免和防范重特大事故的发生。正面还有《危险货物道路运输安全卡》的英文名称、联合国编号（UN NO.），为更好地与国际市场接轨，迎接日益开放的市场竞争环境做了很好的衔接。反面列示了相关部门的联系电话，如消防部门、医疗部门、环保部门、公安交警、运输单位等，一旦发生运输安全生产事故，从业人员可以立即联系相关部门，从而将事故损失降到最低。

值得注意的是，《危险货物道路运输规则　第5部分：托运要求》（JT/T 617.5—2018）中重新规定了《危险货物道路运输安全卡》的样式，如图3-3所示。

表D.1　事故或事件应急救援措施

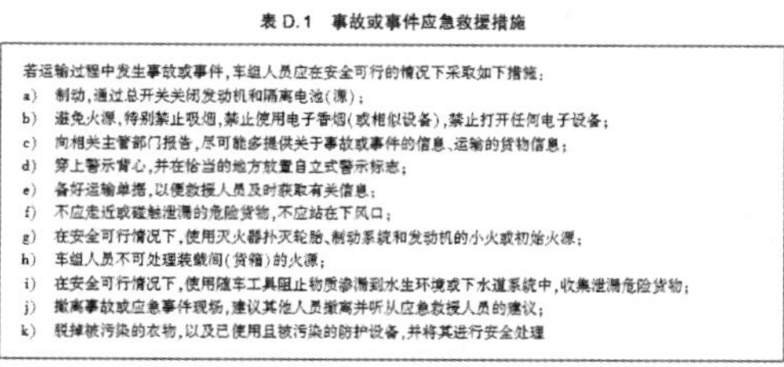

若运输过程中发生事故或事件，车组人员应在安全可行的情况下采取如下措施：
a）制动，通过总开关关闭发动机和隔离电池（源）；
b）避免火源，特别禁止吸烟，禁止使用电子香烟（或相似设备），禁止打开任何电子设备；
c）向相关主管部门报告，尽可能多提供关于事故或事件的信息、运输的货物信息；
d）穿上警示背心，并在恰当的地方放置自立式警示标志；
e）备好运输单据，以便救援人员及时获取有关信息；
f）不应走近或碰触泄漏的危险货物，不应站在下风口；
g）在安全可行情况下，使用灭火器扑灭轮胎、制动系统和发动机的小火或初始火源；
h）车组人员不可处理装载间（货箱）的火源；
i）在安全可行情况下，使用随车工具阻止物质渗漏到水生环境或下水道系统中，收集泄漏危险货物；
j）撤离事故或应急事件现场，建议其他人员撤离并听从应急救援人员的建议；
k）脱掉被污染的衣物，以及已使用且被污染的防护设备，并将其进行安全处理

表D.2　菱形标志牌危险特性及防护措施建议列表

菱形标志牌	危险特性	建议
爆炸品 1　1.5　1.6	可能产生一系列的反应和影响（如大规模爆炸、碎片迸射、由火源或热源产生强烈的反应、发出强光、产生大量的噪声或烟雾）； 对撞击和/或冲击和/或热敏敏感	利用掩护物躲避，并远离窗口
爆炸品 1.4	发生爆炸和火灾的轻度危险性	躲藏

表D.3　标记危险特性及建议列表

各类危险货物的危险特性及有关建议		
标记	危害特性	建议
危害环境物质标记	对水生环境或排水系统有危害	
高温物质标记	高温灼伤危险	避免与运输单元的发热部件和溢出物质接触

表D.4　运输过程中应随车携带的基本安全应急设备（局部）

运输单元应配备以下装备：
a）每辆车携带与最大允许总质量和车轮尺寸相匹配的轮挡；
b）一个三角警告牌；
c）眼部冲洗液（第1类和第2类除外）

每位车组人员，应携带：
a）反光背心；
b）防爆的（非金属外表面，不产生火花）便携式照明设备；
c）合适的防护性手套；
d）眼部防护装备（如护目镜）

特定类别危险货物附加装备应包括：
a）若危险货物危险标志式样为2.3项或6.1项，为每位车组人员随车携带一个应急逃生面具，逃生面具的功能需与所装载化学品相匹配（如具备气体或粉尘过滤功能）；
b）对于危险货物危险标志式样为第3类、4.1项、4.3项、第8类或第9类固体或液体的危险货物，还应至少配备以下装备：
　1）一把铲子（对具有第3类、4.1项、4.3项危险性的货物，铲子应防爆）；
　2）一个下水道口封堵器具，如堵漏垫、堵漏袋等

图3-3　危险货物道路运输安全卡的格式和内容

三、《危险货物道路运输规则　第7部分：运输条件及作业要求》（JT/T 617.7—2018）的有关要求

《危险货物道路运输规则　第7部分：运输条件及作业要求》（JT/T 617.7—2018）对运输作业提出了以下要求。

1. 携带单据和证件

（1）应随车携带以下单据和证件：

①道路运输证、危险货物运单；

②危险货物道路运输安全卡；

③危险货物道路运输车组成员从业资格证；

④法规标准规定的其他单据。

（2）危险货物道路运输安全卡应放置在车辆中易于取得的地方。

2. 车组人员要求

（1）禁止搭乘无关人员。

（2）车组人员应会使用灭火装置。

（3）非紧急情况下，车组人员不应打开含危险货物的包件。

（4）应使用防爆的（非金属外表面，不产生火花）便携式照明装置。

（5）装卸作业时，车辆附近和车内禁止吸烟和使用明火，包括电子香烟及其他类似产品。

（6）装卸过程中应关闭发动机，国家有关标准规范中允许装卸过程中启动发动机或其他设备的除外。

（7）运载危险货物的运输单元停车时，应使用驻车制动装置。挂车应使用至少两个轮挡限制其移动。

3. 车辆停放要求

根据 JT/T 617.3—2018 中表 A.1 第（19）列的规定，当危险货物适用于附录 A 中 S1d）、S14 ~ S24 特殊规定时，危险货物车辆停车时应受到监护，应按以下优先顺序选择危险货物车辆停车场所：

（1）未经允许不能进入的公司或工厂的安全场所；

（2）有停车管理人员看管的停车场，驾驶员应告知停车管理人员其去向和联系方式；

（3）其他公共或私人停车场，该车辆和危险货物不应对其他车辆和人员构成危害；

（4）一般不会有人经过或聚集的、与公路和民房隔离的开阔地带。

4. 道路通行要求

（1）危险货物运输车辆应遵守国家和行业对道路通行限制的要求。

（2）隧道类别说明和隧道通行限制代码参见附录 B。如果某个隧道入口处贴有附录 B 所示的隧道类别代码，承运人应根据 JT/T 617.3—2018 中表 A.1 危险货物道路运输一览表第（15）列的规定，判断该隧道是否允许所运输的危险货物通行。

5. 运输作业特殊规定

JT/T 617.3—2018 中表 A.1 第(19)列列出了运输某些危险货物的特殊规定，其含义见附录 A。特殊规定的要求优先于第 4 ~6 章的要求。

四、危险货物道路运输承运人的主要职责

在实际运输作业时危险货物道路运输承运人应考虑以下工作。

(一)运输过程

(1)承运人自接货起至送达交付前，应负保管责任。

(2)危险货物运输过程中，应随车配备押运人员，货物应随时处在押运人员的监管之下。危险货物道路运输途中，驾驶人员不得随意停车。

(3)因住宿或者发生影响正常运输的情况需要较长时间停车的，驾驶人员、押运人员应当设置警戒带，并采取相应的安全防范措施。运输剧毒化学品或者易制爆危险化学品需要较长时间停车的，驾驶人员或者押运人员应当向当地公安机关报告。

(4)驾驶人员、押运人员严禁吸烟，不得擅自变更运行作业计划、严禁擅自拼装其他货物。运输危险货物的车辆严禁搭乘无关人员。

(5)运输爆炸品和需要特别防护的危险货物，应要求托运人派熟悉货物性质的人员指导操作、交接和随车押运。

(6)运输途中，押运人员应密切注意车辆所装载的危险货物动态，根据危险货物性质，定时停车检查，发现问题及时会同驾驶人员采取措施妥善处理。

(7)运输途中，发生危险货物被盗、丢失、流散、撒漏等情况时，承运人及押运人员必须立即向当地公安部门报告，并采取一切可能的警示措施。

(8)运输途中不得进入危险货物运输车辆禁止通行的区域，如繁华街区、居民住宅区、名胜古迹和风景名胜区等；确需进入上述区域的，应当事先向当地公安部门申报，并遵守公安部门规定的行车时间和路线。

(二)交付时的签收

(1)货物交接时，双方应做到点收、点交，由收货人在运单上签收。发生剧毒、爆炸、放射性物品货损、货差的，应及时向公安部门报告。

(2)危险货物运达卸货地点后，因故不能及时卸货的，应及时与托运人联系妥善处理；不能及时处理的，承运人应立即报告当地公安部门。

(3)货物抵达承运、托运双方约定的地点后，收货人应凭有效单证提(收)货物，无故拒提(收)货物的，承运人可以索取因此造成的损失。

(4)货物送达时，承运人应当与收货人做好交接工作，发现货损货差，由承运人与收货人共同编制货运事故记录，交接双方在货运事故记录单上签字确，见表 3-2。

货运事故记录单

表 3-2

<table>
<tr><td colspan="8" rowspan="2"></td><td>运单号码</td><td></td></tr>
<tr><td>记录编号</td><td></td></tr>
<tr><td colspan="2">托运人</td><td></td><td>地址</td><td colspan="2"></td><td>电话</td><td></td><td>邮编</td><td></td></tr>
<tr><td colspan="2">收货人</td><td></td><td>地址</td><td colspan="2"></td><td>电话</td><td></td><td>邮编</td><td></td></tr>
<tr><td colspan="2">承运人</td><td></td><td>地址</td><td colspan="2"></td><td>电话</td><td></td><td>邮编</td><td></td></tr>
<tr><td colspan="2">车号</td><td></td><td>驾驶人员</td><td></td><td>起运日期</td><td colspan="2">年　月　日　时</td><td>达到日期</td><td>年　月　日　时</td></tr>
<tr><td colspan="2">出事地点</td><td colspan="2"></td><td>出事时间</td><td colspan="3"></td><td>记录时间</td><td></td></tr>
<tr><td rowspan="5">原运单记载</td><td>编号</td><td>货物名称及规格型号</td><td>包装形式</td><td>件数</td><td>新旧程度</td><td colspan="2">体积长×宽×高（cm）</td><td>重量（kg）</td><td>保险保价价格</td></tr>
<tr><td></td><td></td><td></td><td></td><td></td><td colspan="2"></td><td></td><td></td></tr>
<tr><td></td><td></td><td></td><td></td><td></td><td colspan="2"></td><td></td><td></td></tr>
<tr><td></td><td></td><td></td><td></td><td></td><td colspan="2"></td><td></td><td></td></tr>
<tr><td></td><td></td><td></td><td></td><td></td><td colspan="2"></td><td></td><td></td></tr>
<tr><td colspan="3">事故发生详细情况及原因分析</td><td colspan="7"></td></tr>
<tr><td colspan="3">承运人签章</td><td colspan="2">年　月　日</td><td colspan="2">托运人或收货人签章</td><td colspan="3">年　月　日</td></tr>
<tr><td colspan="3">注意事项</td><td colspan="7">本记录应一式三份，承运人、托运人、责任方各一份，每增加一个责任方增加一份记录</td></tr>
</table>

注：货运事故记录单的规格应为长×宽＝220×170（mm）。

（5）货物到达目的地后，承运人知道收货人的，应及时通知收货人，收货人应当及时提（收）货物，收货人逾期不提（收）货物的，承运人也不能因此免除保管责任，但收货人应当向承运人支付保管费等费用；收货人不明或者收货人无正当理由拒绝受领货物的，依照《中华人民共和国合同法》第一百零一条的规定，承运人可以提存货物。

（6）货物待领期间，如果货物发生变化，危及安全，承运人有临机处置的权责。鉴于危险货物具有特殊的危害性，要及时与托运人进行联系，并报告当地公安部门。

危险货物道路运输的安全关系到社会和公众的安全，通过托运人和承运人的合约行为来保证运输全过程中各自的安全职责划分。

第四节　危险货物道路运输受理

一、危险货物道路运输受理流程

危险货物道路运输流程主要为受理、装载、运输、卸载（交付）4 个环节。实际上危险货物运输受理属于运输的前过程，通常危险货物道路运输作业过程包括装载、运输、卸载 3 个环节。即危险货物运输受理是指承揽业务、查验资质、查验货物、规划路线、签订合同、人车调度的环节过程。

危险货物运输受理是危险货物运输承运企业业务人员与管理人员的前期工作，是整个运输过程的开始。受理危险货物时运输承运人应当按危险货物的运输要求对托运人及危险货物进行全面、详尽、严格的审核，审核资质、来源等合规性都必须满足要求，初次安排承运必须制作详细的运输方案、应急预案、运单(包括电子运单)的制作等。危险货物运输受理各环节过程详细说明如下。

(一)承揽业务

无论是托运人主动寻找危险货物运输企业运输货物,还是危险货物运输企业主动承揽货物,都属于危险货物运输企业承揽业务,由托运人向承运人提出托运危险货物意向(要求),承运人根据企业的经营范围和运输能力,决定是否接受委托。

(二)查验资质

如果托运人与承运人达成危险货物运输意愿,则双方应互相查验资质,托运人查验承运人危险货物道路运输许可证和运输类别范围,承运人查验托运人生产、经营危险货物的批准文书等,应符合要求。

(三)查验货物

托运人将货物或图片如实提供承运人查验,核实货物的编号、品名、规格、数量、件重、净重、总重和货物包装标志、安全技术说明书及安全标签等,应符合要求。

(四)规划运输路线

承运人根据道路禁行、限行与绕行方案,以及危险货物包装及安全特性等安排承运方案,初次安排承运应提出运输路线风险与管控措施、制定应急预案、制作详细的运输方案,规划运输路线,经托运人认可,应符合公安交警部门的要求。

(五)签订合同

双方签订危险货物运输合同,明确双方的责任,由托运人办理托运手续,申报运单(包括电子运单)等。

(六)人车调度

承运人审查托运人提出的危险货物运输运单,按实际运输方案,派出合适的危险货物运输从业人员和危险货物运输车辆。

二、危险货物道路运输运单

商业运输的合同形式之一是运单。《中华人民共和国合同法》第十条规定,当事人订立合同,有书面形式、口头形式和其他形式。在实际工作中,汽车货物运输合同采用书面形式、口头形式和其他形式。书面形式合同种类分为定期运输合同、一次性运输合同、道路货物运单(以下简称运单)。

危险货物道路运输纸质运单可由承运人填写运单，并经承托双方签章认可后生效。对于电子运单通常是托运人先申报运单，由承运人现场确认，而后最终由接收人员确认，电子运单封闭。

从事危险货物多式联运，承运人应填写《危险货物多式联运表》，见表3-3。

危险货物多式联运表

表3-3

<table>
<tr><td colspan="2" rowspan="3">1. 托运人/收货人/发货人</td><td colspan="2">2. 运输票据号码</td></tr>
<tr><td>3. 第1页，共　页</td><td>4. 托运人参考号</td></tr>
<tr><td></td><td>5. 货运代理人参考号</td></tr>
<tr><td colspan="2">6. 收货人</td><td colspan="2">7. 承运人（由承运人填写）</td></tr>
<tr><td></td><td></td><td colspan="2">托运人声明
特此声明：本托运货物的内容在下面用正式运输名称充分准确地作说明，并按照适用的国际和国家政府规章进行分类、包装、作标记和贴标签/揭示牌，并且所有方面都状态良好适宜运输</td></tr>
<tr><td colspan="2">8. 本货物符合以下规定的限度：（划去不使用者）
客货机　　货机</td><td colspan="2" rowspan="3">9. 关于装卸的附加说明</td></tr>
<tr><td>10. 船舶/飞机航班号和日期</td><td>11. 装货港/地点</td></tr>
<tr><td>12. 卸货港口/地点</td><td>13. 目的地</td></tr>
<tr><td colspan="4">14. 运输标记　　*包件数目和种类；货物说明　　毛重（千克）　　净重　　体积（立方米）</td></tr>
<tr><td colspan="4"></td></tr>
<tr><td colspan="4">15. 集装箱识别号/车辆登记号 | 16. 封印号码 | 17. 集装箱/车辆尺寸和型号 | 18. 皮重（千克） | 19. 合计毛重（包括皮重）（千克）</td></tr>
<tr><td>集装箱/车辆包装证书
特此声明：上述货物系按照适用的规定包装/装入上述集装箱/车辆
所有集装箱/车辆货载必须由负责包装/装货的人填写并签字</td><td colspan="3">21. 接收单位收据
收到上述数目的包件/集装箱/拖车，外观妥善，但备注写明者除外。接收单位：</td></tr>
<tr><td>20. 公司名称</td><td>托运人姓名</td><td colspan="2">22. 公司（填报本说明的托运人）名称</td></tr>
<tr><td>申报人姓名/身份</td><td>车辆登记号</td><td colspan="2">申报人姓名/身份</td></tr>
<tr><td>地点、日期</td><td>签字和日期</td><td colspan="2">地点、日期</td></tr>
<tr><td>申报人签字</td><td>驾驶人员签字</td><td colspan="2">申报人签字</td></tr>
<tr><td colspan="2" rowspan="3">1. 托运人/收货人/发运人</td><td colspan="2">2. 运输票据号码</td></tr>
<tr><td>3. 第1页，共　页</td><td>4. 托运人参考号</td></tr>
<tr><td></td><td>5. 货运代理人参考号</td></tr>
<tr><td colspan="4">14. 运输标记　　*包件数目和种类；货物说明　　毛重（千克）　　净重　　体积（立方米）</td></tr>
<tr><td colspan="4"></td></tr>
</table>

注：*危险货物必须写明正式运输名称、危险性类别、联合国编号、包装类别（划定的）以及适用的国家和国际规章要求的任何其他资料。

值得注意的是,《危险货物道路运输规则　第6部分:托运要求》(JT/T 617.6—2018)要求“托运人在托运危险货物时,应向承运人提交危险货物托运清单”。并对《危险货物托运清单》的“基本信息”“不同类别危险货物特殊填写要求”等作出了以下规定。

1. 基本信息

(1)危险货物托运清单至少应包含以下信息。

①托运人的名称和地址。

②收货人的名称和地址。

③装货单位名称。

④实际发货/装货地。

⑤实际收货/卸货地址。

⑥运输企业名称。

⑦所托运危险货物的UN编号(含大写“UN”字母)。

⑧危险货物正式运输名称。

⑨危险货物类别及项别。

⑩危险货物包装类别及规格。

⑪危险货物运输数量。

⑫24h应急联系电话。

⑬必要的危险货物安全信息,作为托运清单附录,主要包括操作、装卸、堆码、储存安全注意事项以及特殊应急处理措施等。

(2)托运清单填写要求。

①托运人、收货人、装货单位的名称及地址可使用全称或简称。

②始发地、目的地可填写具体地址或地址简称,但一般情况下名称应包括地级市。

③运输企业名称需用全称。

④所托运危险货物UN编号应符合JT/T 617.2—2018、JT/T 617.3—2018中表A.1的要求(如托运汽油时,UN编号为1203)。

⑤危险货物正式运输名称应按照JT/T 617.3—2018中表A.1第(2a)列规定填写:

a)如果JT/T 617.3—2018中表A.1第(2a)列中含有“或”或用逗号隔开时,选择对应的名称[如UN 1203在JT/T 617.3—2018中表A.1第(2a)列的正式运输名称是“车用汽油或汽油”,托运清单上的危险货物正式运输名称可以填写为“车用汽油”或“汽油”]。

b)如果所托运的危险货物属于类属或未另作规定的条目,且按照JT/T 617.3—2018中表A.1第(6)列(特殊规定)含有274或318特殊规定,则需在危险货物正式运输名称之后附加技术名称,如“UN 1993易燃液体,未另作规定的(含有二甲苯和苯)”。

c)如果所托运的危险货物属于危险废物,则需在危险货物正式运输名称之前注明“危险废物”(如“危险废物对环境有害的固态物质”)。

d)如果使用多隔舱罐式车辆或多罐体运输单元,托运清单上应注明每一隔舱装载的危险货物。若多隔舱装载危险货物相同，则填写一次即可。

e）若危险货物以液态在温度大于或等于100℃，或以固态在温度等于或大于240℃环境下运输，交付运输危险货物的正式运输名称不能体现高温状态（例如，使用单词“熔融”或“高温”作为正式运输名称的一部分）时，应在正式运输名称之前加上“热”字。

f）如果所托运的货物是运输时需温度控制稳定性的危险货物，且当“稳定的”一词是正式运输名称的一部分，且稳定性是通过温度控制实现的，则控制温度和应急温度应在运输单据中备注。

示例：“控制温度：×××℃　应急温度：×××℃”。

g）如果所托运的货物危害环境物质（水生环境），托运清单中应备注“环境危害”或“海运污染/环境危害”。该说明不适用于UN 3077和UN 3082或6.1.4.1中的例外情况。

⑥危险货物正式运输名称、类别及项别应符合JT/T 617.2—2018、JT/T 617.3—2018中表A.1的要求。

⑦包装类别按照JT/T 617.2—2018包装类别号码，加上前缀“PG”（如“PGⅡ”）。

⑧包装规格为危险货物包装容器的材质、形状、容积（如30m^3罐车）。

⑨危险货物数量可用体积（m^3）、质量（t）或件数表示。

⑩应急联系电话为能够为承运人或应急救援队伍提供该产品泄漏、吸入等意外情况应急处置措施指导的电话，该电话应保证24h畅通。

⑪有关危险货物危险特性、运输注意事项等内容附录，可附在托运清单之后，也可单独制作一个文档提供给承运人。

（3）托运清单上要求填写的信息应清晰、易辨。

（4）托运人应将危险货物安全技术说明书（SDS）提供给运输企业。

2. 不同类别危险货物特殊填写要求

（1）第1类爆炸品特殊要求。运单中危险货物运输数量除满足8.2.1.2i）的要求外，还需注明以下信息：

①每一不同UN编号对应的爆炸品所含爆炸性成分的总净重，单位为千克（kg）；注：物品的“爆炸性成分”是指包含于物品内的爆炸性物质。

②运输单据中所有爆炸品所含爆炸性成分的总净重，单位为千克（kg）。

（2）第2类气体的特殊要求：对于罐体（固定式罐体、可移动罐柜）内装有混合物的运输，应在危险货物正式运输名称后面标注混合物各成分的体积百分比或质量百分比。成分低于1%的不需标注。若将特殊规定581、582或583中要求的技术名称补充到正式运输名称时，混合物的成分不需标注。

（3）4.1项自反应物质和5.2项有机过氧化物特殊要求：对于4.1项自反应物质和5.2项有机过氧化物的运输，除满足8.2.1.2的要求外，运单中还需注明以下信息。

①对于需控温运输的4.1项自反应物质和5.2项有机过氧化物，控制温度和应急温度应标注在运输单据中。

示例:“控制温度:×××℃　应急温度:×××℃”。

②装运有机过氧化物或自反应物质的样本时,应在运输单据备注中注明(如“依据有机过氧化物或有机过氧化物新配制品的样品相关规定运输”)。

③装运G型自反应物质时,应在运输单据中注明(如“G型4.1项自反应物质”);装运G型有机过氧化物时,应在运输单据中注明(如“G型5.2项物质”)。

④6.2项危险货物特殊要求:除收货人信息外,收货方联系人的姓名和电话号码也应标注在托运清单上。

三、危险货物道路运输托运书

托运人在托运货物时,要向承运人递交托运书。托运书是托运人托运货物的正式文件,是制作运单的依据。托运人填写托运书时要字迹清楚,内容齐全,并对所填关于货物的各项说明和声明的正确性负责。如果由于托运人在托运书中所填的内容不正规、不正确或不完备而使承运人或任何其他人遭受到任何损失,托运人应负全部责任。托运书中必须包含以下必不可少的材料:危险货物运输名称、联合国编号和中国编号、货物类别和项别、包装类别、包件的编号和种类、该货名所包含的危险货物总量(根据适当情况,按体积、总重量或净含量计)、发货人的名称和地址、收件人的名称和地址、任何特殊协议项目所要求申报的材料等。

托运危险货物还要注意下述附加规定。

(一)托运第1类爆炸品的附加规定

(1)对于每个注有说明的物质或物品,其中有爆炸成分总的净重,用kg表示。

(2)对于两种及以上货物的混合包装,在运单上必须注明货物的名称和危险品编号,以及配装组。

(3)托运人提交爆炸品的准运证明文件。

(二)托运第2类气体的附加规定

对于罐体中装有混合物的运输,应该给出混合物组分的体积或质量百分率。成分低于1%的不必标明。

(三)托运第4.1项易燃固体和第5.2项有机过氧化物的附加规定

对于第4.1项易燃固体和第5.2项有机过氧化物,在运输过程中要对温度进行控制的,在托运书和运单上要标明控制温度和应急温度,如:“控制温度×××℃,应急温度×××℃”,并向承运人说明控温方法。

(四)托运医疗废物、危险废物的附加规定

对于托运医疗废物、危险废物的,其专用包装物、容器应当有明显的警示标识和警示说

明，并在运单上注明“医疗废物或危险废物”字样。

（五）托运食用、药用危险货物的附加规定

托运食用、药用的危险货物，应在运单上注明“食用”“药用”字样。

四、危险货物道路运输托运证明文件

托运须凭证运输的危险货物，除填写托运书外，还需提供相应证明文件。证明文件作为托运书的附录，在托运时一并交付给承运人。

（1）托运未列入《危险货物品名表》或《危险化学品目录》的危险货物，必须附有《危险货物鉴定表》。

（2）托运危险货物的包装如果与国家有关规定的包装不同时，必须附有“包装检查证明书”和“包装适用证明书”，“包装检查证明书”经主管部门确认后才能有效。

（3）使用集装箱托运危险货物，要附有现场检查员签字的“集装箱装运危险货物装箱证明书”，详细说明箱内危险货物的包件装在何装置上或装于何装置内、集装箱/车辆/装置的识别号以及证明操作是按以下条件进行的：

①货运装置干净、干燥、看起来适合容纳该货物。

②如果托运物包含1.4项以外的第1类物质，货运装置应该是结构耐用的。

③应该分装的货物，没有装在同一货运装置上或装置内。

④所有包件都进行了外部损伤、泄漏或过滤检查，只有完好的包件被装载。

⑤鼓形圆桶是竖直放置的（除了主管部门批准的其他方式）。

⑥所有包件都适当地装在货物运输装置上或装于货物装置内并且安全可靠。

⑦当危险货物用散装容器运输时，货物内部应是均匀分布的。

⑧危险货物装置和包件都加了适当的标记、标签和标牌。

⑨处于熏蒸的集装箱，必须标贴有熏蒸警告符号。当采用固体二氧化碳（干冰）用作冷却目的时，集装箱外部门端明显处粘贴显示标记或标志，并标明“内有危险的二氧化碳（干冰），进入之前务必彻底通风”字样。

（4）托运爆炸物品和剧毒化学品，应提供公安部门签发的《爆炸物品准运证》和《剧毒化学品公路运输通行证》。

（5）其他承运人认为必要的证明文件。

五、危险货物道路运输承运证明文件

承运人承运危险货物除须携带由托运人交付的相关证明文件外，还应携带有关法规、规章、标准规定的证明文件。

（1）执行运输任务的车辆须携带“道路运输证”。

（2）驾驶人员、押运人员须携带“从业资格证”。

(3)本次运输任务的运单。

(4)随车应携带所运危险货物的“危险货物道路运输安全卡”。

第五节 危险货物道路运输的限制与豁免

一、危险货物道路运输的限制

从危险货物自身来说,某些危险货物自身具有不稳定性,会产生各种不同的危险性,如爆炸性、聚合性、遇热分解出易燃、有毒、腐蚀或窒息性气体等。对于大多数危险性物质,自身的不稳定性可以通过适合的包装、稀释、添加稳定剂、添加抑制剂、控制温度或采取其他特殊措施来控制其不稳定性,使用这些技术处理后达到运输要求。如未加抑制剂的正丁基乙烯(基)醚、未经稀释或含量大于27%的过氧化(二)丙酰都是禁运物品。

从运输管理方面来说,需要从承运人资质、车辆、设备、从业人员、运输、装卸等方面对运输危险货物进行限制。

(一)资质限制

《危险化学品安全管理条例》《道路运输条例》要求危险货物承运人必须经过资质认定,达到交通运输部《道路危险货物运输管理规定》规定的资质条件,方可从事运输,未达到资质条件的,禁止运输。

(二)车辆、设备限制

(1)专用车辆技术性能符合国家标准《道路运输车辆综合性能要求和检验方法》(GB 18565—2016)的要求;技术等级达到行业标准《道路运输车辆技术等级划分和评定要求》(JT/T 198—2016)规定的一级技术等级;专用车辆外廓尺寸、轴荷和质量符合国家标准《汽车、挂车及汽车列车外廓尺寸、轴荷和质量限值》(GB 1589)的要求;专用车辆燃料消耗量符合行业标准《营运货车燃料消耗量限值及测量方法》(JT/T 719)的要求;专用车辆应当按照国家标准《道路运输危险货物车辆标志》(GB 13392)的要求悬挂标志。

(2)专用车辆应当配备有效的通信工具;专用车辆应当安装具有行驶记录功能的卫星定位装置。

(3)运输易燃易爆危险货物车辆的排气管应安装隔热和熄灭火星装置,并配备导静电橡胶拖地带装置;车辆应有切断总电源和隔离电火花装置,切断总电源装置应安装在驾驶室内;装卸易燃易爆危险货物的机械、工、属具应有消除产生火花的措施等。

(4)运输剧毒化学品、爆炸品、易制爆危险化学品的,应当配备罐式、厢式专用车辆或者压力容器等专用容器。

(5)运输爆炸品、强腐蚀性危险货物的罐式专用车辆的罐体容积不得超过$20m^3$,运输剧毒化学品的罐式专用车辆的罐体容积不得超过$10m^3$,但符合国家有关标准的罐式集装箱除外；运输剧毒化学品、爆炸品、强腐蚀性危险货物的非罐式专用车辆，核定载质量不得超过10t，但符合国家有关标准的集装箱运输专用车辆除外。

（6）除铰接列车、具有特殊装置的大型物件运输专用车辆外，严禁使用货车列车（经特许，具有特殊装置的大型物件运输专用车辆除外）装运危险货物；倾卸式车辆只准装运散装硫黄、萘饼、粗蒽、煤焦沥青等危险货物。

运输车辆和设备必须满足上述条件，方可从事危险货物运输、装卸作业。

（三）从业人员限制

从业人员的素质、技术水平，是决定运输安全的重要因素，所以国家对道路危险货物运输驾驶人员、押运人员、装卸管理人员实行资格认定。从业人员必须通过所在地设区的市级人民政府交通运输主管部门的考试合格后，领取从业资格证方可上岗作业。

（四）运输、装卸限制

从安全角度出发，JT/T 617 对危险货物的运输、装卸分类、分包装进行限制。如运输途中不得进入运输危险货物车辆禁止通行的区域；驾驶人员连续行车时间不得超过4h，一天驾驶总时间不得超过8h；装卸操作时，轻拿轻放，谨慎操作，严防跌落、摔碰、溢漏，禁止撞击、拖拉翻滚、投掷等。危险货物承运人、装卸人必须严格按照该规程的规定进行作业。

二、危险货物道路运输的豁免

交通运输部门根据危险货物道路运输安全管理的实践经验，提出了“分类管理”原则。即突出重点、区别对待不同危险程度的危险货物运输，强化对危险性较高的危险货物道路运输的安全管理，弱化对道路运输安全影响不大的危险货物运输的安全管理，不但加强了对危险性较高危险货物的重点监管力度，降低了行业监管成本，还有利于减少企业运输成本，提高运输效率，降低全社会的物流成本。

（一）严管

根据“分类管理”原则，交通运输部在制定《道路危险货物运输管理规定》时，加强了剧毒化学品、爆炸品道路运输的管理。如在《道路危险货物运输管理规定》中提出：对从事剧毒化学品、爆炸品道路运输的企业，要有驾驶人员、装卸管理人员、押运人员，且其应当经考试合格，取得注明为“剧毒化学品运输”或者“爆炸品运输”类别的从业资格；对运输剧毒化学品、爆炸品的企业，自有专用车辆10辆以上以及对停车场面积提出较为严格的要求等。

（二）豁免

有的货物其品名虽然列在《危险货物品名表》中，但在一定条件下，如果使其危险性降低到相当的程度或控制在很小的范围内,在运输过程中不会造成人身伤亡和财产损毁,为方便运输、方便托运人,可以作为普通货物运输,称为危险货物运输的免除,也叫危险货物豁免运输。如《危险货物品名表》中的潮湿棉花,在海上运输时装满船舱,由于长时间运输,万一潮湿棉花自燃,整船的自燃棉花就难以施救。而潮湿棉花在道路上用载货汽车运输时,由于运输时间短、运量小,发生自燃的概率极小,如万一自燃,也不会成为重大事故,不会造成重大损失,故其在道路运输时不应算危险货物。但针对棉花的道路运输,不要采用箱式货车运输,以预防万一棉花自燃后,无法施救。

我国在加大对危险性极大的危险货物运输管理力度的同时,放宽了对危险货物中危害极小物品道路运输的管理。在《道路危险货物运输管理规定》规定:"交通运输部可以根据相关行业协会的申请,经组织专家论证后,统一公布可以按照普通货物实施道路运输管理的危险货物"。该规定首次提出了道路危险货物的豁免概念和申请豁免的办法,建立按普通货物道路运输管理的危险货物道路运输豁免的制度。配套的规范性文件如交通运输部于2010年11月下发了《关于同意将潮湿棉花等危险货物豁免按普通货物运输的通知》(交运发字〔2010〕141号)。

在此强调,危险货物道路运输豁免仅适用道路货物运输环节,生产、包装、经营、储存、使用及其他方式运输等仍应严格遵守《危险化学品安全管理条例》的有关规定执行。

三、特殊规定和例外数量以及有限数量

由于危险货物的危险性,必须在一些特定的条件下方可运输。为确保运输安全,联合国危险货物运输专家委员会对危险货物的本身状态以及危险货物的包装、包装件限量、运输量、运输和装卸操作、车辆等做了一系列的限定。根据限定的种类,大体可以分为:特殊规定、例外数量和有限数量。

(一)特殊规定

在《危险货物品名表》(GB 12268—2012)的表1中,第7栏是"特殊规定"。"特殊规定"规定了"与物品或物质有关的任何特殊规定,其适用于特定物质或物品的所有包装类别"。首先要明确,"特殊规定"是用数字(号码)表示的。其意义和要求,要查《危险货物品名表》"附录B适用于某些物品或物质的特殊规定"。

具体讲,"特殊规定"可分为,限制运输(禁止运输或有条件运输)和豁免(限量豁免或全部豁免)。

限制运输,即不可以运输或者有特殊运输要求。如"48"的特殊规定是:"如含氰氧酸高于20%,除非经有关主管机关特别批准,否则禁止运输";"60"的特殊规定是:"高氯酸,如按质量含酸浓度大于2%,除非经有关主管机关特别批准,否则禁止运输";"204"的特殊规定是:"含有符合第8类标准的具有腐蚀性发烟物质,应贴有'腐蚀性'次要危险性标签"。

特殊规定涉及危险货物道路运输的主要问题就是豁免。豁免,即在道路运输环节(或其

他运输方式）其危险货物豁免按普通货物进行运输。如“37”的特殊规定是：“硅铝粉，如有涂料，即不作为危险货物运输”；“106”的特殊规定是：“仅在空运时作为危险货物”；“117”的特殊规定是：“仅海空运时作为危险货物”。

在实际工作中，如根据《危险货物品名表》查找“特殊规定”中的豁免条件，比较烦琐且不便于执法。因此，针对大批量需要运输的危险货物豁免，建议还是按《道路危险货物运输管理规定》第七十条的规定程序操作办理，即交通运输部可以根据相关行业协会的申请，经组织专家论证后，统一公布可以按照普通货物道路运输管理的危险货物。同时，可以参考交通运输部下发的《关于同意将潮湿棉花等危险货物豁免按普通货物运输的通知》（交运发字〔2010〕141号）。

（二）例外数量

《危险货物例外数量及包装要求》（GB 28644.1—2012）提出了“例外数量”的概念。为了介绍例外数量，在此先介绍一下标准中的危险货物例外数量表，见表3-4。

危险货物例外数量表 表3-4

联合国编号	名称和说明	英文名	类别和项别	次要危险性	包装类别	例外数量
1002	压缩空气	AIR, COMPRESSED	2.2			E1
……						
1051	氰化氢，稳定的，含水少于3%	HYDROGEN CYANIDE, STABILIZED containing less than 3% water	6.1	3	Ⅰ	E5
……						
1080	六氟化硫	SULPHUR HEXAFLUORIDE	2.2			E1
1088	乙缩醛	ACETAL	3		Ⅱ	E2
1089	乙醛	ACETALDEHYDE	3		Ⅰ	E2
1090	丙酮	ACETONE	3		Ⅱ	E3
……						
1558	砷	ARSENIC	6.1		Ⅱ	
1559	五氧化二砷	ARSENIC PENTOXIDE	6.1		Ⅱ	E4
1560	三氯化砷	ARSENIC TRICHLORIDE	6.1		Ⅰ	E4
1561	三氧化二砷	ARSENIC TRIOXIDE	6.1		Ⅱ	E5
1562	砷粉	ARSENICAL DUST	6.1		Ⅱ	E4

该条款明确了以下内容：一是列出按照本标准，准许运输的例外数量危险货物的编码

(E1～E5);二是根据编码,规定了每个内容器和外容器可以运输的危险货物的最大数量,见表3-5。

例外数量编码E1～E5的含义　　表3-5

编　号	每件内容器的最大净装载量(固体为g,液体和气体为mL)	每件外容器的最大净装载量(固体为g,液体和气体为mL,在混装情况下为g和mL之总和)
E1	30	1000
E2	30	500
E3	30	300
E4	1	500
E5	1	300

在表3-5中,每个内容器和外容器的最大净装载量中最大值分别为30g(mL)和1000g(mL),每个内容器和外容器的最大净装载量中最小值分别为1g(mL)和300g(mL)。由此可知,例外数量,是指小包装限量豁免。如从字面上理解"例外数量危险货物",就是"在一定数量下,危险货物除外"。同时,考虑到该标准对其使用包装物(包括内容器和外容器)的要求很高,故例外数量危险货物,主要应用于航空货物运输,但也可以用道路运输的零担货运。

例外数量运输,也考虑了一个运输工具(载货汽车)在一次装载运送中危险货物的最大允许载运量。《危险货物例外数量及包装要求》的4.4规定"任何货运车辆、铁路货车或多式联运集装箱所能装载的以例外数量运输的危险货物包件,最大数量不应超过1000个"。如按"每个外容器的最大净装载量"的最大值1000g计算,1车最多可以载重1000kg(1t);如按"每个外容器的最大净装载量"的最小值300g计算,1车最多可以载重300kg(0.3t)。这也说明,例外数量危险货物的量较少。

以例外数量运输的危险货物包件,应做永久、清楚的标记,如图3-4所示。

图3-4　例外数量标记

注:1. 影线和符号使用同一颜色,红或黑,白底或适当反差底色。

2. * 此处显示类别,或如果已经划定,显示项别。

3. ** 如果包件没有在其他位置显示发货人或收货人的姓名,则在此处显示。

《危险货物例外数量及包装要求》（GB 28644.1—2012）“10 豁免”中规定，以例外数量运输的危险货物除了以下（1）和（2）两方面外，满足本标准之规定，可免除危险货物运输的任何其他要求：

（1）从事危险货物运输人员的培训要求，见《关于危险货物运输的建议书　规章范本》（以下简称《规章范本》）1.3；

（2）危险货物分类、分类程序和包装组标准，见《规章范本》第二部分。

（三）有限数量

《危险货物有限数量及包装要求》（GB 28644.2—2012）提出了“有限数量”的概念。为了介绍有限数量，在此先介绍一下标准中的危险货物有限数量表，见表 3-6。

危险货物有限数量表（选摘）　　表 3-6

联合国编号	名称和说明	英文名	类别和项别	次要危险性	包装类别	有限数量
1002	压缩空气	AIR，COMPRESSED	2.2			120mL
1080	六氟化硫	SULPHUR HEXAFLUORIDE	2.2			120mL
1088	乙缩醛	ACETAL	3		Ⅱ	1L
1090	丙酮	ACETONE	3		Ⅱ	1L
1109	甲酸戊酯	AMYL FORMATES	3		Ⅲ	5L
1110	正甲基·戊基酮	n-AMYL METHYL KETONE	3		Ⅲ	5L
1558	砷	ARSENIC	6.1		Ⅱ	550g
1559	五氧化二砷	ARSENIC PENTOXIDE	6.1		Ⅱ	500g
1561	三氧化二砷	ARSENIC TRIOXIDE	6.1		Ⅱ	500g
1562	砷粉	ARSENICAL DUST	6.1		Ⅱ	500g
1564	钡化合物，未另列明的	BARIUM COMPOUND，N.O.S.	6.1		Ⅱ	500g
			6.1		Ⅲ	5kg

表 3-6 第 7 栏“有限数量”规定：本栏对按照本标准准许运输的有限数量危险货物，规定了每个内容器或物品所装的最大数量。

当满足表 3-6 的“有限数量”要求和本标准关于包装、标记等要求时，有限数量危险货物可以豁免，按普通货物运输。

有限数量的标记如图 3-5 所示。

有限数量的最大值为 5kg（5L），有限数量的最小值为 500g（100mL）。有限数量对其包装、容器也有较高、较明确的要求。有限数量危险货物最小值分别为：500g（100mL）时，远远大于“每个内容器的最大净装载量”中的最小值 1g。由此可见，有限数量危险货物所涉及的最小质量大于例外数量危险货物所涉及的最小质量的500倍,故有限数量危险货物运输主要用于道路运输,也可以说是危险货物道路运输限量豁免。如小包装5L以下的白酒(乙醇饮料,按体积含乙醇高于24%,但不超过70%,UN 3065),可以豁免按普通货物运输。

综上所述,例外数量、有限数量,规定了限量运输的相关危险货物及每一内包装可运输的最大数量。有限数量大于例外数量可运输的数量。

图3-5 有限数量包件标记

特殊规定、例外数量、有限数量的三者关联如图3-6所示。

全部豁免、限量豁免,在不超过车辆核定载荷的情况下,不受装载量限制;而例外[1]豁免,如内容器包装的1g三氧化二砷[2]例外豁免,1辆车最多装载1t货或不应超过1000个外容器[3]。

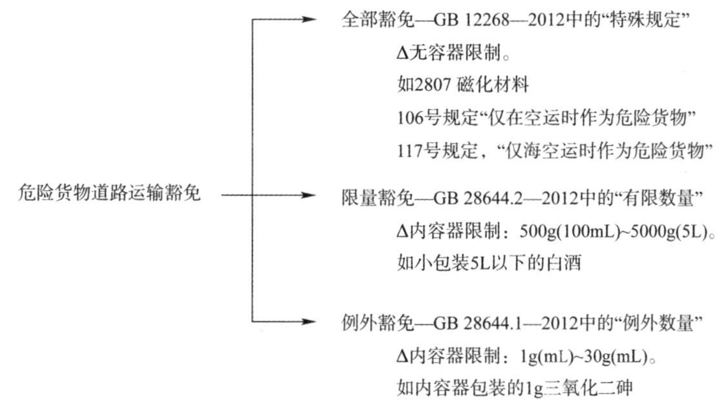

图3-6 豁免关联图

最后,再从字面上理解"例外数量",例外就是除外的意思,例外数量,就是危险货物的例外、除外的意思。这样,从字面上理解"例外数量危险货物",就是"在一定数量下,危险货物例外、除外"。按中国人的理解、习惯,"例外数量"应翻译为"小包装豁免"为好。当然,其小包装可以理解为,数量小到其潜在的危险在道路运输中可以忽略的程度。

第六节 电子运单管理系统

危险货物道路运输电子运单是根据危险货物运输行业特点,以电子运单管理为核心抓手,将托运人、承运人、收货人纳入电子运单管理系统,实现运输任务从托运人下单直到收货人

[1] Exception:n. 例外,除外;反对,批评。据此,例外数量,可以解释为除外的数量或危险货物除外。

[2]

1561	三氧化二砷	ARSENIC TRIOXIDE	6.1		Ⅱ	E5

[3] 最大外容器载量是1kg;GB 28644.1—2012的4.4规定"任何货运车辆、铁路货车或多式联运集装箱所能装载的以例外数量运输的危险货物包件,最大数量不应超过1000个"。

最终收货确认，运输任务完整流程电子化。同时，对接各省、市危险货物运输监管平台，加强对每一趟次危险货物运输任务的实时分析，做好危险货物道路运输行车日志和发生事故后的应急救援响应，强化对危险货物运输行业的监管。

电子运单系统一般应包括：电脑版即 PC 端和手机 App 版或手机微信版即移动端。

对于托运人（货源单位），使用 PC 端，提供货源物流信息和危险品生产企业信息，发布运输需求；对于承运人（运输公司），使用 PC 端，调度安排承运的危险货物运输车辆、驾驶人员、押运人员信息，满足货物运输要求，才能承接运输任务；对于监管部门，使用 PC 端，查看本地区的车辆入网情况、每日运单情况、危险货物运输流向等统计报告；对于驾驶人员或押运人员使用手机 App 版或手机微信版，登录后接收任务，明确运输要求，核对车辆情况、货源信息、跟踪运单等；对于监管人员上路查验，可以使用手机端，核对运输的货物，有利于监管执法。

以下是对交通运输部办公厅 2014 年 12 月 24 日发布的《危险货物道路运输电子运单试点工作技术指南》的介绍。

一、业务流程

（一）总体流程

危险货物道路运输电子运单管理总体流程如图 3-7 所示。

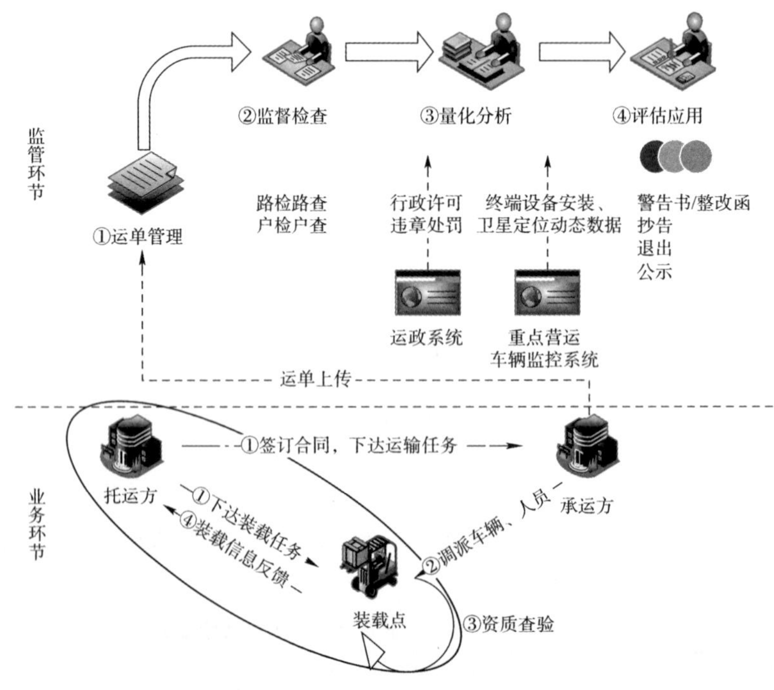

图 3-7　危险货物道路运输电子运单管理总体流程

其中,危险货物道路运输企业(包括从事非经营性危险货物道路运输的企事业单位,以下同)运单填写及使用主要流程见图3-8。

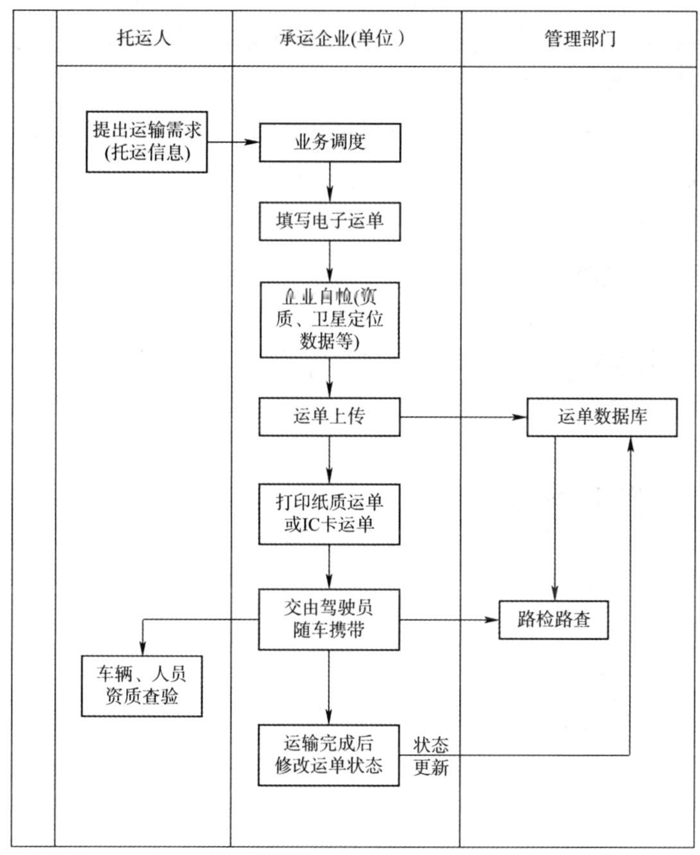

图3-8 危险货物道路运输电子运单业务流程

(二)主要监管环节

1.运单管理

危险货物道路运输企业可通过计算机、手机App软件(企业端)等方式,在线或离线填写电子运单信息,主要内容包括运输企业、车辆、驾驶人员、押运人员、托运企业、货物信息、起讫地、行驶线路等电子信息。

运输企业在生成电子运单之前,必须通过企业端软件对电子运单的内容进行自检。自检不通过,不能生成电子运单,不能出车。自检的主要内容包括:

(1)车载卫星定位装置是否正常运行;

(2)上次运输任务期间(或上周)车辆运行轨迹是否正常;

(3)车辆道路运输证经营范围是否与承运货物相符,车辆是否按期二维、年审等;

(4)驾驶人员、押运人员是否具备有效危险货物道路运输从业资格证等。

危险货物道路运输企业应在自检通过后，实时将危险货物道路运输电子运单信息（包括更新信息）上传到管理部门系统，并打印纸质单据或写入IC卡。

危险货物道路运输电子运单可以是纸质打印单据（带二维码）或IC卡道路运输证电子单据，随车携带备查（不作为处罚依据）。电子运单须顺序编号，并保存至少1年以上，管理部门可根据情况进行提醒及抽查。

运输任务完成后，驾驶人员或运输企业通过计算机、手持机、手机App软件等方式修改危险货物道路运输电子运单状态为完成，标记本次任务调度完成。

托运企业可通过计算机、手机App软件（企业端）等方式，通过二维码扫描纸质运单、读IC卡证件、登录证件查询网站等方式查验承运企业（包括车辆和人员）资质。

2. 监督检查

道路运输管理机构通过路检路查、户检户查等方式，督促危险货物道路运输企业规范填写、使用和上传电子运单。

3. 量化分析

道路运输管理机构对运输企业的电子运单填写、使用及上传情况进行统计梳理，并将电子运单数据与车辆卫星定位监控数据、运政系统中的行政许可及稽查执法数据进行交叉稽核分析，对电子运单管理制度执行情况、企业动态监控情况以及辖区内危险货物种类、数量、分布、流向等进行量化分析。

4. 评估应用

根据量化分析的结果，道路运输管理机构按照红（问题严重）、黄（有一定问题）、绿（安全管理良好）的分类评估方法，对违法行为及违法企业进行分类监管。如对问题严重的企业采取停业整顿、吊销许可等强制措施；对有个别问题风险的企业发放警告书、告知函，提醒企业注意；对安全管理良好的企业通过系统加强宣传、推介等。

另外，交通运输主管部门对发现的违法行为要抄告安监、公安部门；通过系统对危险货物道路运输企业的经营资质、动态信息（如违法违章情况、运单报送情况）及其排名等信息进行公布，方便托运单位择优选择承运企业。

二、电子运单格式及填写要求

参照《危险货物道路运输规则》（JT 617—2018）《交通运输物流信息交换　第2部分：道路运输电子单证》（JT/T 919.2—2014）》《道路运输电子政务平台编目编码规则》（JT/T 415—2006）等标准的要求，电子运单参考格式包括以下两种，各试点省（市）可根据本地实际情况进行拓展。

（一）格式一：简易格式

承运人按照托运人的运输需求，在运输调度（包括车辆、人员等）完成后填写、上传危险货物道路运输电子运单，简易格式见表3-7。

危险货物道路运输电子运单　　表 3-7

运单编号：

<table>
<tr><td rowspan="2">托运方</td><td>单位名称</td><td colspan="2"></td><td rowspan="2">收货方</td><td>单位名称</td><td></td></tr>
<tr><td>联系电话</td><td colspan="2"></td><td>联系电话</td><td></td></tr>
<tr><td colspan="2">装货地点</td><td colspan="2"></td><td>运输目的地</td><td colspan="2"></td></tr>
<tr><td colspan="2">装货日期</td><td colspan="2"></td><td>预计到达日期</td><td colspan="2"></td></tr>
<tr><td rowspan="8">承运方</td><td>单位名称</td><td colspan="5"></td></tr>
<tr><td>经营许可证号</td><td colspan="2"></td><td>联系电话</td><td colspan="2"></td></tr>
<tr><td rowspan="2">车辆信息</td><td>车牌号码</td><td></td><td rowspan="2">挂车信息</td><td>车牌号码</td><td></td></tr>
<tr><td>道路运输证号</td><td></td><td>道路运输证号</td><td></td></tr>
<tr><td rowspan="3">驾驶员</td><td>姓名</td><td></td><td rowspan="3">押运员</td><td>姓名</td><td></td></tr>
<tr><td>从业资格证号</td><td></td><td>从业资格证号</td><td></td></tr>
<tr><td>联系电话</td><td></td><td>联系电话</td><td></td></tr>
<tr style="display:none"></tr>
<tr><td rowspan="6">货物信息</td><td>联合国编号</td><td>危险货物名称</td><td>类/项</td><td>包装类别</td><td>规格</td><td>数量(吨/立方)</td></tr>
<tr><td></td><td></td><td></td><td></td><td></td><td></td></tr>
<tr><td></td><td></td><td></td><td></td><td></td><td></td></tr>
<tr><td></td><td></td><td></td><td></td><td></td><td></td></tr>
<tr><td></td><td></td><td></td><td></td><td></td><td></td></tr>
<tr><td></td><td></td><td></td><td></td><td></td><td></td></tr>
<tr><td colspan="7">运输注意事项：</td></tr>
<tr><td colspan="7">声明：
本企业对所填信息真实性负责，并承诺在运输过程中遵守《道路运输车辆动态监督管理办法》《道路危险货物运输管理规定》等政策法规。</td></tr>
<tr><td colspan="7">经办人签章：　　　　调度日期：</td></tr>
</table>

(二)格式二：完整格式

在简易格式的基础上，可增加托运方、充装方、承运方各方签字，以及危险货物应急处置等信息，有利于明确危险货物道路运输各环节的责任，同时将货物的潜在危险性充分地传达给可能与之接触的所有人员，降低事故风险，完整格式见表 3-8 和表 3-9。

危险货物道路运输电子运单 表 3-8

运单编号：

<table>
<tr><td rowspan="2">托运方</td><td>单位名称</td><td colspan="2"></td><td rowspan="2">收货方</td><td>单位名称</td><td></td></tr>
<tr><td>联系电话</td><td colspan="2"></td><td>联系电话</td><td></td></tr>
<tr><td colspan="2">装货地点</td><td colspan="2"></td><td>运输目的地</td><td colspan="2"></td></tr>
<tr><td colspan="2">装货日期</td><td colspan="2"></td><td>预计到达日期</td><td colspan="2"></td></tr>
<tr><td rowspan="7">承运方</td><td>单位名称</td><td colspan="5"></td></tr>
<tr><td>经营许可证号</td><td colspan="2"></td><td>联系电话</td><td colspan="2"></td></tr>
<tr><td rowspan="2">车辆信息</td><td>车牌号码</td><td></td><td rowspan="2">挂车信息</td><td>车牌号码</td><td></td></tr>
<tr><td>道路运输证号</td><td></td><td>道路运输证号</td><td></td></tr>
<tr><td rowspan="3">驾驶员</td><td>姓名</td><td></td><td rowspan="3">押运员</td><td>姓名</td><td></td></tr>
<tr><td>从业资格证号</td><td></td><td>从业资格证号</td><td></td></tr>
<tr><td>联系电话</td><td></td><td>联系电话</td><td></td></tr>
<tr><td rowspan="6">货物信息</td><td>联合国编号</td><td>危险货物名称</td><td>类/项</td><td>包装类别</td><td>规格</td><td>数量(吨/立方)</td></tr>
<tr><td></td><td></td><td></td><td></td><td></td><td></td></tr>
<tr><td></td><td></td><td></td><td></td><td></td><td></td></tr>
<tr><td></td><td></td><td></td><td></td><td></td><td></td></tr>
<tr><td></td><td></td><td></td><td></td><td></td><td></td></tr>
<tr><td></td><td></td><td></td><td></td><td></td><td></td></tr>
<tr><td colspan="7">运输注意事项：</td></tr>
<tr><td colspan="7">应急处置措施：</td></tr>
<tr><td colspan="7">托运方声明：
以上危险货物信息真实、完整；有关危险货物的分类、包装、标记及相关操作符合国家相关政策法规及标准规范的要求。
负责人签字： 日期：</td></tr>
<tr><td colspan="7">装载完成声明：
以上危险货物已装载完成；货物包装完好，装载操作符合国家相关政策法规及标准规范的要求。
负责人签字： 日期：</td></tr>
<tr><td colspan="7">承运方声明：
承诺在运输过程中遵守《道路运输车辆动态监督管理办法》《道路危险货物运输管理规定》等政策法规及标准规范的要求。
负责人签字： 日期：</td></tr>
</table>

数据项填写说明

表3-9

序号	指标名称		数据格式	说明
1	运单编号		an…50	承运方根据托运信息进行调度作业生成的运单号码
2	填写日期		yyyy-mm-dd	运单生成日期
3	托运方单位名称		an..100	企业在工商注册的登记的名称
4	托运方联系电话		an..18	—
5	收货方单位名称		an..100	企业在工商注册的登记的名称
6	收货方联系电话		an..18	—
7	装货地点		an..256	可填写地市名称
8	装货日期		yyyymmdd	年-月-日格式
9	运输目的地		an..100	可填写地市名称
10	预计到达日期		yyyymmdd	年-月-日格式
11	承运企业名称		an..100	按照《道路运输经营许可证》填写
12	企业经营许可证号		an12	按照《道路运输经营许可证》填写
13	企业联系电话		an..18	—
14	车牌号码		an..35	由公安车管部门核发的车辆牌照号码
15	道路运输证号		an12	按照《道路运输证》填写
16	挂车车牌号码		an..35	由公安车管部门核发的车辆牌照号码
17	挂车道路运输证号		an12	按照《道路运输证》填写
18	驾驶人员姓名		an..256	—
19	驾驶人员从业资格证号		an..19	按照《道路运输从业资格证》填写
20	驾驶人员联系电话		an..18	—
21	押运人员姓名		an..256	—
22	押运人员从业资格证号		an..19	按照《道路运输从业资格证》填写
23	押运人员联系电话		an..18	—
24	危险品信息	联合国编号	n4	按照 GB 12268—2012 填写
25		危险货物名称	an..256	按照 GB 12268—2012 填写
26		危险货物类别或项别	an..4	按照 GB 12268—2012 填写
27		包装类别	an..17	按照 GB 12268—2012 填写
28		规格	an..35	对货物尺码和类型等特征的文字描述
29		数量	n..9,2	单位:吨或立方米

三、系统部署方案

危险货物道路运输电子运单管理系统主要包括危险货物道路运输企业子系统（以下简称“企业应用子系统”）、危险货物道路运输行业服务子系统（以下简称“行业服务子系统”）、危险货物道路运输行业监管子系统（以下简称“行业监管子系统”）三部分。

企业应用子系统可部署在企业端，通过系统接口将数据按规定格式上传到行业管理部门（鼓励企业数据接口通过国家交通运输物流公共信息平台接入上传）；危险货物道路运输企业也可通过网络版公共软件，在线填写、使用电子运单。

行业服务子系统、行业监管子系统部署在行业管理部门。系统应通过数据中心实现与运政管理系统、重点营运车辆监控管理系统等现有系统的数据共享与业务协同。

具体部署方案见图3-9。

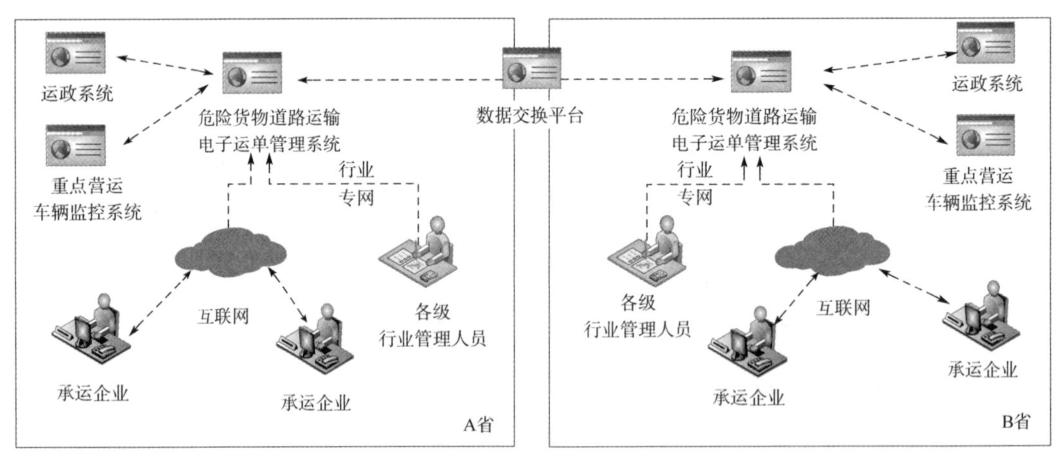

图3-9 电子运单部署方案

注：1. 为保证数据安全，运输企业应通过数字证书/IC卡/VPN等方式经授权后访问管理系统。

2. 各省之间通过国家交通运输物流平台区域交换节点实现数据交换共享。

四、系统主要功能

（一）企业应用子系统

（1）基础数据管理：本企业所属车辆、驾驶人员、押运人员信息管理维护。为减少录入工作量，可通过企业经营许可证号及登录账号，自动从运政数据库下载相关信息。

（2）运单填写：按照运单填写规则，在线或离线方式填写电子运单。

（3）企业自检：企业按照运单信息，对车辆卫星定位装置是否正常运行、车辆道路运输证经营范围是否与承运货物相符、驾驶人员及押运人员是否具备有效的从业资格证件等进行检查校验。

（4）运单上传：企业将运单信息上传到行业管理部门数据中心。

(5)运单派发:运单信息校验、上传完成后,可打印纸质单据(带二维码)或写入 IC 卡道路运输证,交由驾驶人员随车携带备查。纸质单据应由企业管理人员签字。

(6)从业人员报备管理(可选):将公司从业人员情况向管理部门备案,有效防止从业人员持无效证件(包括有效期过期、证件被吊销等)上岗、驾驶人员及押运人员在多个企业兼职等违规情况发生。从业人员备案的主要内容包括驾驶人员姓名、从业资格证信息、联系方式等。

(7)安全管理台账(可选):企业安全生产教育培训、安全检查、违规人员处理情况等管理台账电子化,实现管理措施与记录台账的及时体现,有效落实危险货物运输企业安全生产主体责任。

(8)查询统计:按日期、车辆、驾驶人员等条件,查询统计运单。

(9)权限管理:包括操作用户管理、登录密码管理等。

(二)行业服务子系统

(1)信息查询:通过网站或数据接口等方式,为企业提供危险货物运输车辆基本信息、经营范围、年审状况、二级维护等信息查询服务,以及从业人员基本信息、从业资格类别、证件有效期等信息查询服务。

(2)业务提醒:为企业提供经营许可证有效期、所属车辆道路运输证有效期、从业人员从业资格证有效期提醒,车辆年审、二级维护到期提醒等信息服务。

(3)信息公告:通过门户网站等方式,对危险货物道路运输企业的经营资质、动态信息(如违法违章情况、运单报送情况)及其排名、驾驶人员诚信信息等信息进行公布,方便托运单位择优选择承运企业,承运企业择优录取诚实守信、安全驾驶经验丰富的驾驶人员。

(4)出行服务:根据电子运单的起讫点和行驶线路信息,系统自动将沿途道路主要风险点、施工等动态信息、相关服务设施等推送给企业和驾驶人员(车载终端),提供更有针对性的出行服务。

(三)行业监管子系统

(1)权限管理:为各级管理人员、运输企业分配登录账号和业务操作授权。为运输企业操作员发放数字证书或 IC 卡授权。

(2)监督检查:在路检路查、户检户查过程中,执法人员通过输入单据号码、扫描纸质单据二维码或读 IC 卡等方式,对企业规范填写、使用和上传电子运单的情况进行监督检查。

(3)从业人员诚信管理:以驾驶人员累计安全行驶里程(运单自动累计)、行车事故、经营违章等数据指标为重点,建立危险货物运输驾驶人员信用管理体系,并及时向社会发布。

(4)与车辆动态监控信息比对分析:通过对运输企业填写的电子运单与卫星定位数据比

对分析，有效识别未按规定使用运单（有卫星定位数据无运单数据）、车辆非正常不在线（有运单数据无卫星定位数据）等违规行为，为开展有针对性的监督检查提供线索。

（5）危险货物统计分析：对危险货物种类、数量、分布、流向等进行统计分析，以便开展有针对性的从业人员培训和应急救援演练。

（6）分类评估：按照红（问题严重）、黄（有一定问题）、绿（安全管理良好）的分类评估方法，对违法行为及违法企业进行分类监管。

（7）跨省交换：将目的地为外省的危险货物运输运单上传到国家交通运输物流平台，各省通过国家交通运输物流平台实现跨区域电子运单信息共享查询。

（8）数据上报：按照统一数据标准格式，系统定期自动将各省相关统计数据（如运单数量，货物流量流向等）上报给部级系统。

第七节　电子运单实例

当前电子运单的应用模式以运输装载录入模式为分界线，分为两种模式：后台录入、实时录入。

后台录入，是指运输装载的数据由管理人员在电子运单系统后台录入，一般通过 PC 端录入装载货物的托运单位、货物名称、数量等数据。此操作模式按管理要求是及时录入，一般是由运输单位提前录入，可打印出纸质运单供驾驶人员出车；如果不要求打印的操作，可以肯定录入时间不一定正好是装载时间，可能存在运输完成滞后录入的现象。

实时录入，是指运输装载的数据由驾驶人员或押运人员在装载现场录入，通过手机 App 端按实际装载的时间录入装载货物的托运单位、货物名称、数量等数据。此操作可自动记录装载录入时的手机定位、时间，与托运要求的装载地点应当一致，要求实时录入，不能提前，也不能滞后。

很显然，实时录入模式较为先进，具有较好的实时监管意义，结合危险货物运输车辆的动态监管，可以掌握所运输危险货物的动态情况，具有实时性和可追踪性。广东省固体废物管理信息平台对《危险废物转移联单》就是采用实时录入模式，具有较好的实时可操作性，下面做详细介绍。

一、电子运单流程

在危险废物转移运输中，由于以前纸质称为《危险废物转移联单》，通常行业内部简称为联单，所以，在实行电子化后有些地方也就按习惯在前面直接加上电子就称为电子联单，但是，在这里为了延用前述章节的名称，依然称为电子运单。

广东省固体废物管理信息平台简称电子运单平台或电子运单系统，主要是由产废单位、处置单位、运输单位注册提交单位相关资质进行备案，分别成为产废单位、处置单位、运输单位用户。这里产废单位实际上就是托运人，处置单位实际上就是收货人，电子运单平台的流程见图 3-10。

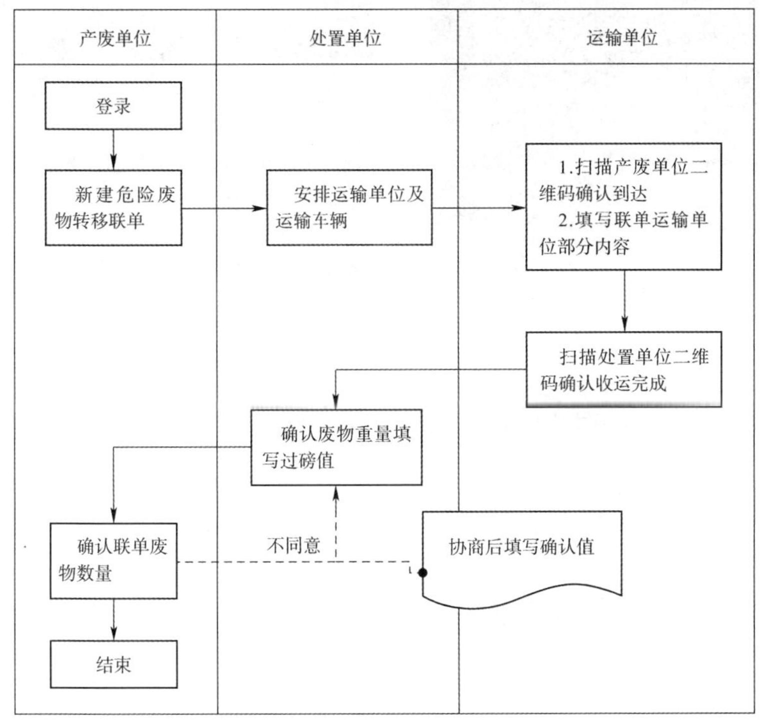

图 3-10 电子运单平台流程图

从以上实时录入模式可以看出,托运人通过 PC 端发出运输需求,收货人通过 PC 端接受任务,然后联系运输单位调度通过 PC 端安排运输人员、运输车辆;运输车辆到达发货地点,驾驶人员通过手机 App 扫描托运人二维码录入电子运单系统,标志着运输正式开始,运输到达收货地点后驾驶人员扫描收货人二维码,确认接收,三方无异议后,最后由托运人确认,运输任务完成闭环。

二、电子运单运输单位录入操作

运输单位后台管理人员在电子运单平台提前进行驾驶人员、运输车辆录入备案,只有具备危险货物运输资质的从业人员和运输车辆才能通过备案,由后台设定驾驶人员手机号码为用户名,然后配置一个初始密码,驾驶人员将 App 软件安装在安卓手机上,驾驶人员携带手机,保持数据连接畅通,就可以登录操作了,手机 App 登录系统界面见图 3-11。

驾驶人员登录手机系统后可以查看到安排的运输任务,具体运输录入操作主要掌握三次扫描二维码的过程。

(一)扫描产废单位二维码

驾驶人员接受运输任务,到达产废单位确认运输的危险废物和联单危险废物相符后,找到要运输的相应危险废物(当天可能有多个运输任务,一定要准确,不要点击其他的危险废物),选择产废单位及危险废物名称见图 3-12。

图 3-11　手机 App 登录系统界面

图 3-12　选择产废单位及危险废物名称

打开后，确认无误后，点击“开始扫描企业二维码”，见图 3-13。

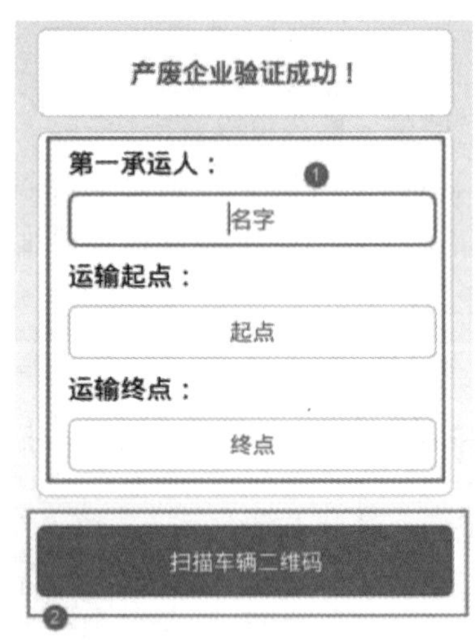

图 3-13　准备扫描企业二维码

扫描产废单位提供的二维码，扫描完成后自动跳转，将提示：填写途经线路，选择后确认，系统自动提示扫描“车辆二维码”。

（二）扫描车辆二维码

按照系统自动提示要求扫描自己当前运输车辆的二维码，完成后确认无误，见图 3-14。与此同时可以开始装载危险废物，这时如有必要可以要求产废单位打印纸质联单（当然也可以不打印，打印的电子联单可作为运输凭证）。

图 3-14 运输车辆扫描成功

(三)扫描处置单位二维码

运输危险废物交处置单位接收,确认后卸载车,点击 App 左上角的位置菜单图标,然后出现:“处置单位确认危废联单”,见图 3-15。

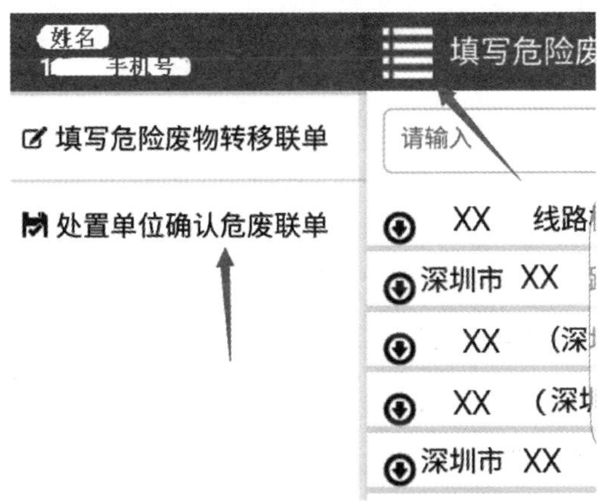

图 3-15 找出处置单位确认危废联单

点击会显示:“××××有限公司”,继续点击,打开后,点击所运输的危险废物,并按照提示:“扫描确认处置企业”点开后,扫描处置单位接收部门提供的公司二维码。如果本次运输的危险废物种类比较多时,要逐一扫描,直到扫描完该车次运输的所有危险废物,确认完成本车次运输任务,见图 3-16。

(四)电子运单注意事项

(1)危险废物运输装载应注意计划转移数量、实际运输数量以及计量单位。

(2)产废单位、处置单位、运输单位发现电子运单存在问题,都可以及时提出,退回产废单位修改。

(3)产废单位创建运输任务,运输单位未安排运输,则电子运单设置 7 天后自动作废。

(4)完成运输的电子运单,最后再经产废单位确认后,保存数据不能再更改。

废物产生单位：
产废
废物名称：
蒸馏渣子
废物编号：
HW11
废物数量：
2吨
废物计划转移时间：
20 09 00:00:00
第一承运人：
车牌号码：
粤
3 扫描处置企业二维码

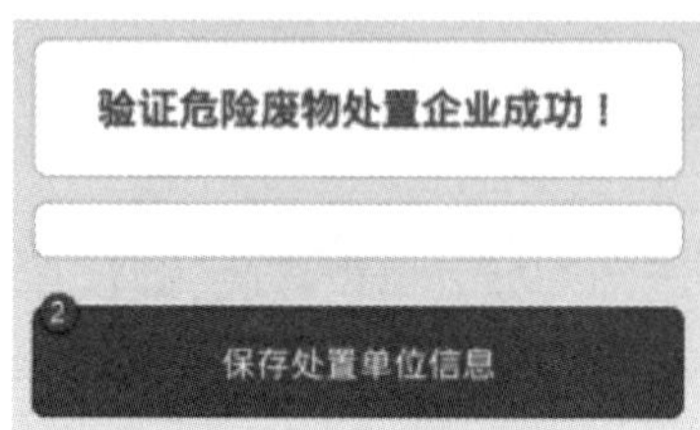

图 3-16　扫描处置单位二维码

第四章　危险货物道路运输从业人员管理

危险货物道路运输安全管理对象涉及从业人员、运输车辆、危险货物、路况和天气情况等，从业人员既是管理的主体，也是管理和保护的主要对象，同时，是保障危险货物道路运输安全的最主要能动因素，因此加强从业人员的安全管理是道路运输安全的根本保障。

从业人员，依据本义有两个方面：其一，生产经营单位从业人员是指在本单位工作并取得劳动报酬的全部人员；其二，按行业划分是指在行业内从事各项工作的全部人员。

针对危险货物道路运输从业人员而言，《道路运输从业人员管理规定》第二条规定，“道路危险货物运输从业人员包括道路危险货物运输驾驶人员、装卸管理人员和押运人员”；《生产经营单位安全培训规定》第四条规定，“生产经营单位应当进行安全培训的从业人员包括主要负责人、安全生产管理人员、特种作业人员和其他从业人员”。

因此，本章危险货物道路运输从业人员管理不仅包括危险货物道路运输驾驶人员、装卸管理人员和押运人员，还包括主要负责人和安全生产管理人员，主要介绍从业人员的资格、培训、继续教育、聘用和职业道德等多方面的管理要求。

第一节　从业人员的资格

由于危险货物道路运输的特殊性，我国对危险货物道路运输企业实施资质的许可管理，对危险货物道路运输从业人员实施资格的许可管理。

一、从业人员资格证要求

我国法规对危险货物道路运输从业人员资格管理的相关规定如下。

(1)《道路运输条例》第二十三条要求，申请从事危险货物运输经营的，应当具备经所在地设区的市级人民政府交通主管部门考试合格，取得上岗资格证的驾驶人员、装卸管理人员、押运人员。

(2)《危险化学品安全管理条例》第四十四条要求，危险化学品道路运输企业的驾驶人员、装卸管理人员、押运人员应当经交通运输主管部门考核合格，取得从业资格。具体办法由国务院交通运输主管部门制定。

(3)《道路危险货物运输管理规定》第八条要求，申请从事道路危险货物运输经营，应当有符合下列要求的从业人员和安全管理人员：

①专用车辆的驾驶人员取得相应机动车驾驶证，年龄不超过60周岁。

②从事道路危险货物运输的驾驶人员、装卸管理人员、押运人员应当经所在地设区的市级人民政府交通运输主管部门考试合格，并取得相应的从业资格证；从事剧毒化学品、爆炸

品道路运输的驾驶人员、装卸管理人员、押运人员，应当经考试合格，取得注明为“剧毒化学品运输”或者“爆炸品运输”类别的从业资格证。

③企业应当配备专职安全管理人员。

(4)《安全生产法》第二十一条要求，矿山、金属冶炼、建筑施工、道路运输单位和危险物品的生产、经营、储存单位，应当设置安全生产管理机构或者配备专职安全生产管理人员。

《安全生产法》第二十四条要求，生产经营单位的主要负责人和安全生产管理人员必须具备与本单位所从事的生产经营活动相应的安全生产知识和管理能力。

危险物品的生产、经营、储存单位以及矿山、金属冶炼、建筑施工、道路运输单位的主要负责人和安全生产管理人员，应当由主管的负有安全生产监督管理职责的部门对其安全生产知识和管理能力考核合格。

(5)地方政府的相关规定要求。

一些地方政府为落实生产经营单位安全生产主体责任，制定了相关规定，如《深圳市生产经营单位安全生产主体责任规定》第十一条要求，高危生产经营单位从业人员在50人以上的或者其他生产经营单位从业人员在300人以上的，应当设置安全总监。

危险货物道路运输属于高危行业，安全总监属于安全管理人员。

综上所述，危险货物道路运输驾驶人员、装卸管理人员、押运人员应取得上岗资格证，主要负责人和安全生产管理人员应取得安全生产知识和管理能力考核合格证。

知识链接

关于“从业资格”“职业资格”的区别

1. 从业资格

从业资格，是指从事某一专业(工种)学识、技术和能力的起点标准，要求从业人员依据国家法规“考试合格持证上岗”。如危险货物道路运输从业人员，要依据《道路运输条例》关于“申请从事危险货物运输经营的应当具备，有经所在地设区的市级人民政府交通主管部门考试合格，取得上岗资格证的驾驶人员、装卸管理人员、押运人员”的规定。

2. 职业资格

职业资格是指政府对某些责任较大、社会通用性强、关系公共利益的专业(工种)实行准入控制，是从事某一特定专业(工种)学识、技术和能力的必备标准。如厨师可以参加职业资格考试，取得不同等级的厨师证书。但一些小饭店的厨师，也未必具有厨师证。

《道路运输从业人员管理规定》(交通运输部令2016年第52号)第六条　国家对经营性道路客货运输驾驶员、道路危险货物运输从业人员实行从业资格考试制度。其他已实施国家职业资格制度的道路运输从业人员，按照国家职业资格的有关规定执行。

从业资格是对道路运输从业人员所从事的特定岗位职业素质的基本评价。

经营性道路客货运输驾驶员和道路危险货物运输从业人员必须取得相应从业资格，方可从事相应的道路运输活动。

鼓励机动车维修企业、机动车驾驶员培训机构优先聘用取得国家职业资格的从业人员从事机动车维修和机动车驾驶员培训工作。

《道路运输从业人员管理规定》对从业人员资格要求，见下表。

资格类型	具体名称	备注
从业资格	经营性道路客货运输驾驶员、道路危险货物运输从业人员	考试合格持证上岗
职业资格	机动车维修技术人员、机动车驾驶培训教练员、道路运输经理人和其他道路运输从业人员	按照国家职业资格的有关规定执行

二、从业人员资历要求

我国法规对应危险货物道路运输从业人员资历的相关规定如下。

(1)《道路运输从业人员管理规定》第十一条要求，道路危险货物运输驾驶人员应当符合下列条件：

①取得相应的机动车驾驶证；

②年龄不超过60周岁；

③3年内无重大以上交通责任事故；

④取得经营性道路旅客运输或者货物运输驾驶人员从业资格2年以上或者接受全日制驾驶职业教育的；

⑤接受相关法规、安全知识、专业技术、职业卫生防护和应急救援知识的培训，了解危险货物性质、危害特征、包装容器的使用特性和发生意外时的应急措施；

⑥经考试合格，取得相应的从业资格证件。

(2)《道路运输从业人员管理规定》第十二条要求，道路危险货物运输装卸管理人员和押运人员应当符合下列条件：

①年龄不超过60周岁；

②初中以上学历；

③接受相关法规、安全知识、专业技术、职业卫生防护和应急救援知识的培训，了解危险货物性质、危害特征、包装容器的使用特性和发生意外时的应急措施；

④经考试合格，取得相应的从业资格证件。

(3)地方政府的相关规定要求。

《深圳市生产经营单位安全生产主体责任规定》第十一条要求，高危生产经营单位从业人员在50人以上的或者其他生产经营单位从业人员在300人以上的，应当设置安全总监，作为本单位专门负责安全生产的分管负责人，履行本规定第十条规定的安全生产管理职责。安全总监应当熟悉安全生产业务，掌握安全生产法律法规知识，并满足以下条件之一：

①取得注册安全工程师资格；

②具备安全工程、工程经济类专业本科以上学历，并具有3年以上安全生产管理工作

经历；

③具备其他专业本科以上学历或者获得工程师以上职称，并具有5年以上安全生产管理工作经历。

（4）年龄要求。

虽然《道路危险货物运输管理规定》只有对驾驶人员要求年龄不超过60周岁，但是，根据《道路运输从业人员管理规定》第二条，道路危险货物运输从业人员包括道路危险货物运输驾驶人员、装卸管理人员和押运人员。再根据第十一条、第十二条的要求，危险货物道路运输从业人员的年龄均不超过60周岁。显然，针对危险货物道路运输驾驶人员、装卸管理人员和押运人员年龄有上限规定，没有下限规定。

《中华人民共和国劳动法》第十五条要求，“禁止用人单位招用未满十六周岁的未成年人”。《中华人民共和国未成年人保护法》第三十八条要求，“任何组织和个人不得招用未满十六周岁的未成年人，国家另有规定的除外。任何组织和个人依照国家有关规定招收已满十六周岁未满十八周岁的未成年人的，应当在工种、劳动时间、劳动强度和保护措施等方面执行国家有关规定，不得安排其从事过重、有毒、有害的劳动或者危险作业”。《禁止使用童工规定》（国务院令第364号）第二条要求，“国家机关、社会团体、企业事业单位、民办非企业单位或者个体工商户（以下统称用人单位）均不得招用不满16周岁的未成年人（招用不满16周岁的未成年人，以下统称使用童工）。禁止任何单位或者个人为不满16周岁的未成年人介绍就业。禁止不满16周岁的未成年人开业从事个体经营活动”。

在实际工作中，由于危险货物道路运输属于高危行业，因此，应当禁止招用未满18周岁的未成年人，危险货物道路运输从业资格证不能发放给未成年人。

三、从业人员持证类别

《道路运输从业人员管理规定》第六条要求，国家对经营性道路危险货物运输从业人员实行从业资格考试制度。从业资格是对道路运输从业人员所从事的特定岗位职业素质的基本评价。经营性道路客货运输驾驶人员和道路危险货物运输从业人员必须取得相应从业资格，方可从事相应的道路运输活动。

《道路危险货物运输管理规定》第八条要求，从事剧毒化学品、爆炸品道路运输的驾驶人员、装卸管理人员、押运人员，应当经考试合格，取得注明为“剧毒化学品运输”或者“爆炸品运输”类别的从业资格证。

同时，《道路运输从业人员管理规定》针对三种从业人员驾驶人员、装卸管理人员、押运人员规定了从业资格的具体考试、发证和管理要求。但是，没有禁止一人持多证的规定。因此，为了降低企业用工成本，可以“一专多能”，即一个人（同一主体）参加多种从业资格的考试，从而一人取得持多证的情况。如某个从业人员，通过考试，可以持有《从业资格证》的“从业资格类别”为道路危险货物运输驾驶人员、道路危险货物运输押运人员，甚至有的企业根据需要从业人员还增加了“道路危险货物运输装卸管理人员”。

四、专项从业资格

对于从事专项危险货物道路运输的人员，还需要取得专项从业资格。具体讲，运输剧毒化学品、爆炸品从业人员就是属于专项危险货物运输的从业人员，因此，必须取得注明为"剧毒化学品运输"或者"爆炸品运输"类别的从业资格证。这也体现了危险货物运输的"分类管理"的理念，突出、强化了对运输剧毒化学品、爆炸品从业人员的严格管理的要求。

这样，在《从业资格证》的"从业资格类别"中，具有剧毒化学品、爆炸品道路运输资格的从业人员，可能会有以下三种表述。

(一)第一种情况

从业人员已具有"危险货物道路运输"驾驶、押运、装卸管理人员中的一种资格，在其"基础从业资格"上增加剧毒化学品运输或者爆炸品运输的同类资格。

1. 道路危险货物运输驾驶人员 + 剧毒化学品运输(或者爆炸品运输)

以上表述，是在"道路危险货物运输驾驶人员"的基础上，增加剧毒化学品运输或者爆炸品运输资格的从业人员，其进行的是"驾驶人员类"的剧毒化学品运输或者爆炸品运输从业资格考试。

2. 道路危险货物运输押运人员 + 剧毒化学品运输(或者爆炸品运输)

以上表述，是在"道路危险货物运输押运人员"的基础上，增加剧毒化学品运输或者爆炸品运输资格的从业人员，其进行的是"押运人员类"的剧毒化学品运输或者爆炸品运输从业资格考试。

3. 道路危险货物运输装卸管理人员 + 考试剧毒化学品运输(或者爆炸品运输)

以上表述，是在"道路危险货物运输装卸管理人员"的基础上，增加剧毒化学品或者爆炸品资格的从业人员。其进行的是"装卸管理人员"的剧毒化学品或者爆炸品从业资格考试。

(二)第二种情况

从业人员已具有驾驶、押运、装卸管理人员中的 2 种或者 3 种资格，在其基础上增加剧毒化学品或者爆炸品的资格。如危险货物道路运输驾驶、押运人员 + 剧毒化学品运输或者爆炸品运输，应该是在"危险货物道路运输驾驶、押运人员"的基础上，增加剧毒化学品运输或者爆炸品运输资格的从业人员。其进行的是"驾驶人员类和押运人员类"的剧毒化学品运输或者爆炸品运输从业资格考试。其他的以此类推。

以上两种情况，简单讲，"剧毒化学品运输""爆炸品运输"是在原有从业资格基础上增加的，故此时的从业资格既适用于原有的普通"危险货物运输"，也适用于新增的"专项危险货物运输"。

(三)第三种情况

首次参加从事剧毒化学品、爆炸品道路运输的驾驶人员、装卸管理人员、押运人员考试合格，直接取得注明为“剧毒化学品运输”或者“爆炸品运输”类别的驾驶人员、装卸管理人员、押运人员从业资格证，只适用于一种专项运输。如：直接取得注明为“剧毒化学品道路运输驾驶人员”“剧毒化学品道路运输装卸管理人员”“剧毒化学品道路运输押运人员”，此时的从业资格只适用于“剧毒化学品道路运输”，不适用于普通“危险货物运输”和“爆炸品运输”。

第二节　从业人员的培训

一、教育和培训规定

（一）《安全生产法》的要求

《安全生产法》赋予企业安全生产管理人员职责之一是：“组织或者参与本单位安全生产教育和培训，如实记录安全生产教育和培训情况”。

《安全生产法》第二十五条要求，“生产经营单位应当对从业人员进行安全生产教育和培训，保证从业人员具备必要的安全生产知识，熟悉有关的安全生产规章制度和安全操作规程，掌握本岗位的安全操作技能，了解事故应急处理措施，知悉自身在安全生产方面的权利和义务。未经安全生产教育和培训合格的从业人员，不得上岗作业。生产经营单位应当建立安全生产教育和培训档案，如实记录安全生产教育和培训的时间、内容、参加人员以及考核结果等情况”。

《安全生产法》第四十一条要求，“生产经营单位应当教育和督促从业人员严格执行本单位的安全生产规章制度和安全操作规程；并向从业人员如实告知作业场所和工作岗位存在的危险因素、防范措施以及事故应急措施。”

安全生产教育和培训是安全生产管理工作的一个重要组成部分，是实现安全生产的一项重要基础性工作，也是五到位规定要求之一。人是生产经营活动的第一要素，生产经营活动最直接的承担者就是从业人员。从业人员知识不足，本身就是风险的源头，是导致生产安全事故根源的隐患。每个岗位从业人员的具体生产经营活动安全了，整个生产经营单位的安全生产就得到保障。因此，对从业人员进行安全生产教育、培训，控制人的不安全行为，对减少生产安全事故极为重要。

（二）《危险化学品安全管理条例》的要求

《危险化学品安全管理条例》在第四条第三款中提出，危险化学品单位应当具备法律、行政法规规定和国家标准、行业标准要求的安全条件，建立、健全安全管理规章制度和岗位安全责任制度，对从业人员进行安全教育、法制教育和岗位技术培训。从业人员应当接受教育和培训，考核合格后上岗作业；对有资格要求的岗位，应当配备依法取得相应资格的人员。

《危险化学品安全管理条例》对危险化学品道路运输提出运输危险化学品的驾驶人员、装卸管理人员、押运人员，应当了解所运输的危险化学品的危险特性及其包装物、容器的使用要求和出现危险情况时的应急处置方法。

（三）《道路运输条例》的要求

《道路运输条例》在第三节“客运和货运的共同规定”中的第二十九条提出，客运经营者、货运经营者应当加强对从业人员的安全教育、职业道德教育，确保道路运输安全。道路运输从业人员应当遵守道路运输操作规程，不得违章作业。

（四）《道路危险货物运输管理规定》的要求

《道路危险货物运输管理规定》第八条要求，企业要有“安全生产教育培训制度”；第四十八条要求，危险货物道路运输企业或者单位应当通过岗前培训、例会、定期学习等方式，对从业人员进行经常性安全生产、职业道德、业务知识和操作规程的教育培训。

二、教育和培训时间与主要内容

（一）《安全生产法》的要求

《安全生产法》第二十五条要求，对从业人员的安全生产教育和培训内容主要应包括以下几个方面：

（1）安全生产的方针、政策、法律、法规以及安全生产规章制度的教育和培训；

（2）安全操作规程（技能）的教育和培训；

（3）安全技术知识教育和培训，包括一般性安全技术知识，如单位生产过程中不安全及事故发生规律、预防事故的基本知识、个人防护用品的佩戴使用、事故报告程序等，以及专业性的安全技术知识，如防火、防爆、防毒等知识；

（4）发生生产安全事故时的应急处理措施，以及相关的安全防护知识；

（5）从业人员在生产过程中的相关权利和义务；

（6）特殊作业岗位的安全生产知识和操作要求等。

（二）《生产经营单位安全培训规定》的要求

（1）《生产经营单位安全培训规定》第七条要求，生产经营单位主要负责人安全培训应当包括下列内容：

①国家安全生产方针、政策和有关安全生产的法律、法规、规章及标准；

②安全生产管理基本知识、安全生产技术、安全生产专业知识；

③重大危险源管理、重大事故防范、应急管理和救援组织以及事故调查处理的有关规定；

④职业危害及其预防措施；

⑤国内外先进的安全生产管理经验；

⑥典型事故和应急救援案例分析；

⑦其他需要培训的内容。

(2)《生产经营单位安全培训规定》第八条要求，生产经营单位安全生产管理人员安全培训应当包括下列内容：

①国家安全生产方针、政策和有关安全生产的法律、法规、规章及标准；

②安全生产管理、安全生产技术、职业卫生等知识；

③伤亡事故统计、报告及职业危害的调查处理方法；

④应急管理、应急预案编制以及应急处置的内容和要求；

⑤国内外先进的安全生产管理经验；

⑥典型事故和应急救援案例分析；

⑦其他需要培训的内容。

(3)《生产经营单位安全培训规定》第九条要求，生产经营单位主要负责人和安全生产管理人员初次安全培训时间不得少于32学时。每年再培训时间不得少于12学时。煤矿、非煤矿山、危险化学品、烟花爆竹、金属冶炼等生产经营单位主要负责人和安全生产管理人员初次安全培训时间不得少于48学时，每年再培训时间不得少于16学时。

(4)《生产经营单位安全培训规定》第十三条要求，生产经营单位新上岗的从业人员，岗前安全培训时间不得少于24学时。煤矿、非煤矿山、危险化学品、烟花爆竹、金属冶炼等生产经营单位新上岗的从业人员安全培训时间不得少于72学时，每年再培训的时间不得少于20学时。

(5)《生产经营单位安全培训规定》第十四条要求，厂(矿)级岗前安全培训内容应当包括：

①本单位安全生产情况及安全生产基本知识；

②本单位安全生产规章制度和劳动纪律；

③从业人员安全生产权利和义务；

④有关事故案例等。

煤矿、非煤矿山、危险化学品、烟花爆竹、金属冶炼等生产经营单位厂(矿)级安全培训除包括上述内容外，应当增加事故应急救援、事故应急预案演练及防范措施等内容。

(6)《生产经营单位安全培训规定》第十五条要求，车间(工段、区、队)级岗前安全培训内容应当包括：

①工作环境及危险因素；

②所从事工种可能遭受的职业伤害和伤亡事故；

③所从事工种的安全职责、操作技能及强制性标准；

④自救互救、急救方法、疏散和现场紧急情况的处理；

⑤安全设备设施、个人防护用品的使用和维护；

⑥本车间(工段、区、队)安全生产状况及规章制度；

⑦预防事故和职业危害的措施及应注意的安全事项；

⑧有关事故案例；

⑨其他需要培训的内容。

(7)《生产经营单位安全培训规定》第十六条要求，班组级岗前安全培训内容应当包括：

①岗位安全操作规程；

②岗位之间工作衔接配合的安全与职业卫生事项；

③有关事故案例；

④其他需要培训的内容。

(三)地方政府的相关规定要求

《深圳市生产经营单位安全生产主体责任规定》第二十六条要求，从业人员上岗前安全生产教育和培训应当包括：

(1)本单位安全生产情况和安全生产基本知识；

(2)本单位安全生产规章制度和劳动纪律；

(3)从业人员安全生产权利和义务；

(4)工作环境和危险因素；

(5)安全操作规程；

(6)自救互救方法和现场紧急情况的处理；

(7)预防事故和职业病危害的措施以及应注意的安全事项；

(8)其他需要培训的安全生产内容。

三、教育和培训形式

从业人员接受安全教育和培训的形式多种多样，《生产经营单位安全培训规定》第十九条要求，“生产经营单位从业人员的安全培训工作，由生产经营单位组织实施。生产经营单位应当坚持以考促学、以讲促学，确保全体从业人员熟练掌握岗位安全生产知识和技能；煤矿、非煤矿山、危险化学品、烟花爆竹、金属冶炼等生产经营单位还应当完善和落实师傅带徒弟制度”。

《生产经营单位安全培训规定》第二十条要求，“具备安全培训条件的生产经营单位，应当以自主培训为主；可以委托具备安全培训条件的机构，对从业人员进行安全培训。不具备安全培训条件的生产经营单位，应当委托具备安全培训条件的机构，对从业人员进行安全培训”。

对于生产经营单位具备培训条件，自行组织安全生产教育和培训可以按不同层级的从业人员参加不同层级的教育和培训，一般可以划分为公司(厂)级、部门级和班组级教育和培训方式。

（一）公司级教育和培训方式

(1)公司参与或选派人员(一般为主要负责人和安全管理人员)参与主管部门组织开展的安全教育培训活动;

(2)组织开展安全管理活动,包括由安全技术管理部门制订公司每年培训需求计划、每年至少组织一次全员安全生产教育和培训、每季度至少一次安委会、每月一次安全例会,以及专题会、表彰会、座谈会或者采用安全信息、简报、通报等形式,总结、评比安全生产工作等;

(3)组织开展安全知识培训活动,包括安全教育培训班、安全技术知识讲座、安全技术交流、竞赛活动等;

(4)组织开展安全文化宣传活动,包括安全月活动、安全生产展览、张贴宣传画、标语,设置警示标志,以及利用广播、电影、电视、录像进行安全教育等;

(5)组织开展公司级应急演练,每年至少一次;

(6)组织召开典型事故(包括行业事故)分析会、责任追究、整改防范等,落实四不放过原则。

（二）部门级教育和培训方式

(1)部门参与或选派人员(一般为安全管理人员)参与公司级安全教育培训活动;

(2)组织开展安全管理活动,包括制订部门每年培训需求计划、定期召开每月一次安全例会,以及其他专题会、表彰会、座谈会等形式,总结、评比安全生产工作等;

(3)组织开展安全知识培训活动,包括每月至少一次安全培训,以及专门的安全教育培训班、安全技术知识讲座、安全管理经验交流、班组现场管理竞赛活动、培训考核、网络培训、继续教育等;

(4)组织开展安全文化宣传活动,包括安全月活动、安全生产展览、张贴宣传画、标语,设置警示标志等;

(5)组织开展部门级应急演练和专项处置方案的实操演练,每半年至少一次;

(6)组织召开典型事故(包括行业事故)现场会、分析会、责任追究、整改防范等,落实四不放过原则。

（三）班组级教育和培训方式

(1)班组参与或选派人员(一般为班组长或班组骨干人员)参与公司级、部门级安全教育培训活动;

(2)组织开展安全管理活动,包括:每天落实班前班后交代安全注意事项、每项作业(受限空间、动火作业及维修保养等)前进行安全措施交底,定期召开至少每周一次班组安全总结、评比安全生产工作等；

（3）组织开展班组安全知识培训活动，针对安全生产、职业道德、业务知识和操作规程等，至少每周一次安全培训等；

（4）组织开展安全文化宣传活动，包括安全月活动、安全生产专栏、板报、随手拍等；

（5）组织开展专项作业实操以及结合专项处置方案的实操培训，落实师傅带徒弟制度；

（6）组织每件事故现场会、分析会、责任追究、整改防范等，落实四不放过原则，另外对行业典型事故案例的通报和事故报告进行学习，防范类似事故发生。

此外，对新招收录用人员和转岗人员的从业人员实行岗前三级教育培训，包括入厂（公司）教育培训、车间（部门）教育培训和班组教育培训，未完成岗前三级教育培训或培训考核结果不合格，不得上岗作业。

从业人员要积极参加各种形式的安全教育培训，掌握安全知识和安全技能，提高安全意识，确保取得实效，达到培训预期的效果。

四、教育和培训主要要求

建立完善的安全生产教育和培训档案，是保证安全生产教育和培训质量的基础。安全生产教育和培训档案，不仅是从业人员安全生产教育和培训的记录轨迹，也是事故发生后，追究相关人员责任的重要依据。生产经营单位应当指定专人负责，档案的范围应当包括本单位主要负责人、有关负责人、安全生产管理人员、特种作业人员、职能部门工作人员、班组长以及其他从业人员。档案的内容应当详细记录每位从业人员参加安全生产教育培训的时间、内容、考核结果和复训情况等。档案应当依法保存，不得擅自修改、伪造。档案除电子文档形式外，原则上还应当有纸质文件形式。

以公司培训计划为指引、以部门培训计划为框架、以班组培训为落实重点，实施培训目标管理，不断重复每一个 TPDCA，持续改进，落实主体责任，实现本质安全。安全培训目标管理流程见图 4-1。

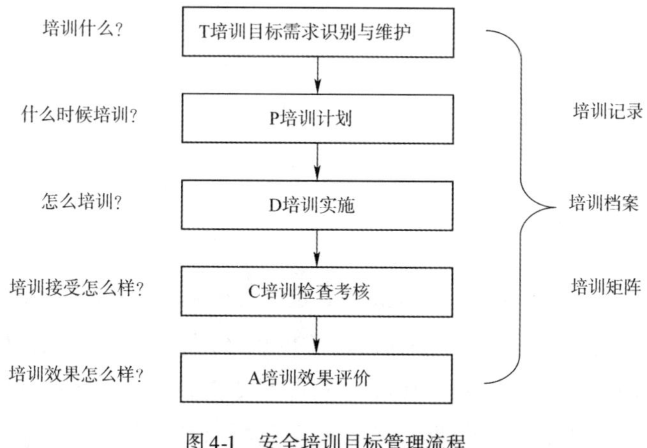

图 4-1 安全培训目标管理流程

五、教育和督促遵章守规

《安全生产法》第四十一条要求,“生产经营单位应当教育和督促从业人员严格执行本单位的安全生产规章制度和安全操作规程;并向从业人员如实告知作业场所和工作岗位存在的危险因素、防范措施以及事故应急措施”。

本条突出企业应在安全生产规章制度、安全操作规程、从业人员知情权、危险因素及防范几个方面遵守规定。

(一)安全生产规章制度、安全操作规程

(1)安全生产规章制度是生产经营单位根据有关安全生产的法律、法规以及有关国家标准或者行业标准,结合本单位实际情况制定的安全生产方面的具体制度和要求。

安全生产规章制度是单位规章制度的重要组成部分,是保证生产经营活动安全、顺利进行的重要手段。生产经营单位的安全生产规章制度主要包括两个方面的内容:一是安全生产管理方面的规章制度,二是安全技术方面的规章制度。

(2)安全操作规程是指为保障安全生产,对岗位操作的具体技术要求。

(3)生产经营单位的安全生产规章制度和安全操作规程具有很强的针对性和可操作性,对保障安全生产意义重大。从业人员是生产经营活动的直接实施者,其是否严格遵守本单位的安全生产规章制度和安全操作规程,直接决定着生产能否安全进行。

近年来,我国发生的多起事故,都与作业人员不严格执行安全生产规章制度和安全操作规程有关。部分企业安全生产规章制度和安全操作规程本身不完善,对从业人员的教育和培训不到位,使得从业人员不能熟知和掌握安全生产规章制度和安全操作规程,加上企业督促措施不严格,从而导致盲目操作、发生生产安全事故。

因此,一方面,生产经营单位要完善安全生产规章制度和安全操作规程、并对从业人员进行教育和培训,保证从业人员熟知安全生产规章制度和安全操作规程,经考核合格;另一方面,生产经营单位还要结合本单位实际,制定有针对性的制度,采取多种有效的措施(包括奖惩措施),监督、促使从业人员严格遵守本单位的安全生产规章制度和安全操作规程,对不遵守安全生产规章制度和安全操作规程的从业人员要采取适当的措施,促使其改正,自觉贯彻执行。

(二)从业人员知情权

本条还对从业人员知情权的保障作出了规定。知情权是一种基本人权,属于生存权和发展权的一部分。劳动者职业安全健康知情权的范围很广,与生命健康权有着密切的联系。对于可能造成人身伤害的职业危害及其避免危害的知情权,是保护劳动者自身生命健康权的重要前提。本条主要从要求生产经营单位对作业场所和工作岗位存在危险因素、防范措施以及应急措施等情况向从业人员予以告知的角度,对保障从业人员知情权的问题进行了

规定。告知的内容包括三个方面：

(1)作业场所和工作岗位存在的危险因素的种类、性质以及可能导致何种生产安全事故；

(2)对这些危险因素的防范措施；

(3)针对该作业场所和工作岗位可能导致的生产安全事故的种类和特点，事先制定的在发生生产安全事故时的应急措施。

(三)危险因素及防范

生产经营活动的性质多种多样，作业场所和工作岗位存在危险因素是难免的。相对于从业人员来说，生产经营单位对作业场所和工作岗位存在的危险因素、应当采取的防范措施和事故应急措施了解得更为清楚。因此，生产经营单位有义务告知从业人员作业场所和工作岗位存在的危险因素、应当采取的防范措施和事故应急措施。这一方面有利于使从业人员做到心中有数，提高安全生产意识和事故防范能力，减少事故发生，降低事故损失；另一方面也是从业人员知情权的体现。因此，本条规定对作业场所和工作岗位存在的危险因素、应当采取的防范措施和事故应急措施，生产经营单位应当按实际情况如实告知从业人员，不得隐瞒、保留，更不能欺骗从业人员。

通过发放岗位风险告知卡、制作岗位风险告知牌，落实从业人员的知情权，风险告知卡(牌)内容应包括：岗位名称、岗位风险等级、风险因素、危害后果、防护措施、应急措施、应急电话等。

六、处罚

《安全生产法》第九十四条，对“未按照规定对从业人员进行安全生产教育和培训，或者未按照规定如实告知有关的安全生产事项的”“未如实记录安全生产教育和培训情况的”“未将事故隐患排查治理情况如实记录或者未向从业人员通报的”，由有关部门责令限期改正，可以处五万元以下的罚款；逾期未改正的，责令停产停业整顿，并处五万元以上十万元以下的罚款，对其直接负责的主管人员和其他直接责任人员处一万元以上二万元以下的罚款。

第三节　从业人员的继续教育

一、继续教育规定

《道路运输从业人员管理规定》第三十七条要求，“经营性道路客货运输驾驶人员和道路危险货物运输驾驶人员在岗从业期间，应当按照规定参加继续教育”。

这里所指的继续教育只针对驾驶人员，其他从业人员并没有规定，由此可见，由于驾驶人员在道路运输中所处的重要性，对驾驶人员要求更加严格。

二、驾驶人员继续教育

《道路运输驾驶员继续教育办法》第六条要求，“交通运输部统一制定道路运输驾驶人员继续教育大纲并向社会公布。继续教育大纲内容包括道路运输相关政策法规、职业道德、运输安全和节能减排等”。

第八条要求，“道路运输驾驶人员继续教育周期为2年。道路运输驾驶人员在每个周期接受继续教育的时间累计应不少于24学时”。

第九条要求，“道路运输驾驶人员继续教育以接受道路运输企业组织并经县级以上道路运输管理机构备案的培训为主。不具备条件的运输企业和个体运输驾驶人员的继续教育工作，由其他继续教育机构承担。继续教育还包括以下形式：①经许可的道路运输驾驶人员从业资格培训机构组织的继续教育；②交通运输部或省级交通运输主管部门备案的网络远程继续教育；③经省级道路运输管理机构认定的其他继续教育形式”。

因此，开展驾驶人员继续教育应注意三点：

(1)每2年组织一次，完成继续教育大纲内容，时间累计应不少于24学时；

(2)具备条件的企业经主管部门备案后可以自主开展继续教育；

(3)由继续教育机构承担的继续教育也可以采用多种形式，如网络远程继续教育、继续教育上门培训班、继续教育定点培训班等。

具备条件、自主开展继续教育培训工作自然是企业的首选；由继续教育机构开展网络远程继续教育也是比较受欢迎的模式，人数可多可少，培训时间个人灵活掌握；对于人员较多的企业可以选择上门集中培训；对于网络不方便的个别少数人员可以选择报名参加定点培训班；对于错过培训周期的人员，也可以进行补培。对企业而言，驾驶人员继续教育需求是：方便工作、达到良好的效果，完成继续教育培训要求。

三、再培训

《生产经营单位安全培训规定》第九条要求，“生产经营单位主要负责人和安全生产管理人员初次安全培训时间不得少于32学时。每年再培训时间不得少于12学时。煤矿、非煤矿山、危险化学品、烟花爆竹、金属冶炼等生产经营单位主要负责人和安全生产管理人员初次安全培训时间不得少于48学时，每年再培训时间不得少于16学时”。

《生产经营单位安全培训规定》第十三条要求，“生产经营单位新上岗的从业人员，岗前安全培训时间不得少于24学时。煤矿、非煤矿山、危险化学品、烟花爆竹、金属冶炼等生产经营单位新上岗的从业人员安全培训时间不得少于72学时，每年再培训的时间不得少于20学时”。

根据《生产经营单位安全培训规定》的规定，再培训以每年为一个周期，由企业自主组织开展，所有从业人员都应当参加。对危险货物道路运输主要负责人和安全生产管理人员，每年再培训时间不得少于16学时；危险货物道路运输驾驶人员、押运人员、装卸管理人员每年再培训的时间不得少于20学时。再培训实质是工作中的继续教育,在实际工作中,就是作为日常教育培训管理,通常安排方式是每年制定培训计划,每月按计划安排2学时以上的培训,全年总计即可完成再培训的要求。对驾驶人员来说,既要完成每年20学时以上的再培训,还要完成每2年一次24学时以上的继续教育。

第四节　从业人员的聘用

从业人员的聘用涉及两个层面,一是聘用安全管理人员(包括安全总监);二是聘用从业人员(此处专指驾驶人员、押运人员、装卸管理人员)。

一、安全管理人员

危险货物道路运输企业应建立起规范、完善的专职安全管理人员聘用机制与奖惩机制。按照国家相关法规规定,严格执行各类人员安全资格准入制度,加强安全管理人员队伍建设,确保专职安全管理人员队伍的整体素质。

(一)安全管理人员聘用标准

(1)身体条件:身体健康,无重大疾病。

(2)教育程度:专职安全管理员必须具备高中以上文化程度。

(3)工作经验:有道路运输安全管理及相关工作经验。

(4)资质要求:熟悉道路危险货物运输行业,掌握基本知识和实践经验,准确把握道路危险货物运输的各项法律法规、规章制度和实用管理技术等内容;经过有关部门统一组织考试合格,取得安全生产知识和管理能力合格证。

(5)学习能力:安全管理人员必须定期接受相关部门规定学时的再培训,不断更新知识,提升自身素质,从而提高安全生产管理水平。

(6)其他要求:如已婚并拥有稳定家庭;为人正直、原则性强,工作认真负责,具备社会责任和安全意识;无犯罪记录;过去三年内没有重大车辆交通事故、酒后开车和其他严重交通违法行为。

(二)安全总监聘用标准

一些地方政府出台的规定要求危险货物道路运输企业配备安全总监职位。《深圳市生产经营单位安全生产主体责任规定》第十一条要求,高危生产经营单位从业人员在50人以上的或者其他生产经营单位从业人员在300人以上的,应当设置安全总监,作为本单位专门负责安全生产的分管负责人,履行本规定第十条规定的安全生产管理职责。安全总监应当熟悉安全生产业务,掌握安全生产法律法规知识,并满足以下条件之一:

(1)取得注册安全工程师资格;

(2)具备安全工程、工程经济类专业本科以上学历,并具有3年以上安全生产管理工作经历；

(3)具备其他专业本科以上学历或者获得工程师以上职称,并具有5年以上安全生产管理工作经历。

(三)第三方背景调查

对于符合以上标准的拟聘用安全管理人员,公司人力资源部门可以在聘用前或在必要时通过专门的第三方专业调查公司,对拟聘用人员进行调查,主要包括网络查验、专业查验以及与公安联网查验等方式,查验身份信息、毕业文凭、职称资质、安全管理人员资质、工作履历等,确定其真实性。

二、从业人员聘用条件

危险货物道路运输企业普遍反映,聘用适合本企业的从业人员比较难,留住从业人员更难。当然,也存在不适合本企业工作的从业人员解聘难的问题。

从业人员聘用条件,是指危险货物道路运输企业在聘用从业人员时,考察、选择从业人员的有关条件。其中包括法规要求、企业运营要求等。在此只是介绍一些基本条件和理念。

(1)危险货物道路运输从业人员必须经从业资格考试合格后,方可取得相应从业资格。具体讲,必须经设区的市级交通运输主管部门考试合格,持证上岗。

(2)危险货物道路运输从业人员有下列情形之一的,不录用:

①道路运输管理机构注销、吊销和撤销从业资格证的;

②机动车驾驶证被注销或者被吊销的;

③超过机动车驾驶证、从业资格证件有效期,未申请换证的;

④从业人员年龄超过60周岁的;

⑤从业人员身体健康状况不符合有关机动车驾驶和相关从业要求且没有主动申请注销从业资格的;

⑥发生重大以上交通事故,且负主要责任的;

⑦发现重大事故隐患,不立即采取消除措施,继续作业的;

⑧被列入道路运输管理机构或公安交通管理部门“黑名单”的;

⑨从事第二职业与道路运输相冲突、休息时间得不到保证的。

(3)为了较全面、更准确了解聘用人员信息,可在聘用从业人员时,通过道路运输管理机构,核实从业资格证是否合法有效,并查询从业人员违章、质量信誉考核、继续教育等情况;通过公安交警部门,查询该人员的交通违法、事故、治安违法等情况。

(4)聘用非本地籍从业人员从业时间超过3个月的,应当在签订聘用合同之日起15日内到辖区运输管理机构备案。也可以根据当地主管部门的要求,在规定时间内到辖区主管运输管理部门备案。

有的危险货物道路运输企业，将系统所有员工分为两类：正式员工和短期聘用员工（即《中华人民共和国劳动合同法》第十二条规定的“以完成一定工作任务为期限的劳动合同”）。正式员工是企业员工队伍的主体，享受运输服务部制度中所规定的各种福利待遇；短期聘用员工指具有明确聘用期的临时工以及少数特聘人员，其享受待遇由聘用合同书中规定。短期聘用员工聘期满后，若愿意继续受聘，企业同意后可与运输服务部续签聘用合同，正式员工和短期聘用员工均应与运输服务部签订合同。参见以下条款：

《中华人民共和国劳动合同法》第十条：建立劳动关系，应当订立书面劳动合同。已建立劳动关系，未同时订立书面劳动合同的，应当自用工之日起一个月内订立书面劳动合同。用人单位与劳动者在用工前订立劳动合同的，劳动关系自用工之日起建立。

《中华人民共和国劳动合同法实施条例》第四条：劳动合同法规定的用人单位设立的分支机构，依法取得营业执照或者登记证书的，可以作为用人单位与劳动者订立劳动合同；未依法取得营业执照或者登记证书的，受用人单位委托可以与劳动者订立劳动合同。第五条：自用工之日起一个月内，经用人单位书面通知后，劳动者不与用人单位订立书面劳动合同的，用人单位应当书面通知劳动者终止劳动关系，无需向劳动者支付经济补偿，但是应当依法向劳动者支付其实际工作时间的劳动报酬。

三、从业人员管理

（1）应加强从业人员管理，建立健全从业人员管理档案。档案具体包括如下内容。

①入职内容：入职申请表、入职考试卷、面试成绩表；入职健康体检表；驾驶人员近三年无重大事故证明；上岗前三级教育及入职审批表；

②证件复印件（必要时包括正反面）：身份证、从业资格证、驾驶证、学历证；

③培训记录：培训、考核和继续教育的记录；

④事故记录：公安、交通部门交通事故、违章情况的记录；

⑤其他：聘用合同复印件及其他需要归档的资料。

（2）建立健全各项管理制度：从业人员岗位职责、安全教育、车辆检查维护、安全行车、事故报告等各项管理制度。

（3）做好培训记录：每月至少召开一次运输部门安全培训，加强道路运输安全教育，并做好培训记录，从业人员应当参加继续教育培训，每两年一次至少24学时。

（4）驾、押双人运输：每次运输必须配备驾驶人员和押运人员；单程400km以上（高速公路600km以上）的，必须配备两名以上驾驶人员；运输车辆每隔2h应停车检查一次危险货物状况，驾驶人员一次连续驾驶车辆达到4h应休息20min以上，24h内实际驾驶时间累计不得超过8h。

（5）从业人员应定期参加体检，对患有疾病严重影响安全驾驶的，一律不准驾驶车辆。

四、从业人员解聘

解聘，是指聘用单位的聘用时间还没有到期，聘任双方解除劳动合同的行为。

（一）解聘的功能

解聘具有以下功能。

1. 解聘不合格的员工

解聘企业中个别的不遵守安全生产规章制度、安全操作规程的人员。如危险货物道路运输企业中，驾驶人员存在超速行驶、疲劳驾驶、抽烟、使用移动电话等习惯性违章操作行为，押运人员不履行对所运危险货物的监控职责，违反操作规程。

2. 淘汰不胜任工作人员

企业用人机制中真正体现优胜劣汰，把部分与工作岗位不相称、不能胜任工作的人员淘汰下来，提高工作效率，减轻企业负担。

3. 消除负面影响

把不合格、不能胜任工作的人员解聘，消除负面影响，同时会刺激消极、观望的员工，他们将因此产生危机感，从而更加认真地对待自己的工作，促进工作积极性，企业的员工队伍因此充满生机和活力。

（二）解聘的原则

(1)以事实为依据。解聘人员要有理由，只有以事实为依据，符合法规和员工手册的规定，才能使被辞退员工心服口服，其他的员工也不会受到影响。

(2)体面。现代化的今天，也应充分考虑被辞退员工的体面，减少因被辞退而给其带来的不快，同时也减少了对企业潜在的威胁。

(3)坚决。勇敢地表达企业的立场，不要拐弯抹角。

(4)迅速。辞退决定一旦做出，就应坚决实施。最忌讳信息已传出，但人力资源部门却无相应行动，尤其是对待有违章行为的员工，速度是越快越好。

（三）解聘的步骤

解聘的步骤可以分以下几步。

1. 解聘准备

调查工作业绩。首先要查出来的是员工有什么样的失误，为什么会有这样的失误，看能否在企业内部调动，让员工更好地发挥技能。如果无法进行内部调动，只好终结雇佣关系。这里的失误，应该是违反企业安全生产责任制、安全生产规章制度、安全操作规程等有关规章制度。

用书面材料说明解雇员工的原因。保留书面警告的副本并记录该员工业绩不良所造成的影响，包括事件日期和详情。关键是要明确解聘的理由。

2. 制定终止雇佣关系的条件并参见以下规定给予补偿

《中华人民共和国劳动合同法》第四十六条规定，有下列情形之一的，用人单位应当向劳动者支付经济补偿：

(1)劳动者依照本法第三十八条规定解除劳动合同的;(用人单位原因解除合同)

(2)用人单位依照本法第三十六条规定向劳动者提出解除劳动合同并与劳动者协商一致解除劳动合同的;(用人单位提出)

(3)用人单位依照本法第四十条规定解除劳动合同的;(情况变化,支付一个月)

(4)用人单位依照本法第四十一条第一款规定解除劳动合同的;(企业破产重整)

(5)除用人单位维持或者提高劳动合同约定条件续订劳动合同,劳动者不同意续订的情形外,依照本法第四十四条第一项规定终止固定期限劳动合同的;(合同期满)

(6)依照本法第四十四条第四项、第五项规定终止劳动合同的;(单位破产、提前解散)

(7)法律、行政法规规定的其他情形。

《劳动合同法实施条例》第二十二条规定,以完成一定工作任务为期限的劳动合同因任务完成而终止的,用人单位应当依照劳动合同法第四十七条的规定向劳动者支付经济补偿。(每满一年支付一个月工资。六个月以上不满一年的,按一年计算;不满六个月的,支付半个月工资)

3. 解聘会谈

(1)准备好进行解雇会谈。整理好需要的文件。准备一下应如何进行会谈。会谈持续的时间不要超过15min。

(2)在独立的会议室中进行会谈。应找工会负责人作为见证人,支持自己的观点,这将会有所帮助。

(3)尊重对方。简要解释解雇的原因,说明这是一个无可挽回的决定。

4. 解聘执行

解释有关解雇的财务安排。

最好让对方提前办理手续,在合同终止那天离开。这可以减少蓄意破坏的可能性,降低对其他员工的负面影响。

收回该员工使用的企业的财物。将员工的私人东西物归原主。

《中华人民共和国劳动合同法》第四十三条规定,用人单位单方解除劳动合同,应当事先将理由通知工会。用人单位违反法律、行政法规规定或者劳动合同约定的,工会有权要求用人单位纠正。用人单位应当研究工会的意见,并将处理结果书面通知工会。第五十条规定,用人单位应当在解除或者终止劳动合同时出具解除或者终止劳动合同的证明,并在十五日内为劳动者办理档案和社会保险关系转移手续。劳动者应当按照双方约定,办理工作交接。用人单位依照本法有关规定应当向劳动者支付经济补偿的,在办结工作交接时支付。用人单位对已经解除或者终止的劳动合同的文本,至少保存二年备查。《中华人民共和国劳动合同法实施条例》第二十四条规定,用人单位出具的解除、终止劳动合同的证明,应当写明劳动合同期限、解除或者终止劳动合同的日期、工作岗位、在本单位的工作年限。

第五节 从业人员的权利义务与职业道德

一、从业人员的权利和义务

《安全生产法》赋予从业人员以下权利和义务。

(一)知情权和建议权

《安全生产法》第五十条明确，生产经营单位的从业人员有权了解其作业场所和工作岗位存在的危险因素、防范措施及事故应急措施，有权对本单位的安全生产工作提出建议。

(二)拒绝违章权和监督权

《安全生产法》第五十一条明确，从业人员有权对本单位安全生产工作中存在的问题提出批评、检举、控告；有权拒绝违章指挥和强令冒险作业。生产经营单位不得因从业人员对本单位安全生产工作提出批评、检举、控告或者拒绝违章指挥、强令冒险作业而降低其工资、福利等待遇或者解除与其订立的劳动合同。

《安全生产法》第五十六条明确，从业人员发现事故隐患或者其他不安全因素，应当立即向现场安全生产管理人员或者本单位负责人报告；接到报告的人员应当及时予以处理。

(三)紧急情况处置权

《安全生产法》第五十二条明确，从业人员发现直接危及人身安全的紧急情况时，有权停止作业或者在采取可能的应急措施后撤离作业场所。生产经营单位不得因从业人员在前款紧急情况下停止作业或者采取紧急撤离措施而降低其工资、福利等待遇或者解除与其订立的劳动合同。

(四)社会保险和民事赔偿权

《安全生产法》第五十三条明确，因生产安全事故受到损害的从业人员，除依法享有工伤保险外，依照有关民事法律尚有获得赔偿的权利的，有权向本单位提出赔偿要求。

生产经营单位必须依法参加工伤保险，为从业人员缴纳保险费；鼓励投保安全生产责任保险。

(五)安全健康保障权

《安全生产法》第四十九条明确，生产经营单位与从业人员订立的劳动合同，应当载明有关保障从业人员劳动安全、防止职业危害的事项，以及依法为从业人员办理工伤保险的事项。生产经营单位不得以任何形式与从业人员订立协议，免除或者减轻其对从业人员因生产安全事故伤亡依法应承担的责任。

(六)接受安全生产教育和培训权

《安全生产法》第五十四条明确,从业人员在作业过程中,应当严格遵守本单位的安全生产规章制度和操作规程,服从管理,正确佩戴和使用劳动防护用品。

《安全生产法》第五十五条明确,从业人员应当接受安全生产教育和培训,掌握本职工作所需的安全生产知识,提高安全生产技能,增强事故预防和应急处理能力。

(七)其他

《安全生产法》第五十七条明确,工会有权对建设项目的安全设施与主体工程同时设计、同时施工、同时投入生产和使用进行监督,提出意见。工会对生产经营单位违反安全生产法律、法规,侵犯从业人员合法权益的行为,有权要求纠正;发现生产经营单位违章指挥、强令冒险作业或者发现事故隐患时,有权提出解决的建议,生产经营单位应当及时研究答复;发现危及从业人员生命安全的情况时,有权向生产经营单位建议组织从业人员撤离危险场所,生产经营单位必须立即作出处理。工会有权依法参加事故调查,向有关部门提出处理意见,并要求追究有关人员的责任。

《安全生产法》第五十八条明确,生产经营单位使用被派遣劳动者的,被派遣劳动者享有本法规定的从业人员的权利,并应当履行本法规定的从业人员的义务。

二、从业人员的职业道德

《道路运输从业人员管理规定》第三十七条要求,“道路运输从业人员应当按照规定参加国家相关法规、职业道德及业务知识培训”。

《公民道德建设实施纲要》(中共中央 2001 年 9 月 20 日)要求,“职业道德是所有从业人员在职业活动中应该遵循的行为准则,涵盖了从业人员与服务对象、职业与职工、职业与职业之间的关系。随着现代社会分工的发展和专业化程度的增强,市场竞争日趋激烈,整个社会对从业人员职业观念、职业态度、职业技能、职业纪律和职业作风的要求越来越高。要大力倡导以爱岗敬业、诚实守信、办事公道、服务群众、奉献社会为主要内容的职业道德,鼓励人们在工作中做一个好建设者”。

危险货物道路运输从业人员职业道德特点是危险货物道路运输从业人员基本素质的体现,职业道德与职业技能一样是从业人员谋生的手段。危险货物道路运输从业人员按照职业道德规范正确处理人员、车辆、货物、道路的职业关系,规范安全行为,履行岗位职责。

由于危险货物道路运输从业人员岗位的特殊性,要求从业人员在职业活动中,不仅要遵守共性的职业道德,还要遵守道路运输特有的职业道德。一方面面对危险货物道路运输的高危特性,始终把安全放在首位;另一方面危险货物道路运输安全不应单是驾驶人员的事,而应是从业人员共同为安全着想,处处落实安全责任,同时,还应当肩负起在道路运输途中一种公共的社会安全责任。其危险货物道路运输从业人员职业道德特别要求主要体现在以下几个方面:

(一)临危不乱

各个行业的职业道德,有着各自鲜明的特点,比如:教师——“为人师表”、医生——“救死扶伤”、军人——“服从命令”、商人——“买卖公平”等,对于具有高危特性的危险货物道路运输,其从业人员职业道德特点应当是“临危不乱”。

“临危不乱”表现为两个方面:一方面,日常面对的危险货物道路运输,其风险管控、隐患排查、应急管理等工作按道路运输安全标准化管理体系有章可循、有条不紊开展工作,就是一种临危不乱的体现;另一方面,当危险货物道路运输发生事故时,危险货物道路运输从业人员应当临危不乱,按照应急预案和处置方案立即采取报警、警戒、自救、互救等措施,在充分保障人身安全的前提下正确、从容应对处置,防止事故发展扩大、防止二次事故的发生,这是临危不乱的本质,是危险货物道路运输行业职业道德的特征体现,是从业人员所必须应有的一种精神。

(二)见义勇为

当人民群众安全受到威胁、社会公共利益受到危害时,挺身而出、见义勇为是每一个有担当的公民应有的责任。道路运输的高危性就在于道路运输各类意外事故时有发生,并且还相对严重,特别是发生交通事故一般还伴随发生人员受伤、在道路运输途中出现急需救助的病人、发生他人车辆意外着火事件等。此时急需有人伸出援手,危险货物道路运输从业人员有着相对较高的应急救护知识,随车还有一定的应急用品,发扬见义勇为的精神,也许就能解燃眉之急,推崇危险货物道路运输从业人员见义勇为是奉献社会的具体体现。

(三)防御运输

防御运输的管理理念是以防御性驾驶为基础,结合防御性押运、防御性安全管理,达到运输全过程、全方位的防御性,实现运输的本质安全。

(1)防御性驾驶。防御性驾驶是驾驶人员的安全必修课,不管是新老驾驶人员,防御性驾驶已经较为普及了,严格按照防御性驾驶的要求,保障运输安全。

(2)防御性押运。由于防御性驾驶是针对只有一个驾驶人员驾驶车辆的情况,而对于危险货物道路运输在全过程都是至少有两个人,即除驾驶人员外还有押运人员,因此,从管理上提出一个防御性押运,即押运人员除全过程负有对危险货物监管职责以外,增加对驾驶人员的监管和对路况的辅助观察以及倒车时下车指挥等职责,比如:当驾驶人员发生疲劳状况时,押运人员有责任立即提醒;当发生驾驶人员准备拨打移动电话、抽烟或车速达到内控限速或刚刚发生超速等,押运人员有责任立即阻止,从而防止违章行为的发生,确保危险货物道路运输的安全。

(3)防御性安全管理。危险货物道路运输车辆全部安装有行驶记录仪,有条件的地区或企业还加装了视频监控,并建设有监控平台,安排值守人员 24 小时后台监控,对发生驾驶人员准备拨打移动电话、抽烟或车速达到内控限速或刚刚发生超速等行为都可以自动发出预警,此时后台人员应立即联络押运人员或者后台发出指令自动语音通知,立即制止危险驾驶行为,从而与押运人员一起共同做好危险货物道路运输的安全保障工作。

另外,安全管理人员加强风险分级管控、隐患排查治理,比如:调度人员掌握天气情况、危险货物的特性、出车前人员状态,合理安排运输任务;车管人员掌握车辆性能、维护保养情况及车辆状况等。同时,加强应急管理,为危险货物道路运输安全提供保障支持。

因此,防御运输就是所有从业人员把共同落实危险货物道路运输全方位防御性安全保障、共同执行安全第一、共同遵守交通运输安全法规,作为安全职责和职业道德的内容之一,自觉履行,拒绝违章,全面落实道路运输安全标准化管理体系,实现危险货物道路运输本质安全。

第六节　驾驶人员运输过程的管理

危险货物道路运输企业的生产经营活动,是由每个驾驶人员独立驾驶每一辆车完成的运输任务组成。故其安全管理的对象、重点是驾驶人员。在此以某企业为例,专门介绍对驾驶人员运输过程的安全管理。

企业的专职安全管理人员,应根据《危险货物道路运输企业安全生产档案管理技术要求》(JT/T 914—2014)建立危险货物道路运输从业人员的档案(或者查阅已有的档案)。危险货物道路运输从业人员档案应至少包括下列内容:①劳动关系合同;②姓名、性别、出生年月日、学历、岗位、简历等基本信息;③身份证、机动车驾驶证、从业资格证复印件;④从业情况记录(包括诚信考核记录,违法、违章、事故记录)。

在此强调,在从业情况记录中,要注意从业人员是否存在妨碍安全驾驶疾病及生理缺陷包括:心血管系统疾病(器质性心脏病);神经系统疾病(癫痫发作者或曾有既往病史、美尼尔氏症、眩晕症、癔症、震颤麻痹和影响手脚活动的脑病);精神障碍(精神病、痴呆);生理缺陷(运动功能障碍、四肢不全)等。专职安全管理人员应从档案中,了解从业人员的基本情况,尤其是从业人员疾病、生理缺陷等问题。安全管理人员要了解从业人员的情况并记录,见图4-2。

图4-2　安全管理人员了解从业人员情况

一、出车前的安全管理

出车前的安全管理，主要是出车前对驾驶人员状况的询问（图4-2）。

专职安全管理人员应当在运输作业前询问驾驶员身体、精神、饮酒等状况并对询问事项做好记录，防止带病驾驶、疲劳驾驶和酒后驾驶等不适合驾驶的情形发生；告知驾驶人员运输线路、时间、注意事项以及在异常天气等影响安全的情况下应采取的安全措施。

1. 防止带病驾驶

驾驶人员带病驾驶容易导致意外事故的发生。机动车驾驶人员应当遵守道路交通安全法律、法规的规定，按照操作规范安全驾驶、文明驾驶。饮酒、服用国家管制的精神药品或者麻醉药品，或者患有妨碍安全驾驶机动车的疾病，或者过度疲劳影响安全驾驶的，不得驾驶机动车。专职安全管理人员或车辆调度应当在驾驶人员运输作业前提前询问并做好记录。

如驾驶人员身体条件发生变化，不适合驾驶机动车的，车辆管理所应当注销其机动车驾驶证并在登记资料中注明。

2. 预防疲劳驾驶

驾驶人员要注意按时休息，一次连续驾驶4h，应休息20min，连续24h内驾驶车辆的时间不要超过8h。专职安全管理人员或车辆调度应当在驾驶人员运输作业前，提醒驾驶员行车注意休息，并询问驾驶人员的驾驶时间情况，做好记录，预防疲劳驾驶。

3. 严防酒后驾车

驾驶人员酒后驾车会导致思维判断能力下降；注意力偏向一方，转换和支配注意力的能力下降到50%以下；记忆力发生障碍，记忆和认知能力降低；情绪不稳定，性格发生暂时性变化；驾驶操作能力下降等。有学者研究表明，当血液中酒精含量达到0.5mg/mL时，驾驶机能受到影响，辨色力降低，选择反应时间增加，错误反应增加46%。对于危险货物道路运输驾驶人员来说，酒后驾车的危害更为严重。因此，专职安全管理人员或车辆调度应在驾驶人员出车前询问、观察并记录其是否饮酒，以确保危险货物运输安全，如图4-3所示。

图4-3 出车前面对面的询问

二、运输途中的安全管理

1. 运输安全技术

(1)危险货物运输作业和行驶过程中严禁携带火种,严禁吸烟、饮酒。

(2)危险货物道路运输车辆不应超载、超限、超速行驶。

(3)运输危险货物的车厢应保持清洁干燥,不得任意处置车上残留物。

(4)运输危险货物应根据货物性质,采取相应的遮阳、控温、防爆、防静电、防火、防震、防水、防冻、防粉尘飞扬、防撒漏等措施。

(5)装载有危险货物的车辆不应停放在企业或单位自备停车场。

(6)运输危险废物时,应采取防止污染环境的措施,并遵守国家有关危险货物运输管理的规定。

(7)夏季高温期间限制运输的危险货物,应按有关规定和标准进行运输。

(8)运输剧毒化学品时,应事先依法取得《剧毒化学品公路运输通行证》,按指定路线、时间、速度行驶。并设专人押运,防止被盗、丢失。

(9)在危险货物道路运输途中发生被盗、丢失、流散、泄漏等情况时,驾驶人员应立即向当地公安部门和本运输企业或单位报告,并采取警示措施。

(10)危险货物道路运输车辆不应搭乘无关人员。

2. 运输路线监管

(1)危险货物道路运输驾驶员在运输过程中行驶路线要按照公安部门指定路线行驶;

(2)停车地点一定要选择得当,不得在水库、隧道、桥梁等重要保护区域内、机关、学校、桥梁、仓库和人员稠密地区停车,需要停车或者遇有无法正常运输的情况时,应向公安机关报告,需要长时间停车时,驾驶员应作相应的安全防护措施;

(3)必要时还应有备选路线,不得擅自改变运输计划;

(4)尽量避开人员密集的地段,避开冰雪路段、有障碍的路段等。

3. 文明安全驾驶

(1)在运输过程应严格遵守限速规定;

(2)确认有足够的安全车间距离,主动避让其他车辆;

(3)车辆行驶过程中,避免紧急制动、急转弯或车速过快,车辆转弯前应减速。

4. 注意异常天气

雨雪、雾、冰雹、大风、闪电都会对行车安全造成不利影响,遇雨雪、雾等恶劣天气,最高车速不得超过20km/h,及时打开紧急报警闪光灯,警示后车,防止追尾。

5. 注意不同路况

(1)高速公路相对封闭,车流量大,发生道路安全事故后果较为严重,极易引发二次事故;

(2)山区道路坡陡弯急,道路狭窄,转弯制动时存在极大风险;

(3)城市道路车中复杂,速度差别大,交叉口多,人流、车流易混杂,因此车辆在此行驶会面临多种风险;

(4)在不同路况上通行,驾驶员必须严格遵守《道路交通安全法》,注意观察交通信号、标志、标线,严格控制车速,高速公路上车速不大于70km/h,城市道路上车速不大于40km/h。

6.疲劳驾驶监管

在运输途中,专职安全管理人员或GPS监控员应当根据驾驶人员的行车时间,通过车载设备提醒驾驶人员注意休息,防止驾驶人员疲劳驾驶。

专职安全管理人员运输途中的安全管理,见图4-4。

图4-4　运输途中的安全管理

三、运输结束后的安全管理

运输作业结束后,驾驶、押运人员应主动向专职安全管理人员或调度员汇报运输途中发现的问题,包括路况、车况、运行和自身等情况等(图4-5)。专职安全管理人员或调度员应做

图4-5　运输结束后的询问

好记录,对行车中发现的车辆故障,安排专业人员做好交接记录、维修。

需要交接的车辆,当班和接班驾驶员要做好车辆车况及所运货物的交接,并做好交接记录。

通过上述管理,形成封闭(闭环)管理模式。一般讲,从出车前,到运输途中,再回到企业,形成一个封闭管理。如果将封闭管理范围再扩大一些,要在出车前的管理中,增加对驾驶员在家庭情况的了解。如是否有打牌、聚会、酗酒、吵架等影响休息和情绪的情况,如此形成良性的循环。

值得一提的是,为了加强对驾驶员运输过程的管理,提示驾驶员对车辆进行检查和安全驾驶,辽宁省交通厅运输管理局结合不同季节的行车特点,制作了《辽宁省道路危险货物运输行车安全日志》(图 4-6)。

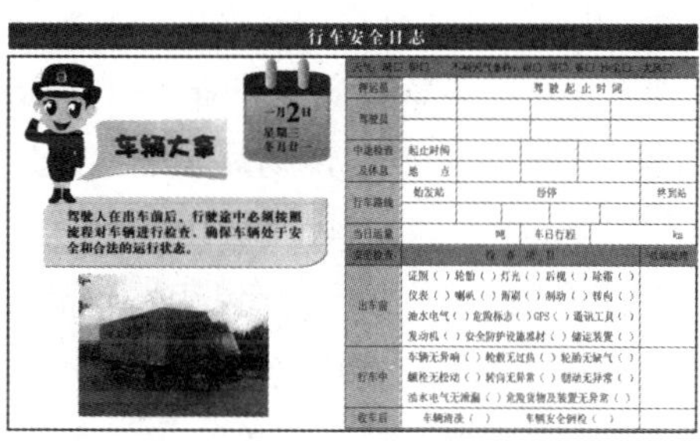

图 4-6 《辽宁省道路危险货物运输行车日志》

第五章　凭证道路运输

危险货物道路运输要遵守《道路危险货物运输管理规定》，实行许可制度，但是对一些特定种类危险货物的道路运输另有规定的，从其规定。特定种类危险货物即特殊货物（物质）道路运输按专门的要求，实行凭证运输。

根据“专项（专门、特别）法律优于通用（一般）法律”的基本法理，安全管理人员要特别注意，根据专项法规的要求办理相关货物运输的凭证手续后才能进行运输。

“专项优于通用”是指，在同级法规比较时，专项（专门、特别）的条例优于通用（一般）的条例。如《危险化学品安全管理条例》（国务院令第 591 号）在附则的第九十七条说明：民用爆炸物品、烟花爆竹、放射性物品、核能物质以及用于国防科研生产的危险化学品的安全管理，不适用本条例。这样，民用爆炸物品、烟花爆竹的道路运输就属于专项道路运输，应执行各自相关的专项条例，即执行《民用爆炸品安全管理条例》（国务院令第 466 号、自 2006 年 9 月 1 日起施行）、《烟花爆竹安全管理条例》（国务院令第 455 号、自 2006 年 1 月 21 日起施行）。交通运输部为解释其有关法律关系和有关单位的问题，专门下发了《关于对采用集装箱运输奥运会烟花爆竹的批复》（厅公路便〔2008〕20 号）、《关于〈关于民用爆炸物品运输是否应纳入道路危险货物运输行业管理的请示〉的复函》（交运发〔2010〕105 号），都是说明民用爆炸品、烟花爆竹从其专项条例。

第一节　剧毒化学品道路运输

一、剧毒化学品的定义和判定界限

《危险化学品目录（2017 版）》定义：具有毒害、腐蚀、爆炸、燃烧、助燃等性质，对人体、设施、环境具有危害的剧毒化学品和其他化学品。

一般讲，剧毒化学品是指具有剧烈急性毒性危害的化学品，包括人工合成的化学品及其混合物和天然毒素，还包括具有急性毒性易造成公共安全危害的化学品。

剧烈急性毒性判定界限：急性毒性类别 1，即满足下列条件之一：大鼠实验，经口 $LD_{50} \leqslant$ 5mg/kg，经皮 $LD_{50} \leqslant$ 50mg/kg，吸入（4h）$LC_{50} \leqslant$ 100mL/m^3（气体）或 0.5mg/L（蒸气）或 0.05mg/L（尘、雾）。经皮 LD_{50} 的实验数据，也可使用兔实验数据。

二、对道路运输的要求

剧毒化学品属于危险化学品，剧毒化学品的道路运输纳入《道路危险货物运输管理规定》管理。

《危险化学品安全管理条例》和《道路危险货物运输管理规定》对剧毒化学品道路运输有相关的要求。

(一)许可制度

国家对剧毒化学品的运输实行严格管理和许可制度,交通运输主管部门负责运输企业、车辆的资质和从业人员资格的许可,公安机关负责核发剧毒化学品道路运输通行证,并负责运输车辆的道路交通安全管理。

(二)企业资质

申请从事剧毒化学品道路运输经营的企业,应当依法向工商行政管理机关办理有关登记手续后,向所在地设区的市级道路运输管理机构提出申请,在《道路危险货物运输经营申请表》中要注明申请运输的危险货物范围(类别、项别或品名,应当标注“剧毒”);应当自有专用车辆(挂车除外)10 辆以上;运输剧毒化学品专用车辆以及罐式专用车辆,数量为 20 辆(含)以下的,停车场地面积不低于车辆正投影面积的 1.5 倍,数量为 20 辆以上的,超过部分,每辆车的停车场地面积不低于车辆正投影面积。运输剧毒化学品的企业或者单位,应当配备专用停车区域,并设立明显的警示标牌。

(三)运输车辆资质

对剧毒化学品道路运输符合许可条件的专用车辆配发《道路运输证》,并在《道路运输证》经营范围栏内注明允许运输的危险货物类别、项别或者品名,应标注“剧毒”。运输剧毒化学品的车辆,应当配备罐式、厢式专用车辆或者压力容器等专用容器。运输剧毒化学品的罐式专用车辆的罐体容积不得超过 $10m^3$,但符合国家有关标准的罐式集装箱除外。运输剧毒化学品的非罐式专用车辆,核定载质量不得超过 10t,但符合国家有关标准的集装箱运输专用车辆除外。

(四)从业人员资格

从事剧毒化学品道路运输的驾驶人员、装卸管理人员、押运人员,应当经所在地设区的市级人民政府交通运输主管部门考试合格,取得注明为“剧毒化学品运输”类别的从业资格证。

(五)道路运输管理

通过道路运输剧毒化学品的,应当配备押运人员,并保证所运输的危险化学品处于押运人员的监控之下。运输剧毒化学品需要较长时间停车的,以及在道路运输途中丢失、被盗、被抢或者出现流散、泄漏等情况的,驾驶人员、押运人员应当立即采取相应的警示措施和安全措施,并向当地公安机关报告。

(六)道路运输通行证办理

通过道路运输剧毒化学品的,托运人应当向运输始发地或者目的地县级人民政府公安机关申请剧毒化学品道路运输通行证。

申请剧毒化学品道路运输通行证,托运人应当向县级人民政府公安机关提交下列材料:

(1)拟运输的剧毒化学品品种、数量的说明;

(2)运输始发地、目的地、运输时间和运输路线的说明;

(3)承运人取得危险货物道路运输许可、运输车辆取得营运证以及驾驶人员、押运人员取得上岗资格的证明文件;

(4)购买剧毒化学品的相关许可证件,或者海关出具的进出口证明文件。

县级人民政府公安机关应当自收到申请材料之日起7日内,作出批准或者不予批准的决定。予以批准的,颁发剧毒化学品道路运输通行证;不予批准的,书面通知申请人并说明理由。

三、有关处罚

(1)未取得剧毒化学品道路运输通行证,通过道路运输剧毒化学品的,由公安机关责令改正,处5万元以上10万元以下的罚款;构成违反治安管理行为的,依法给予治安管理处罚;构成犯罪的,依法追究刑事责任。

(2)有下列情形之一的,由公安机关责令改正,处1万元以上5万元以下的罚款;构成违反治安管理行为的,依法给予治安管理处罚:

①剧毒化学品运输车辆未悬挂或者喷涂警示标志,或者悬挂或者喷涂的警示标志不符合国家标准要求的(外观标志除按一般危险货物规定要求外,应在车辆两侧面厢板几何中心部位附近的适当位置各增加一块悬挂标志牌,还应当安装安全标示牌);

②通过道路运输剧毒化学品,不配备押运人员的;

③运输剧毒化学品途中需要较长时间停车,驾驶人员、押运人员不向当地公安机关报告的;

④剧毒化学品在道路运输途中丢失、被盗、被抢或者发生流散、泄漏等情况,驾驶人员、押运人员不采取必要的警示措施和安全措施,或者不向当地公安机关报告的。

(3)从事剧毒化学品道路运输驾驶人员、装卸管理人员、押运人员未取得标注"剧毒"的从业资格上岗作业的,其道路危险货物运输企业或者单位以及托运人,由县级以上道路运输管理机构责令改正,并处5万元以上10万元以下的罚款,拒不改正的,责令停产停业整顿;构成犯罪的,依法追究刑事责任。

第二节　易制爆危险化学品道路运输

易制爆危险化学品是指可用于制造爆炸物品的危险化学品。《危险化学品安全管理条例》(国务院令第591号)对易制爆危险化学品的道路运输提出相关要求。

一、易制爆危险化学品运输管理的要求

首先要明确，易制爆危险化学品属于危险化学品，纳入《道路危险货物运输管理规定》管理。

(1)通过道路运输易制爆危险化学品的，应当向当地公安机关报告，应当配备押运人员，并保证所运输的化学品处于押运人员的监控之下。途中因住宿或者发生影响正常运输的情况，需要较长时间停车的，驾驶人员、押运人员应当采取相应的安全防范措施。

(2)易制爆危险化学品在道路运输途中丢失、被盗、被抢或者出现流散、泄漏等情况的，驾驶人员、押运人员应当立即采取相应的警示措施和安全措施，并向当地公安机关报告。有关部门应当采取必要的应急处置措施。

二、运输及有关处罚条款

易制爆危险化学品运输应取得与具体品名相对应的危险货物类别道路运输许可证。

有下列情形之一的，由公安机关责令改正，处 1 万元以上 5 万元以下的罚款；构成违反治安管理行为的，依法给予治安管理处罚。

(1)易制爆危险化学品运输车辆未悬挂或者喷涂警示标志，或者悬挂或者喷涂的警示标志不符合国家标准要求的；

(2)通过道路运输易制爆危险化学品，不配备押运人员的；

(3)运输易制爆危险化学品途中需要较长时间停车，驾驶人员、押运人员不向当地公安机关报告的；

(4)易制爆危险化学品在道路运输途中丢失、被盗、被抢或者发生流散、泄漏等情况，驾驶人员、押运人员不采取必要的警示措施和安全措施，或者不向当地公安机关报告的。

三、易制爆危险化学品名录

《易制爆危险化学品名录》(2017 年版)包含 9 类、细分为 95 个名称。易制爆危险化学品化学特性主要分为氧化剂、还原剂、燃料类别，属于易用于制造爆炸性物品的原料或辅料的危险化学品，其本身不一定属于爆炸性物质类，参见附录一。

第三节 易制毒化学品道路运输

2005 年 8 月 26 日，国务院颁布了《易制毒化学品管理条例》(国务院令第 445 号，自 2005 年 11 月 1 日起施行，2014 年进行了第一次修订，2016 年进行了第二次修订)。该条例规定："国家对易制毒化学品的生产、经营、购买、运输和进口、出口实行分类管理和许可制度。易制毒化学品分为三类，第一类是可以用于制毒的主要原料，第二类、第三类是可以用于制毒的化学配剂。易制毒化学品的具体分类和品种，由本条例附表列示。易制毒化学品的分类和品种需要调整的，由国务院公安部门会同国务院食品药品监督管理部门、安全生产

监督管理部门、商务主管部门、卫生主管部门和海关总署提出方案，报国务院批准”“跨设区的市级行政区域（直辖市为跨市界）或者在国务院公安部门确定的禁毒形势严峻的重点地区跨县级行政区域运输第一类易制毒化学品的，由运出地的设区的市级人民政府公安机关审批；运输第二类易制毒化学品的，由运出地的县级人民政府公安机关审批。经审批取得易制毒化学品运输许可证后，方可运输。运输第三类易制毒化学品的，应当在运输前向运出地的县级人民政府公安机关备案。公安机关应当于收到备案材料的当日发给备案证明”。

为加强易制毒化学品管理，规范购销和运输易制毒化学品行为，防止易制毒化学品被用于制造毒品，维护经济和社会秩序，公安部依据《易制毒化学品管理条例》制定了《易制毒化学品购销和运输管理办法》（公安部令第 87 号，自 2006 年 10 月 1 日起施行）。

一、《易制毒化学品管理条例》对道路运输的要求

（1）国家对易制毒化学品的运输实行分类管理和许可制度，禁止走私或者非法运输易制毒化学品。

（2）易制毒化学品的生产、经营、购买、运输和进口、出口，除应当遵守本条例的规定外，属于药品和危险化学品的，还应当遵守法律、其他行政法规对药品和危险化学品的有关规定运输。

（3）运输易制毒化学品的单位，应当建立单位内部易制毒化学品管理制度。

（4）跨设区的市级行政区域（直辖市为跨市界）或者在国务院公安部门确定的禁毒形势严峻的重点地区跨县级行政区域运输第一类易制毒化学品的，由运出地的设区的市级人民政府公安机关审批；运输第二类易制毒化学品的，由运出地的县级人民政府公安机关审批。经审批取得易制毒化学品运输许可证后，方可运输。

运输第三类易制毒化学品的，应当在运输前向运出地的县级人民政府公安机关备案。公安机关应当于收到备案材料的当日发给备案证明。

（5）申请易制毒化学品运输许可，应当提交易制毒化学品的购销合同。货主是企业的，应当提交营业执照；货主是其他组织的，应当提交登记证书（成立批准文件）；货主是个人的，应当提交其个人身份证明。经办人还应当提交本人的身份证明。

（6）对许可运输第一类易制毒化学品的，发给一次有效的运输许可证。对许可运输第二类易制毒化学品的，发给 3 个月有效的运输许可证；6 个月内运输安全状况良好的，发给 12 个月有效的运输许可证。易制毒化学品运输许可证应当载明拟运输的易制毒化学品的品种、数量、运入地、货主及收货人、承运人情况以及运输许可证种类。

（7）接受货主委托运输的，承运人应当查验货主提供的运输许可证或者备案证明，并查验所运货物与运输许可证或者备案证明载明的易制毒化学品品种等情况是否相符；不相符的，不得承运。运输易制毒化学品，运输人员应当自启运起全程携带运输许可证或者备案证明。公安机关应当在易制毒化学品的运输过程中进行检查。运输易制毒化学品，应当遵守国家有关货物运输的规定。

（8）未经许可或者备案擅自生产、经营、购买、运输易制毒化学品，伪造申请材料骗取易

制毒化学品生产、经营、购买或者运输许可证,使用他人的或者伪造、变造、失效的许可证生产、经营、购买、运输易制毒化学品的,由公安机关没收非法生产、经营、购买或者运输的易制毒化学品、用于非法生产易制毒化学品的原料以及非法生产、经营、购买或者运输易制毒化学品的设备、工具,处非法生产、经营、购买或者运输的易制毒化学品货值10倍以上20倍以下的罚款,货值的20倍不足1万元的,按1万元罚款;有违法所得的,没收违法所得;有营业执照的,由工商行政管理部门吊销营业执照;构成犯罪的,依法追究刑事责任。

(9)运输的易制毒化学品与易制毒化学品运输许可证或者备案证明载明的品种、数量、运入地、货主及收货人、承运人等情况不符,运输许可证种类不当,或者运输人员未全程携带运输许可证或者备案证明的,由公安机关责令停运整改,处5000元以上5万元以下的罚款;有危险物品运输资质的,运输主管部门可以依法吊销其运输资质。

二、《易制毒化学品购销和运输管理办法》对道路运输的要求

(1)公安部是全国易制毒化学品运输管理和监督检查的主管部门,县级以上地方人民政府公安机关负责本辖区内易制毒化学品运输管理和监督检查工作。

(2)运输易制毒化学品时,运输车辆应当在明显部位张贴易制毒化学品标识;属于危险化学品的,应当由有危险化学品运输资质的单位运输;应当凭证运输的,运输人员应当自启运起全程携带运输许可证或者备案证明。承运单位应当派人押运或者采取其他有效措施,防止易制毒化学品丢失、被盗、被抢。运输易制毒化学品时,还应当遵守国家有关货物运输的规定。

三、易制毒化学品种目录以及有关运输问题

(一)《易制毒化学品的分类和品种目录》

《易制毒化学品的分类和品种目录》列明了31种易制毒化学品,并分成3类,参见附录二。

(二)有关运输问题

(1)在《易制毒化学品的分类和品种目录》中属于危险化学品有11种:醋酸酐、三氯甲烷、乙醚、哌啶、溴素、甲苯、丙酮、甲基乙基酮、高锰酸钾、硫酸、盐酸。

(2)易制毒化学品中属于危险化学品的,根据《易制毒化学品管理条例》第五条"易制毒化学品的生产、经营、购买、运输和进口、出口,除应当遵守本条例的规定外,属于药品和危险化学品的,还应当遵守法律、其他行政法规对药品和危险化学品的有关规定"的要求,运输不仅要遵守《易制毒化学品管理条例》的要求,也要遵守《危险化学品安全管理条例》和《道路危险货物运输管理规定》。

第四节　民用爆炸物品和烟花爆竹道路运输

一、民用爆炸物品道路运输的要求

2006年5月10日，国务院颁布了《民用爆炸物品安全管理条例》（国务院令第466号），自2006年9月1日起施行。条例规定："民用爆炸物品，是指用于非军事目的、列入民用爆炸物品品名表的各类火药、炸药及其制品和雷管、导火索等点火、起爆器材；国家对民用爆炸物品的运输实行许可证制度，公安机关负责民用爆炸物品运输的安全监督管理。"

2006年11月9日，国防科学技术工业委员会、公安部根据《民用爆炸物品安全管理条例》第二条的规定，制订了《民用爆炸物品品名表》（国防科工委、公安部公告2006年第1号）。民用爆炸物品共有工业炸药、工业雷管、工业索类火工品、其他民用爆炸物品、原材料等5大类，59个品种。《民用爆炸物品品名表》样式，见表5-1。

《民用爆炸物品品名表》样式　　表5-1

序　号	名　称	英文名称	备　注
一、	工业炸药	—	—
1	硝化甘油炸药	Nitroglycerine，NG	甘油三硝酸酯类混合炸药
2	铵梯类炸药	Ammonite	含铵梯油炸药
3	多孔粒状铵油炸药	—	—
4	改性铵油炸药	—	—
5	膨化硝铵炸药	Expanded AN explosive	—
6	其他铵油类炸药	—	含粉状铵油、铵松蜡、铵沥蜡炸药等
……	……	……	……
27	其他炸药制品	—	—
二、	工业雷管	—	—
28	工业火雷管	Flash detonator	—
29	工业电雷管	Electric detonator	含普通电雷管和煤矿许用电雷管
……	……	……	……

《民用爆炸物品品名表》分为4栏，第1栏：序号；第2栏：名称；第3栏：英文名称；第4栏：备注。

以下介绍《民用爆炸物品安全管理条例》对民用爆炸物品道路运输的有关要求。

(一)办理《民用爆炸物品运输许可证》

运输民用爆炸物品，收货单位应当向运达地县级人民政府公安机关提出申请，并提交包括下列内容的材料：

(1)民用爆炸物品生产企业、销售企业、使用单位以及进出口单位分别提供的《民用爆炸物品生产许可证》《民用爆炸物品销售许可证》《民用爆炸物品购买许可证》或者进出口批准证明；

(2)运输民用爆炸物品的品种、数量、包装材料和包装方式；

(3)运输民用爆炸物品的特性、出现险情的应急处置方法；

(4)运输时间、起始地点、运输路线、经停地点。

公安机关核发《民用爆炸物品运输许可证》应当载明收货单位、销售企业、承运人，一次性运输有效期限、起始地点、运输路线、经停地点，民用爆炸物品的品种、数量。

(二)运输要求

运输民用爆炸物品的，应当凭《民用爆炸物品运输许可证》，按照许可的品种、数量运输。经由道路运输民用爆炸物品的，应当遵守下列规定：

(1)携带《民用爆炸物品运输许可证》；

(2)民用爆炸物品的装载符合国家有关标准和规范，车厢内不得载人；

(3)运输车辆安全技术状况应当符合国家有关安全技术标准的要求，并按照规定悬挂或者安装符合国家标准的易燃易爆危险物品警示标志；

(4)运输民用爆炸物品的车辆应当保持安全车速；

(5)按照规定的路线行驶，途中经停应当有专人看守，并远离建筑设施和人口稠密的地方，不得在许可以外的地点经停；

(6)按照安全操作规程装卸民用爆炸物品，并在装卸现场设置警戒，禁止无关人员进入；

(7)出现危险情况立即采取必要的应急处置措施，并报告当地公安机关。

(三)运达目的地

民用爆炸物品运达目的地，收货单位应当进行验收后在《民用爆炸物品运输许可证》上签注，并在3日内将《民用爆炸物品运输许可证》交回发证机关核销。

有关车辆技术条件要求，可参照国防科工委《爆破器材运输车辆安全技术条件》(科工爆〔2001〕156号)和《道路运输爆炸品和剧毒化学品车辆安全技术条件》(GB 20300—2018)。

(四)注意事项

(1)由于《民用爆炸物品安全管理条例》没有要求民用爆炸物品的运输企业、车辆、人员提供危险货物道路运输资质、资格的要求，故只要持有公安机关核发的《民用爆炸物品运输许可证》，并满足“车辆安全技术状况应当符合国家有关安全技术标准的要求，并按照规定悬挂或者安装符合国家标准的易燃易爆危险物品警示标志”等要求，都可以运输民用爆炸物品。

(2)法律责任中，执法主体为“国防科技工业主管部门、公安机关”，不涉及交通运输部门。因为，民用爆炸物品按货物的危险特性属于危险品，但是，按《道路危险货物运输管理规定》(交通运输部令2013年第2号)第二条规定：法律、行政法规对民用爆炸物品特定种类危险货物的道路运输另有规定的，从其规定。所以，不属于危险货物道路运输主管部门管理范围。

二、烟花爆竹道路运输的要求

2006年1月21日，国务院颁布了《烟花爆竹安全管理条例》(国务院令第455号，自公布之日起实施)。该条例规定：“烟花爆竹，是指烟花爆竹制品和用于生产烟花爆竹的民用黑火药、烟火药、引火线等物品；国家对民烟花爆竹的运输实行许可证制度；经由道路运输烟花爆竹的，应当经公安部门许可”。以下介绍该条例对烟花爆竹道路运输的有关要求。

(一)办理《烟花爆竹道路运输许可证》

经由道路运输烟花爆竹的，托运人应当向运达地县级人民政府公安部门提出申请，并提交下列有关材料：

(1)承运人从事危险货物运输的资质证明；

(2)驾驶人员、押运人员从事危险货物运输的资格证明；

(3)危险货物运输车辆的道路运输证明；

(4)托运人从事烟花爆竹生产、经营的资质证明；

(5)烟花爆竹的购销合同及运输烟花爆竹的种类、规格、数量；

(6)烟花爆竹的产品质量和包装合格证明；

(7)运输车辆牌号、运输时间、起始地点、行驶路线、经停地点。

《烟花爆竹道路运输许可证》应当载明托运人、承运人、一次性运输有效期限、起始地点、行驶路线、经停地点、烟花爆竹的种类、规格和数量。

(二)运输要求

经由道路运输烟花爆竹的，除应当遵守《中华人民共和国道路交通安全法》外，还应当遵守下列规定：

(1)随车携带《烟花爆竹道路运输许可证》，并按照《烟花爆竹道路运输许可证》的许可事项进行运输，如托运人、承运人、一次性运输有效期限、起讫地点、行驶路线、经停地点、烟花爆竹的种类、规格和数量等，不得违反运输许可事项。

(2)运输车辆悬挂或者安装符合国家标准的易燃易爆危险物品警示标志。

(3)烟花爆竹的装载符合国家有关标准和规范。

(4)装载烟花爆竹的车厢不得载人。

(5)运输车辆限速行驶,途中经停必须有专人看守。

(6)出现危险情况立即采取必要的措施,并报告当地公安部门。

(三)运达目的地

烟花爆竹运达目的地后,收货人应当在3日内将《烟花爆竹道路运输许可证》交回发证机关核销。

(四)注意事项

(1)持有《烟花爆竹道路运输许可证》运输烟花爆竹即为合法运输,但其许可的前提是运输企业、车辆、从业人员要具有道路危险货物运输的资质、从业资格。

(2)法律责任中,执法主体为"安全生产监督管理部门、公安部门、质量监督检验部门",不涉及交通运输部门。因为,烟花爆竹按货物的危险特性属于危险品,但是,按《道路危险货物运输管理规定》第二条规定,法律、行政法规对烟花爆竹特定种类危险货物的道路运输另有规定的,从其规定。所以,不属于危险货物道路运输主管部门管理范围。

三、爆炸品与民用爆炸物品和烟花爆竹的关系

民用爆炸物品、烟花爆竹在道路运输过程中,一旦发生意外,造成爆炸事故,会导致人民生命财产重大损失,在社会上形成恶劣影响。2005年3月17日凌晨4时,浙籍大客车(核载32人,实载28人)行至江西境内,追尾碰撞前方同向行驶载6t黑火药(生产烟花爆竹原材料之一)的赣籍货车,引发爆炸,造成31名车上人员(大客车28人,货车3人)全部死亡、两车被炸毁、高速公路及附属设施严重损坏,并波及公路两旁村庄多处房屋受损、8名村民受伤、两辆过往车辆受损及3名司乘人员受伤。赣籍货车严重超载,违法运输烟花爆竹,未悬挂警示标志,并且在高速公路上未按规定车道行驶,是造成此次事故的次要原因。2011年11月1日,贵州省福泉市某在建车辆检测场的两辆承运民用爆炸物品的车辆发生爆炸事故,承运单位违法运输、违法储存、违法配送,造成9人死亡、252人受伤、多处房屋受损。2013年2月1日,连霍高速公路义昌河大桥,一辆载满烟花爆竹的货车突发爆炸,导致大桥南半幅被炸毁、北半幅桥板松动,多辆行驶车辆坠落于30m桥下,造成13人死亡,11人受伤。事故原因是:烟花爆竹生产企业违法生产、违法托运;承运人违法运输。

鉴于爆炸品道路运输企业有可能从事民用爆炸物品、烟花爆竹道路运输,根据"专项法律优于一般法律"的法理,民用爆炸物品、烟花爆竹道路运输要依据《民用爆炸物品安全管理

条例》《烟花爆竹安全管理条例》到相关部门办理道路运输的许可手续。有关车辆技术条件要求，也可参照国防科工委《爆破器材运输车辆安全技术条件》（科工爆〔2001〕156 号）和《道路运输爆炸品和剧毒化学品车辆安全技术条件》（GB 20300—2018）。

（一）民用爆炸物品、烟花爆竹道路运输，不适用《道路危险货物运输管理规定》

根据《中华人民共和国道路运输条例》（国务院令第 406 号，自 2004 年 7 月 1 日起实施，以下简称《道条》）和《危险化学品安全管理条例》（国务院令第 591 号），交通运输部制订了《道路危险货物运输管理规定》这个道路运输管理的上位法（依据）。由于《危险化学品安全管理条例》第九十七条规定："民用爆炸物品、烟花爆竹、放射性物品、核能物质以及用于国防科研生产的危险化学品的安全管理，不适用本条例"，故交通部颁布的《道路危险货物运输管理规定》也不适用"民用爆炸物品、烟花爆竹"的道路运输管理。

（二）民用爆炸物品、烟花爆竹道路运输应分别按照《民用爆炸物品安全管理条例》《烟花爆竹安全管理条例》执行

2006 年，国务院先后颁布了《烟花爆竹安全管理条例》（国务院令第 455 号，自 2006 年 1 月 11 日起施行）、《民用爆炸物品安全管理条例》（国务院令第 466 号，自 2006 年 9 月 1 日起施行），对"民用爆炸物品、烟花爆竹"道路运输许可提出了更加明确的要求：《烟花爆竹安全管理条例》规定"国家对烟花爆竹的运输实行许可证制度，经由道路运输烟花爆竹的应当经公安部门许可"；《民用爆炸物品安全管理条例》规定"国家对民用爆炸物品的运输实行许可证制度，运输民用爆炸物品收货单位应当向运达地县级人民政府公安机关提出申请"。简单讲，道路运输民用爆炸物品、烟花爆竹要分别按照《民用爆炸物品安全管理条例》《烟花爆竹安全管理条例》的相关规定，要取得公安机关核发的《民用爆炸物品运输许可证》《烟花爆竹道路运输许可证》后方可运输。

综上所述，民用爆炸物品、烟花爆竹虽然是危险货物，也是货物，但因为《民用爆炸物品安全管理条例》《烟花爆竹安全管理条例》专项法规，对其管理提出了相关要求，故其道路运输要分别遵守上述两个条例，而不执行《道路危险货物运输管理规定》。这也是"专项（专门）法律优于通用（一般）法律"的基本法理的要求。在 2013 年修订《道路危险货物运输管理规定》时，在第二条中新增加了"法律、行政法规对民用爆炸物品、烟花爆竹、放射性物品等特定种类危险货物的道路运输另有规定的，从其规定"的内容，以进一步强调"危险货物"与"法规另有规定特定种类危险货物"的管理区别。

在实际工作中，如何区分、把握爆炸品、民用爆炸物品、烟花爆竹？

首先，要保证用词准确，不能将爆炸品、民用爆炸物品、烟花爆竹混为一谈。其次，根据其实际用途，进一步地确定。以下以"黑火药（UN 0027 CN 11096）"为例说明。

"黑火药"属危险货物的第 1 类爆炸品，也可以称其为"民用爆炸物品"或者"烟花爆竹"，三者之间的关系见图 5-1。

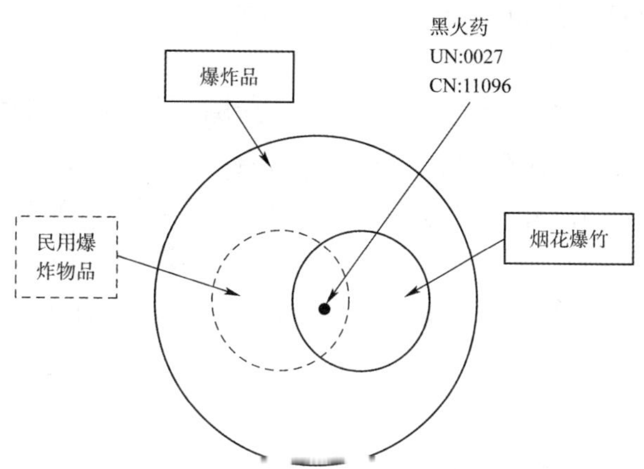

图 5-1 “黑火药”与爆炸品、民用爆炸物品、烟花爆竹之间的关系

如果笼统地说，黑火药是爆炸品，或是民用爆炸物品，或是烟花爆竹，在概念上都没有错误。但要办理具体道路运输手续时，就要按用途确定其到底是哪一种货物。

第一，当使用（运输）单位将“黑火药”称为“爆炸品”，按危险货物的第 1 类爆炸品申请危险货物运输资质时，危险货物道路运输主管部门即交通运输运管机构就应对其进行道路运输许可。

第二，当使用（运输）单位根据其实际用途将“黑火药”称为“烟花爆竹”时，应先由危险货物道路运输主管部门即交通运输运管机构对企业、车辆、人员的运输资质、从业资格进行许可，而在具体的运输实施前还需要按照《烟花爆竹安全管理条例》，到公安部门进行道路运输许可，取得《烟花爆竹道路运输许可证》。

第三，当使用（运输）单位根据其实际用途将“黑火药”称为“民用爆炸物品”时，不需要经危险货物道路运输主管部门即交通运输运管机构进行运输许可。这时，“黑火药”就应按照《民用爆炸物品安全管理条例》的规定，收货单位应当向运达地县级人民政府公安机关进行道路运输许可，取得《民用爆炸物品运输许可证》。

第五节 其　　他

一、麻醉药品和精神药品道路运输

2005 年 8 月 3 日，国务院颁布了《麻醉药品和精神药品管理条例》（国务院令第 443 号，自 2005 年 11 月 1 日起施行，2013 年第一次修订，2016 年第二次修订）。该条例规定：“‘麻醉药品和精神药品’是指列入麻醉药品目录、精神药品目录（以下称目录）的药品和其他物质。精神药品分为第一类精神药品和第二类精神药品。目录由国务院药品监督管理部门会同国务院公安部门、国务院卫生主管部门制定、调整并公布。上市销售但尚未列入目录的药品和其他物质或者第二类精神药品发生滥用，已经造成或者可能造成严重社会危害的，国务院药品监督管理部门会同国务院公安部门、国务院卫生主管部门应当及时将该药品和该物质列入目录或者将该第二类精神药品调整为第一类精神药品。”

为加强麻醉药品和精神药品运输管理，确保运输安全，防止丢失、损毁、被盗，根据《麻醉药品和精神药品管理条例》的有关规定，食品药品监管局、铁道部、交通部和民航总局共同制定了《麻醉药品和精神药品运输管理办法》，并于2005年11月8日印发实施。该办法规定“麻醉药品和精神药品”以“列入国务院药品监督管理部门会同国务院公安部门、国务院卫生主管部门公布的麻醉药品、精神药品目录所列的药品和其他物质”为准。

2007年10月1日，国家食品药品监督管理局、公安部、卫生部公布联合印发《关于公布麻醉药品和精神药品品种目录(2007年版)的通知》(国食药监安〔2007〕633号)，公布了《麻醉药品目录(2007年版)》《精神药品目录(2007年版)》。其中，麻醉药品123种，精神药品132种。目前，我国仍执行此目录。

(一)《麻醉药品和精神药品管理条例》对道路运输的要求

(1)托运、承运和自行运输麻醉药品和精神药品的，应当采取安全保障措施，防止麻醉药品和精神药品在运输过程中被盗、被抢、丢失。

(2)通过公路运输麻醉药品和第一类精神药品的，应当由专人负责押运。道路运输麻醉药品和第一类精神药品必须采用封闭式车辆，有专人押运，中途不应停车过夜。

(3)托运或者自行运输麻醉药品和第一类精神药品的单位，应当向所在地省、自治区、直辖市人民政府药品监督管理部门申请领取运输证明。运输证明有效期为1年；运输证明应当由专人保管，不得涂改、转让、转借。

(4)托运人办理麻醉药品和第一类精神药品运输手续，应当将运输证明副本交付承运人。承运人应当查验、收存运输证明副本，并检查货物包装。没有运输证明或者货物包装不符合规定的，承运人不得承运。承运人在运输过程中应当携带运输证明副本，以备查验。

(5)违反本条例的规定运输麻醉药品和精神药品的，由药品监督管理部门和运输管理部门依照各自职责，责令改正，给予警告，处2万元以上5万元以下的罚款。

(6)依法取得麻醉药品药用原植物种植或者麻醉药品和精神药品运输资格的单位，倒卖、转让、出租、出借、涂改其麻醉药品和精神药品许可证明文件的，由原审批部门吊销相应许可证明文件，没收违法所得；情节严重的，处违法所得2倍以上5倍以下的罚款；没有违法所得的，处2万元以上5万元以下的罚款；构成犯罪的，依法追究刑事责任。

(二)《麻醉药品和精神药品运输管理办法》对道路运输的要求

(1)托运或自行运输麻醉药品和第一类精神药品的单位，应当向所在地省、自治区、直辖市药品监督管理部门申领《麻醉药品、第一类精神药品运输证明》，样式见图5-2。

麻醉药品、第一类精神药品运输证明(正本)

编号:省汉字简称—年号—正本流水号

根据国务院发布的《麻醉药品和精神药品管理条例》,允许持证单位运输本证明所列的麻醉药品和第一类精神药品。

发货单位名称:

发货单位联系电话:

发证机关联系电话:

运输证明有效期限:自　　　　　　起至　　　　　　止

准予运输麻醉药品、第一类精神药品名称:

发证机关盖章

年　月　日

图 5-2　麻醉药品、第一类精神药品运输证明样式

(2)承运麻醉药品和第一类精神药品时,承运单位要查验、收取运输证明副本。运输证明副本随货同行以备查验。在运输途中承运单位必须妥善保管运输证明副本,不得遗失。货物到达后,承运单位应将运输证明副本递交收货单位。

(3)道路运输麻醉药品和第一类精神药品必须采用封闭式车辆,有专人押运,中途不应停车过夜。

(4)运输第二类精神药品无须办理运输证明。

(5)托运麻醉药品和精神药品的单位应确定托运经办人,选择相对固定的承运单位。托运经办人在运单货物名称栏内填写"麻醉药品""第一类精神药品"或"第二类精神药品"字样,运单上应当加盖托运单位公章或运输专用章。收货人只能为单位,不得为个人。

(6)承运单位应积极配合托运单位查询货物在途情况。

(7)麻醉药品和精神药品在运输途中出现包装破损时,承运单位要采取相应的保护措施。

(8)发生被盗、被抢、丢失的,承运单位应立即报告当地公安机关,并通知收货单位,收货单位应立即报告当地药品监督管理部门。

(三)麻醉药品和精神药品目录

2013 年 11 月 11 日,国家食品药品监督管理总局、公安部、国家卫生和计划生育委员会根据《麻醉药品和精神药品管理条例》第三条规定,公布了《麻醉药品品种目录(2013 年版)》和《精神药品品种目录(2013 年版)》(自 2014 年 1 月 1 日起施行)。

《麻醉药品品种目录(2013 年版)》采用了序号、中文名、英文名、CAC 号、备注,其格式见表 5-2,共计 121 种。

麻醉药品品种目录(2013 年版)　　表 5-2

序号	中文名	英文名	CAS 号	备注
1	醋托啡	Acetorphine	25333-77-1	
2	乙酰阿法甲基芬太尼	Acetyl-*alpha*-methylfentanyl	101860-00-8	
3	醋美沙多	Acetylmethadol	509-74-0	
4	阿芬太尼	Alfentanil	71195-58-9	
5	烯丙罗定	Allylprodine	25384-17-2	
6	阿醋美沙多	Alphacetylmethadol	17199-58-5	
7	阿法美罗定	Alphameprodine	468-51-9	
8	阿法美沙多	Alphamethadol	17199-54-1	
9	阿法甲基芬太尼	Alpha-methylfentanyl	79704-88-4	
10	阿法甲基硫代芬太尼	Alpha-methylthiofentanyl	103963-66-2	
……	……	……	……	……
121	罂粟壳	Poppy Shell		

注:CAS 号,是指美国化学文摘社对化学品的唯一登记号。

《精神药品品种目录(2013 年版)》与《麻醉药品品种目录(2013 年版)》的样式一致,采用了序号、中文名、英文名、CAC 号、备注的格式。精神药品分为两类,第一类 68 种,第二类 81 种,共计 149 种。

二、烟草道路运输

1991 年 6 月 29 日,国家颁布《中华人民共和国烟草专卖法》(中华人民共和国主席令第 46 号,自 1992 年 1 月 1 日起施行,以下简称《烟草专卖法》)。《烟草专卖法》规定:烟草专卖品是指卷烟、雪茄烟、烟丝、复烤烟叶、烟叶、卷烟纸、滤嘴棒、烟用丝束、烟草专用机械,卷烟、雪茄烟、烟丝、复烤烟叶统称烟草制品。托运或者自运烟草专卖品必须持有烟草专卖行政主管部门或者烟草专卖行政主管部门授权的机构签发的准运证,无准运证的,承运人不得承运。

1997 年 7 月 3 日,国务院颁布、施行了《烟草专卖法实施条例》(国务院令第 223 号),就《烟草专卖法》未明确之事项及具体实施问题作出详细的、操作性更强的规定。

2003 年 6 月 4 日,国家经济贸易委员会印发了《烟草专卖品准运证管理办法》(国家经济贸易委员会令第 31 号)。

(一)《烟草专卖法》对道路运输的要求

托运或者自运烟草专卖品必须持有烟草专卖行政主管部门或者烟草专卖行政主管部门授权的机构签发的准运证;无准运证的,承运人不得承运。

(二)《烟草专卖法实施条例》对道路运输的要求

(1)烟草专卖品准运证由省级以上烟草专卖行政主管部门或其授权的机构审批、发放。烟草专卖品准运证的管理办法由国务院烟草专卖行政主管部门制定。

(2)跨省、自治区、直辖市运输进口的烟草专卖品、国产烟草专用机械和烟用丝束、滤嘴棒以及分切的进口卷烟纸,应当凭国务院烟草专卖行政主管部门或其授权的机构签发的烟草专卖品准运证办理托运或其授权的机构签发的烟草专卖品准运证办理托运或者自运。跨省、自治区、直辖市运输除国产烟草专用机械、烟用丝束、滤嘴棒以及分切的进口卷烟纸以外的其他国产烟草专卖品,应当凭国务院烟草专卖行政主管部门或省级烟草专卖行政主管部门签发的烟草专卖品准运证办理托运或者自运。在省、自治区、直辖市内跨市、县运输的烟草专卖品,应当凭省级烟草专卖行政主管部门或其授权的机构签发的烟草专卖品准运办理托运或者自运。运输依法没收的走私烟草专卖品,应当凭国务院烟草专卖行政主管部门签发的烟草专卖品准运证办理托运或者自运。

(3)有下列情形之一的,为无烟草专卖品准运证运输烟草专卖品。

①超过烟草专卖品准运证规定数量和范围运输烟草专卖品的;

②使用过期、涂改、复印的烟草专卖品准运证的;

③无烟草专卖品准运证又无法提供在当地购买烟草专卖品的有效证明的;

④无烟草专卖品准运证运输烟草专卖品的其他行为。

(4)海关监管的烟草制品的转关运输,按照国家有关海关转关运输的规定办理运输手续。

(5)依照《烟草专卖法》第三十一条规定处罚的,按照下列规定执行。

①无准运证者超过准运证规定的数量托运或者自运烟草专卖品的,处以违法运输的烟草专卖价值20%以上50%以下的罚款,可以按照国家规定的价格收购违法运输的烟草专卖品。

②有下列情形之的,没收违法运输的烟草专卖品和违法所得:

a. 非法运输的烟草专卖品价值超过5万元或者运输卷烟数量超过100件(每1万支为1件)的;

b. 被烟草专卖行政主管部门处罚两次以上的;

c. 抗拒烟草专卖行政主管部门的监督检查人员依法实施检查的;

d. 非法运输走私烟草专卖品的;

e. 运输无烟草专卖生产企业许可证的企业生产的烟草专卖品的;

f. 利用伪装非法运输烟草专卖品的;

g. 利用特种车辆运输烟草专卖品的逃避检查的;

h. 其他非法运输行为,情节严重的。

③承运人明知是烟草专卖品而为无准运证的单位、个人运输的,没收违法所得,可以并

处违法运输的烟草专卖品价值10%以上20%以下的罚款。

(三)《烟草专卖品准运证管理办法》对道路运输的要求

(1)运输卷烟、雪茄烟、烟丝、复烤烟叶、烟叶(包括再造烟叶和烟梗)、卷烟纸、滤嘴棒、烟用丝束、烟草专用机械等烟草专卖品,应当持有烟草专卖品准运证。无烟草专卖品准运证,不得运输烟草专卖品。

(2)本办法适用于跨省(自治区、直辖市)运输烟草专卖品准运证的管理。省(自治区、直辖市)内运输烟草专卖品的管理办法由省级烟草专卖局制定,并报国家烟草专卖局备案。

(3)烟草专卖品准运证应当由省级以上(含省级,下同)烟草专卖局签发。地(市)级烟草专卖局可以按照省级烟草专卖局的委托,代签烟草专卖品准运证。国家烟草专卖局有权签发所有烟草专卖品准运证,并可以授权或者委托省级烟草专卖局签发烟草专卖品准运证。

(4)申请办理烟草专卖品准运证应当具备下列条件:

①调出方和调入方是合法的烟草专卖品经营单位;

②申请运输的是符合法律规定的烟草专卖品;

③申办人应当持有申请人的委托书和本人身份证等合法证明;

④具有合法有效的购销合同或者调拨单以及其他应当具备的证明材料原件。

(5)烟草专卖局应当按照下列程序签发烟草专卖品准运证:

①对申请人提交的相关材料进行审核;

②符合办理烟草专卖品准运证条件的,经主管领导批准后,由专人负责办理;

③不符合办理烟草专卖品准运证条件的,不予签发,应当通知申请人,并说明理由。

(6)烟草专卖品准运证的签发机关应当根据申请人申请运输烟草专卖品的运输距离、运输方式等情况,合理确定准运证的有效期限。烟草专卖品准运证的有效期限,公路运输最长不得超过20天,其他运输方式最长不得超过30天。

三、食盐道路运输

按照1990年3月2日国务院发布的《盐业管理条例》,食用盐、国家储备盐和国家指令性计划的纯碱、烧碱用盐,由国家实行统一分配调拨,对食盐道路运输执行准运证规定。2017年12月26日公布修订后的《食盐专营办法》,对食盐的道路运输删除了准运证的规定。

(1)《食盐专营办法》中华人民共和国国务院令第197号于1996年5月27日,根据2013年12月7日《国务院关于修改部分行政法规的决定》修订,于2017年12月26日中华人民共和国国务院令第696号修订。1990年3月2日国务院发布的《盐业管理条例》同时废止。

(2)盐业是我国重要的基础性行业,食盐事关人民群众身体健康。党中央和国务院高度重视盐业体制改革工作,2016年4月,《国务院关于印发盐业体制改革方案的通知》提出在坚持食盐专营制度的基础上,推进供给侧结构性改革;要求实现盐业资源有效配置,进一步释放市场活力。为保障盐业体制改革顺利进行，按照国务院部署，对原《食盐专营办法》作了修订。

（3）根据盐业体制改革方案关于坚持食盐专营制度、改革食盐定价机制和取消食盐产、运、销等环节计划管理的规定，《食盐专营办法》对食盐专营制度的具体内容作了完善。

①省级盐业主管部门按照统一规划、合理布局的要求，审批确定食盐定点生产、定点批发企业。

②食盐定点生产企业申请经营食盐批发业务的，省级盐业主管部门应当确定其为食盐定点批发企业并颁发食盐定点批发企业证书；食盐定点批发企业在国家规定的范围内销售食盐，任何单位或者个人不得阻止或者限制；食盐价格由经营者自主确定。

③删除了原《食盐专营办法》关于食盐生产、批发、分配调拨、运输等实行指令性计划管理，以及核发食盐准运证的规定，见图5-3。

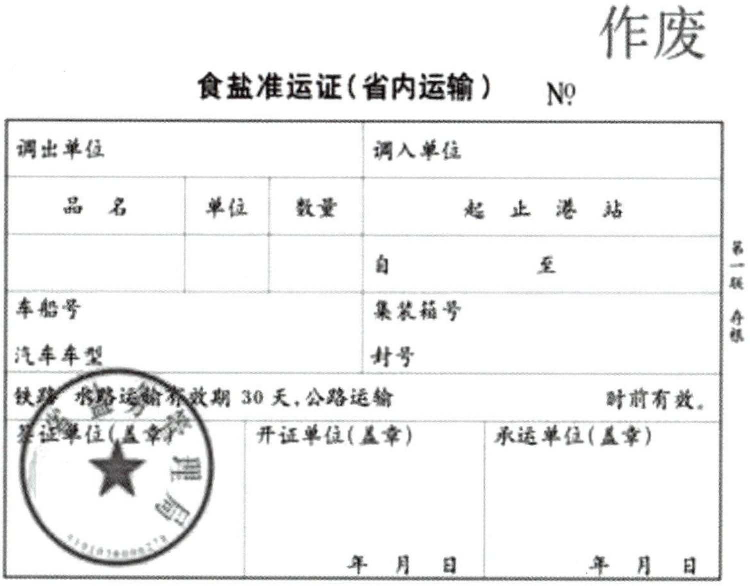

作废

食盐准运证（省内运输） №

调出单位			调入单位
品　名	单位	数量	起　止　港　站
			自　　　　至
车船号 汽车车型			集装箱号 封号
铁路、水路运输有效期 30 天，公路运输　　　时前有效。			
签证单位（盖章）	开证单位（盖章） 年　月　日		承运单位（盖章） 年　月　日

第一联 存根

图5-3 食盐准运证

四、陆生野生动物道路运输

国家林业局、最高人民检察院、公安部、铁道部、交通部、信息产业部、商务部、卫生部、海关总署、国家工商行政管理总局、国家质量监督检验检疫总局、中国民用航空总局联合下发的《关于适应形势需要做好严禁非法猎捕和经营陆生野生动物工作的通知》（林护发〔2003〕99号）要求，加强陆生野生动物及其产品的运输管理，严禁非法运输陆生野生动物及其产品行为。公路运输单位，应依法强化运输管理，制止违法运输陆生野生动物行为。因科学研究、文化交流、驯养繁殖种源等需要运输合法猎捕来源的陆生野生动物活体、死体的，或需要运输确系人工繁殖技术成功的人工种群的陆生野生动物活体、死体的，林业行政主管部门须依法核实无误后，方可依法办理运输证明。各运输单位凭省级林业行政管理部门或其他授权单位的批准文件和核发的运输证明，并查验检疫证明后，方可受理承运。陆生野生动物或其他产品出省运输证明式样见表5-3。

陆生野生动物或其他产品出省运输证明（样式）

（　　）动运证字[　　]第　　号　　A（　　）—　　表5-3

申请单位（人）名称：			
批准依据		有效期至　　年　　月　　日止	
发货单位（人）：______ 收货单位（人）：______			
原产地	省（区、市）　　市（地区、洲）　　县（市）		
运输起讫	自　　经由　　至　　止		
动物名称	保护级别	货物类型	数量及包装规格
签证机关（专用章） 签证人：______ 审核人：______ 申请人：______ 签证日期：　　年　　月　　日			

注：1. 本证一式三联，第一联存根，第二联承运单位留存，第三联随货同行。

2. 本证由省、自治区、直辖市人民政府陆生野生动物行政主管部门或其授权的单位签发，加盖陆生野生动物管理专用章。

3. 本证一次性使用，证货相符；不准涂改、买卖、转让或重复使用。

五、森林植物及其产品道路运输

国家林业局、铁道部、交通部、中国民用航空总局、国家邮政局联合发布的《关于国内托运、邮寄森林植物及其产品实施检疫的联合通知》（林造发〔2001〕523号）提出，为了防止危害森林植物的危险性病、虫传播蔓延，保护我国的森林资源和生态安全，根据《植物检疫条例》，对国内运输森林植物及其产品做出以下规定：

（1）应检森林植物及其产品的种类和应检区域，按照管住检疫性有害生物，有利市场流通的原则，由各省、自治区、直辖市林业主管部门会同当地交通、铁道、民航、邮政部门，根据《森林植物检疫对象名单》（表5-4）和《应施检疫的森林植物及其产品名单》（表5-5），结合各地的实际情况，确定本辖区具体的检疫对象、时间、地区，并分别报上级主管部门备案。

森林植物检疫对象名单 表5-4

序号	中文名	学名	分布	备注
1	杨干象	Cryptorrhynchus lapathi Lime	河北、山西、内蒙古、辽宁、吉林、黑龙江、陕西、甘肃、新疆	
2	杨干透翅蛾	Sesia siningensis(Hsu) [Sphecia siningensis Hsu]	山西、内蒙古、辽宁、安徽、山东、云南、陕西、甘肃、宁夏、青海	
3	黄斑星天牛	Anoplophora nobilis Ganglbauer	河北、辽宁、浙江、福建、河南、四川、广西、陕西、甘肃、宁夏、青海	
4	松突圆蚧	Hemiberlesia pitysophila Takagi	广东、台湾、香港、澳门	
5	日本松干蚧	Matsucoccus matsumurae (Kuwana)	辽宁、吉林、上海、江苏、浙江、安徽、山东	
6	湿地松粉蚧	Oracella acuta (Lobdell) Ferris	广东	
7	落叶松种子小蜂	Eurytoma laricis Yano	河北、山西、内蒙古、辽宁、吉林、黑龙江、山东、甘肃	
8	泰加大树蜂	Urocerus gigas taiganus Beson	辽宁、黑龙江、四川、甘肃、青海、新疆	
9	大痣小蜂	Megastigmus spp.	黑龙江、浙江、云南、陕西、甘肃、青海	
10	柳蝙蛾	Phassus excrescens Butler	河北、内蒙古、辽宁、吉林、黑龙江、浙江、安徽、山东、湖南、广西	
11	双钩异翅长蠹	Heterobostrychus aequalis(wat_erhouse)	广东、海南、云南、台湾	
12	美国白蛾	Hyphantria cunea (Drury)	天津、河北、辽宁、上海、山东、陕西	对外保密
13	锈色粒肩天牛	Apriona swainsoni(Hopc)	江苏、山东、福建、河南、湖南、广西、四川、贵州、云南	
14	双条杉天牛	Semanotus bifasciatus(Motschulsky)	北京、河北、山西、内蒙古、辽宁、浙江、安徽、江西、山东、湖北、广东、广西、贵州、四川、陕西、甘肃、宁夏、台湾	
15	苹果绵蚜	Eriosoma lanigerum(Hausmann)	天津、辽宁、江苏、山东、云南	
16	苹果蠹蛾	Laspeyresia pomonella(Linne)	甘肃、新疆	
17	梨圆蚧	Quadraspidiotus perniciosus(comstock)	北京、河北、山西、辽宁、江苏、浙江、福建、江西、山东、湖南、陕西、甘肃、青海、新疆、台湾	

续上表

序号	中 文 名	学 名	分 布	备注
18	枣大球蚧	Eulecanium gigantea(Shinji)	辽宁、河南、陕西、甘肃、宁夏、青海、新疆	
19	杏仁峰	Eurytoma samsonovi wass.	北京、河北、辽宁、河南、陕西、新疆	
20	松材线虫病	Bursaphelenchus xylophilus (Steimeret et Buhrer) Nickle	江苏、浙江、安徽、山东、广东、台湾、香港	对外保密
21	松疱锈病	Cronartium ribicola J. C. Fischer ex Rabenhorst	河北、山西、内蒙古、辽宁、吉林、黑龙江、安徽、山东、河南、湖北、四川、贵州、云南、甘肃、新疆	
22	松针红斑病	Dothistroma pini Hulbary	内蒙古、辽宁、吉林、黑龙江、云南	
23	松针褐斑病	Lecanosticta acicola (Thum.) Sydom	河北、辽宁、吉林、江苏、浙江、安徽、福建、江西、山东、河南、湖南、广东、广西	
24	冠瘿病	Agrobacterium tumefaciens (Smith and Townsend) Conn.	北京、河北、山西 、辽宁、吉林、浙江、福建、山东、河南、陕西、甘肃	
25	杨树花叶病毒病	Poplar Mosaic Virus(PMV)	北京、天津、河北、江苏、山东、河南、湖南、四川、陕西、甘肃、青海	
26	落叶松枯梢病	Guignardia laricina(Sawada) Yamamoto et K. Ito	河北、辽宁、吉林 、黑龙江、山东、湖北、陕西、甘肃、青海	
27	毛竹枯梢病	Ceratosphaeria phyllostachydis zhang	上海、江苏、浙江、安徽、江西 、福建、湖南、广东	
28	杉木缩顶病	Pestalotiopsis guepinii(Desm) stey	江苏、浙江、福建、江西	
29	桉树焦枯病	Cylindrocladium scoparium Morgan	广东、广西、海南	
30	猕猴桃溃疡病	Pseudomonas syringae pv. actinidiae Takikawa et al.	福建、湖南、四川、陕西	对外保密
31	肉桂枝枯病	Lasiodiplodia theobromae (Pat) Gmiff et Maubl	广东、广西	
32	板栗疫病	Cryphonectria parasitica(Murr.) Barr. [Endothia paras itica (Murr.) And. et And.]	北京、河北、山西、辽宁、江苏、浙江、安徽、福建、江西、山东、河南、湖南、湖北、广东、广西、四川、贵州、陕西	

续上表

序号	中文名	学名	分布	备注
33	香石竹枯萎病	Fusarium oxysporum Schlecht. f. sp. dianthi (prill. et Del.) Snyd. et Hans.	上海、广东	
34	菊花叶枯线虫病	Aphelenchiodes ritzemabosi (Schwartz) Steiner	江苏、浙江、安徽、湖南、广东、贵州	
35	柑橘溃疡病	Xanthomonas citri (Hasse) Dowson	江苏、浙江、福建、江西、湖南、湖北、广东、广西、四川、贵州、云南、陕西	

应施检疫的森林植物及其产品名单 表 5-5

序号	森林植物及其产品
1	林木种子、苗木和其他繁殖材料
2	乔木、灌木、竹子等森林植物
3	运出疫情发生县的松、柏、杉、杨、柳、榆、桐、桉、栎、桦、槭、槐、竹等森林植物的木材、竹材、根桩、枝条、树皮、藤条及其制品
4	栗、枣、桑、茶、梨、桃、杏、柿、柑橘、柚、梅、核桃、油茶、山楂、苹果、银杏、石榴、荔枝、猕猴、桃、枸杞、沙棘、芒果、肉桂、龙眼、橄榄、腰果、柠檬、八角、葡萄等森林植物的种子、苗木、接穗，以及运出疫情发生县的来源于上述森林植物的林产品
5	花卉植物的种子、苗木、球茎、鳞茎、鲜切花、插花
6	中药材
7	可能被森林植物检疫对象污染的其他林产品，包装材料和运输工具

（2）交通运输企业承运本省、自治区、直辖市规定的应施检疫的森林植物及其产品时，必须检查《植物检疫证书》（图 5-4）。《植物检疫证书》须在有效期内，且货、证相符。省内运输和省外运输分别使用《植物检疫证书》（省内）、《植物检疫证书》（出省），由县级以上森林植物检疫机构出具。每车一份，并随货物运单送到收货单位或个人。

植物检疫证书(出省)

国家林业局监制

林( )检字№ 00610290

调运单位(人)及地址	木业有限公司[号]				
调运(承办)人姓名		身份证件号码	1	联系电话	5
收货单位(人)及地址	商贸有限公司[路 号]				
植物或植物产品来源	新西兰			运输工具	汽车
运输起讫	自 上海市	经		至	青海省西宁市城北区
有效期限	自 二0一 年 十 月 二十 日至		二0 年 月	三 日	

植物或植物产品名称	品名(或材种)	规 格	单 位	数 量	备 注
辐射松	板方	100-500*2-14*3-15	立方米	50	包装:散装
(以下为空)					

第二联随货同行

签发意见：上列调运的植物或植物产品，经(　查验原植物检疫证书，进一步检验　)，未发现林业检疫性有害生物、本省(区、市)和调入省(区、市)补充林业检疫性有害生物、调入省(区、市)林业检疫机构提出的检疫要求列出的其他林业危险性有害生物，同意调运。

委托机关(省级林业植物检疫机构检疫专用章)　　签发机关(植物检疫专用章)

检 疫 员(签名)

签证日期　20 年 月 日

注：1.本证无调出地省级林业植物检疫机构检疫专用章(受委托办理本证的须加盖本机构植物检疫专用章)和检疫员签名无效；2.本证转让、涂改或重复使用无效；3.一车(船)一证，全程有效。

图5-4　植物检疫证书

第六章　危险货物道路运输应急管理

2014 年 6 月 27 日，交通运输部颁布了《危险货物道路运输企业运输事故应急预案编制要求》(JT/T 911—2014)，自 2014 年 11 月起实施。但是，有些企业制定的应急预案还存在一些问题：一是有些企业编制不规范，存在敷衍了事的现象；二是有的企业制定的应急预案没有针对性，操作性差，或直接照抄、照搬别的企业；三是有的企业为了编制而编制，编制后"束之高阁"。如有的企业请中介机构编制应急预案，而本单位人员既没有参加，也没有组织学习、培训和演练。

因此，为了满足危险货物道路运输企业需要，本章从法律标准要求出发，结合《道路危险货物运输管理规定》(交通运输部令 2016 年第 36 号)等最新政策法规，根据我国危险货物道路运输企业安全管理的现状，进一步细化运输事故应急预案内容，明确危险货物道路运输事故应急预案编制的基本要求。

第一节　应急预案的法规和标准要求

一、法规规章要求

(一)《安全生产法》

《安全生产法》首先从企业落实安全生产主体责任的角度出发，要求生产经营单位的主要负责人，组织制定并实施本单位的生产安全事故应急救援预案。生产安全事故应急救援预案，是指生产经营单位根据本单位的实际，针对可能发生的事故的类别、性质、特点和范围等情况制定的事故发生时组织、技术措施和其他应急措施。生产安全事故应急预案对于防止事故扩大和迅速抢救受害人员，尽可能地减少损失，具有重要的作用。它是一个涉及多方面工作的系统工程，需要生产经营单位主要负责人组织制定和实施，一旦发生事故也要亲自指挥、调度。

《安全生产法》第七十八条要求，"生产经营单位应当制定本单位生产安全事故应急救援预案，与所在地县级以上地方人民政府组织制定的生产安全事故应急救援预案相衔接，并定期组织演练"。本条是关于生产经营单位生产安全事故应急救援预案的制定以及定期组织演练的规定，涉及以下三个方面问题：

(1)生产经营单位应当制定本单位生产安全事故应急救援预案。

生产经营单位应当根据有关法律法规和国家其他有关规定，结合本单位的危险源状况、危险性分析情况和可能发生的事故特点，制定相应的应急预案。生产经营单位制定生产安全事故应急预案应当符合下列基本要求：①符合有关法律、法规、规章、标准和安全技术规范的规定；②结合本单位的生产经营活动的特点和安全生产实际情况；③结合本单位的危险性分析情况，针对本单位的风险隐患特点；④应急组织和人员的责任分工明确，并有具体的落实措施；⑤有明确、具体的事故预防措施和应急程序，并与其应急能力相适应；⑥有明确的应急保障措施，并能满足本单位的应急工作要求；⑦预案基本要素齐全、完整，预案附件提供的信息准确；⑧预案内容与相关应急救援预案相互衔接。

生产经营单位的应急救援预案按照针对情况的不同，分为综合应急预案、专项应急预案和现场处置方案。生产经营单位根据风险种类、可能发生的事故的类型，应当组织编制本单位的综合应急预案。综合应急预案应当包括本单位的应急组织机构及其职责、预案体系及相应程序、事故预防及应急保障、应急培训及预案演练等主要内容。对于某一种类的风险，生产经营单位应当根据存在的重大危险源和可能发生的事故类型，制定相应的专项应急预案。专项应急预案应包括危险性分析、可能发生的事故特征、应急组织机构与职责、预防措施、应急处置程序和应急保障等内容。对于危险性较大的重点岗位，生产经营单位应当制定重点工作岗位的现场处置方案。

生产经营单位编制的综合应急预案、专项应急预案和现场处置方案之间应当相互衔接，并与所涉及的其他单位的应急救援预案相互衔接。

（2）生产经营单位的应急救援预案应当与所在地人民政府的应急救援预案相衔接。

2010 年出台的《国务院关于进一步加强企业安全生产工作的通知》和 2011 年出台的《国务院关于坚持科学发展安全发展促进安全生产形势持续稳定好转的意见》规定，要完善企业与政府应急预案衔接机制，建立省、市、县三级安全生产预案报备制度。按照国家安全监管总局 2009 年出台的《生产安全事故应急预案管理办法》的要求，中央管理的总公司（总厂、集团公司、上市公司）的综合应急预案和专项应急预案，报国务院国有资产监督管理部门、国务院生产安全监督管理部门和国务院有关主管部门备案；其所属单位的应急预案分别抄送所在地的省、自治区、直辖市或者设区的市人民政府安全生产监督管理部门和有关主管部门备案。上述央企以外的其他生产经营单位涉及实行安全生产许可的，其综合应急预案和专项应急预案，按照隶属关系报所在地县级以上地方人民政府安全生产监督管理部门和有关主管部门备案；未实行安全生产许可的，其预案的备案，由省、自治区、直辖市人民政府安全生产监督管理部门确定。

受理备案登记的安全生产监督管理部门应当对应急预案进行形式审查，经审查符合要求的，予以备案并出具应急预案备案登记表；不符合要求的，不予备案并说明理由。

（3）生产经营单位应当定期组织应急演练。

预案只是为实战提供了一个方案，切实保障生产安全事故发生时能够及时、协调、有序地开展应急救援等应急处置工作，需要生产经营单位通过经常性的演练提高实战能力和水平。按照国家安全监管总局 2009 年出台的《生产安全事故应急预案管理办法》的要求，生产经营单位应当制定本单位的应急预案演练计划，根据本单位的事故预防重点，每年至少组织一次综合应急预案演练或者专项应急预案演练，每半年至少组织一次现场处置方案演练。

《安全生产法》第七十九条第二款要求，“危险物品的生产、经营、储存、运输单位以及矿山、金属冶炼、城市轨道交通运营、建筑施工单位应当配备必要的应急救援器材、设备和物资，并进行经常性维护、保养，保证正常运转”。该条款是为了做好生产安全事故应急救援预案实施的准备工作的要求。危险货物道路运输企业要根据本单位的经营范围、规模和所运危险货物的性质、特点，以满足应急救援工作实际需要为原则，有针对性、有选择地配备相应数量、种类的应急救援器材、设备和物资。为保证这些器材、设备和物资随时处于正常运转状态，在发生事故时用得上、用得好，还应当对应急救援器材、设备和物资进行经常性维护、保养。

(二)有关条例

1.《道路运输条例》

《道路运输条例》第三十二条要求，“客运经营者、货运经营者应当制定有关交通事故、自然灾害以及其他突发事件的道路运输应急预案”。

2.《危险化学品安全管理条例》

《危险化学品安全管理条例》对危险化学品道路运输企业的有关要求有：

第四十五条要求，“运输危险化学品，应当根据危险化学品的危险特性采取相应的安全防护措施，并配备必要的防护用品和应急救援器材”。针对此条，还制订了对应的处罚条款，在第八十六条规定，运输危险化学品，未根据危险化学品的危险特性采取相应的安全防护措施，或者未配备必要的防护用品和应急救援器材的，由交通运输主管部门责令改正，处5万元以上10万元以下的罚款；拒不改正的，责令停产停业整顿；构成犯罪的，依法追究刑事责任。

第七十条要求，“危险化学品单位应当制定本单位危险化学品事故应急预案，配备应急救援人员和必要的应急救援器材、设备，并定期组织应急救援演练。危险化学品单位应当将其危险化学品事故应急预案报所在地设区的市级人民政府安全生产监督管理部门”。在此强调，定期组织应急救援演练是企业的法定职责。同时，开展应急救援演练是提高应急能力，检验生产安全事故应急救援预案有效性的重要途径。生产经营单位应当定期开展应急救援演练，及时修订应急预案，切实增强应急预案的有效性、针对性和操作性。通过应急救援演练，让每个可能涉及的相关部门、从业人员尤其是运输第一线的驾驶人员、押运人员熟知事故发生后如何报告(报警)、如何进行现场抢救、如何联络人员、如何避灾以及采取何种技术措施的方式和程序，提高广大从业人员的应急处置能力。一旦发生生产安全事故，将真正起到能够防止事故扩大，极大减少人员伤亡的作用。

第七十一条要求，“发生危险化学品事故，事故单位主要负责人应当立即按照本单位危险化学品应急预案组织救援，并向当地安全生产监督管理部门和环境保护、公安、卫生主管部门报告；道路运输、水路运输过程中发生危险化学品事故的，驾驶人员、船员或者押运人员还应当向事故发生地交通运输主管部门报告”。

(三)部门规章

1.《生产安全事故应急预案管理办法》

2009 年 4 月 1 日，国家安全生产监督管理总局下发了《生产安全事故应急预案管理办法》(国家安全生产监督管理总局令第 17 号，自 2009 年 5 月 1 日起施行)。

2016 年 4 月 15 日，国家安全生产监督管理总局第 13 次局长办公会议审议通过了修订后的《生产安全事故应急预案管理办法》(国家安全生产监督管理总局令第 88 号，自 2016 年 7 月 1 日起施行)。

《生产安全事故应急预案管理办法》适用生产安全事故应急预案(以下简称应急预案)的编制、评审、公布、备案、宣传、教育、培训、演练、评估、修订及监督管理工作。

2.《道路危险货物运输管理规定》

交通运输部颁布的《道路危险货物运输管理规定》第四十七条规定，危险货物道路运输企业或者单位应当加强安全生产管理，制定突发事件应急预案，配备应急救援人员和必要的应急救援器材、设备，并定期组织应急救援演练，严格落实各项安全制度。同时，在第四十九条中强调了“运输企业或者单位接到事故报告后，应当按照本单位危险货物应急预案组织救援，并向事故发生地安全生产监督管理部门和环境保护、卫生主管部门报告”。

综上所述，我国法规对危险货物道路运输事故应急救援预案的总体要求包括：①组织制定危险货物道路运输事故应急救援预案，并在事故发生时，要实施事故应急救援预案。②应当配备必要的应急救援器材、设备和物资，并定期组织演练。③应当将应急预案报交通运输主管部门备案。④发生危险货物道路运输事故，驾驶人员、押运人员立即报告，事故单位主要负责人应当按照本单位危险货物道路运输事故应急预案组织救援，还应当向事故发生地交通运输主管部门报告，并报告当地安全生产监督管理部门和环境保护、公安、卫生主管部门。⑤危险货物道路运输专职安全管理人员应当参与或组织编制企业道路运输事故应急预案。

(四)有关处罚

2016 年 7 月 1 日起施行的《生产安全事故应急预案管理办法》第四十四条明确，生产经营单位有下列情形之一的，由县级以上安全生产监督管理部门依照《中华人民共和国安全生产法》第九十四条的规定，责令限期改正，可以处 5 万元以下罚款；逾期未改正的，责令停产停业整顿，并处 5 万元以上 10 万元以下罚款，对直接负责的主管人员和其他直接责任人员处 1 万元以上 2 万元以下的罚款：一是未按照规定编制应急预案的；二是未按照规定定期组织应急预案演练的。

《生产安全事故应急预案管理办法》第四十五条明确，生产经营单位有下列情形之一的，由县级以上安全生产监督管理部门责令限期改正，可以处1万元以上3万元以下罚款：一是在应急预案编制前未按照规定开展风险评估和应急资源调查的；二是未按照规定开展应急预案评审或者论证的；三是未按照规定进行应急预案备案的；四是事故风险可能影响周边单位、人员的，未将事故风险的性质、影响范围和应急防范措施告知周边单位和人员的；五是未按照规定开展应急预案评估的；六是未按照规定进行应急预案修订并重新备案的；七是未落实应急预案规定的应急物资及装备的。

二、编制应急预案的标准要求

涉及应急预案编制的标准有：国家标准《生产经营单位生产安全事故应急预案编制导则》（GB/T 29639—2013）；安监总局标准《生产经营单位安全生产事故应急预案编制导则》（AQ/T 9002—2006）、《安全生产事故应急演练指南》（AQ/T 9007—2011）、《生产安全事故应急演练评估规范》（AQ/T 9009—2015）；交通运输部标准《危险货物道路运输企业运输事故应急预案编制要求》（JT/T 911—2014）。以下按标准发布时间顺序，介绍其中涉及的基本概念。

（一）《生产经营单位安全生产事故应急预案编制导则》（AQ/T 9002—2006）

标准规定了生产经营单位编制安全生产事故应急预案（以下简称应急预案）的程序、内容和要素等基本要求。标准适用于中华人民共和国领域内从事生产经营活动的单位。标准的主要内容有：应急预案的编制、应急预案体系的构成、综合应急预案的主要内容、专项应急预案的主要内容、现场处置方案的主要内容、附件等。

值得注意的是，为了做好安全生产事故应急演练，国家安全生产监督管理总局还制订了《安全生产事故应急演练指南》（AQ/T 9007—2011）、《生产安全事故应急演练评估规范》（AQ/T 9009—2015）等。标准规定了安全生产事故应急演练的目的、原则、类型、内容和综合应急演练的组织与实施，其他类型演练的组织与实施可参照进行。标准适用于针对生产安全事故所开展的应急演练活动。

（二）《生产经营单位生产安全事故应急预案编制导则》（GB/T 29639—2013）

《生产经营单位生产安全事故应急预案编制导则》（GB/T 29639—2013），自2013年10月1日实施。该标准是在《生产经营单位安全生产事故应急预案编制导则》（AQ/T 9002—2006）的基础上制订的。由于GB/T 29639—2013是国家标准，其内容要比行业标准AQ/T 9002—2006更加具有普遍的指导意义、更具有综合性。

标准规定了生产经营单位编制生产安全事故应急预案（以下简称应急预案）的编制程序、体系构成和综合应急预案、专项应急预案、现场处置方案以及附件。标准适用于生产经营单位的应急预案编制工作，其他社会组织和单位的应急预案编制可参照本标准执行。

（三）《危险货物道路运输企业运输事故应急预案编制要求》（JT/T 911—2014）

标准规定了危险货物道路运输企业运输事故应急预案的编制步骤、预案内容以及文本格式与要求。标准适用于指导危险货物道路运输企业编制危险货物运输过程中事故应急预案。标准规定了应急预案编制步骤，包括编制准备、应急预案编制、应急预案评审和上报、应急预案更新。预案内容，包括：企业概况；应急救援组织设置；事故及其灾害后果预测；驾驶人员和押运人员应急处置；企业应急处置；信息发布；后期处置；应急保障；应急培训和演练；附件。

三、术语和定义

为了指导危险货物道路运输企业做好事故应急预案，交通运输部组织制定了《危险货物道路运输企业运输事故应急预案编制要求》（JT/T 911—2014），从而解决了危险货物道路运输企业编制应急预案，无方法、无依据的问题。其中涉及术语定义如下。

（一）事故

JT/T 911 给出了事故的定义：危险货物道路运输过程中，突然发生的，造成或者可能造成社会危害，需要采取应急处置措施予以应对的紧急事故。如道路交通事故，运输车辆着火燃烧，车载危险货物发生泄漏、燃烧、爆炸等事故。

（1）该定义是依据《中华人民共和国突发事件应对法》和《公路交通突发事件应急预案》，结合危险货物道路运输实际制定的。事故发生的时间和场所为：突然发生在危险货物道路运输过程中；事故的严重程度为：造成或者可能造成社会危害并且需要采取应急处置措施。事故的类型包括道路交通事故，运输车辆着火燃烧、车载危险货物发生泄漏、燃烧、爆炸等。

（2）定义中强调了是危险货物道路运输过程中的事故，指出了事故可能造成社会危害，并做了列举。社会危害主要是指伤害人民群众生命和财产安全，污染、破坏环境等。

（3）危险货物道路运输事故，多数情况都是由交通事故导致的。如 2005 年京沪高速公路“3・29”事故是交通事故导致液氯泄漏特大事故；2012 年包茂高速陕西延安“8・26”特别重大道路交通事故是一起生产安全责任事故；2014 年西藏拉萨“8・9”特别重大道路交通事故是一起生产安全责任事故。

（二）事故等级

JT/T 911 给出了事故等级的定义：根据事故的社会危害程度和影响范围等因素，将其划分成的四个等级：特别重大事故（Ⅰ级）、重大事故（Ⅱ级）、较大事故（Ⅲ级）、一般事故（Ⅳ级）。

危险货物道路运输企业要根据所运危险货物的性质，区别对待、确定事故等级。也就是说,不是所有企业应急预案的事故等级都要有4个等级。

如有的企业所运危险货物的危害主要是污染;有的企业所运危险货物的危害主要是燃烧爆炸;有的企业所运危险货物的危害主要是毒害。这样的企业在确定企业应急预案的事故等级时,可以考虑包括"特别重大事故"。

又如有的企业所运的危险货物是"UN 3166 发动机、内燃机或内燃气体动力车辆、易燃液体动力车辆……",其仅在在空运时作为危险货物。这样的企业在确定企业应急预案的事故等级时,就不应该考虑包括"特别重大事故",其企业与普通货物运输的性质是一样的。

知识链接

道路交通事故,是指车辆驾驶人员、行人、乘车人以及其他在道路上进行与交通有关活动的人员,因违反《中华人民共和国道路交通管理条例》和其他道路交通管理法规、规章的行为,过失造成人身伤亡或者财产损失的事故。

根据人身伤亡或者财产损失的程度和数额,交通事故分为轻微事故、一般事故、重大事故和特大事故。具体标准由公安部制定。

轻微事故:是指一次造成轻伤1~2人;或机动车事故财产损失不足1000元,非机动车事故损失不足200元的事故。

一般事故:是指一次造成重伤1~2人;或轻伤3人以上10人以下;或财产损失不足3万元的事故。

重大事故:是指一次造成死亡1~2人;或重伤3人以上10人以下;或财产损失3万元以上不足6万元的事故。

特大事故:是指一次造成死亡3人以上;或重伤11人以上;或死亡1人、同时重伤8人以上;或死亡2人、同时重伤5人以上;或财产损失6万元以的事故。

(三)危险因素

JT/T 911 给出了危险因素的定义:引起事故的主要影响因素,包括危险货物运输驾驶人员、危险货物及包装、运输车辆及安全设备、道路条件、交通状况、沿途的地质环境和恶劣天气。

一般讲,一个危险因素,在不同场合,可以称为危险源;也可以由几个危险因素组合,称为危险源,见图6-1。

(四)应急预案

JT/T 911 给出了应急预案的定义:针对可能发生的事故,为保证迅速、有序、有效地开展应急与救援行动,消除或减少事故危害、降低事故造成的损失而预先制定的行动计划或方案。

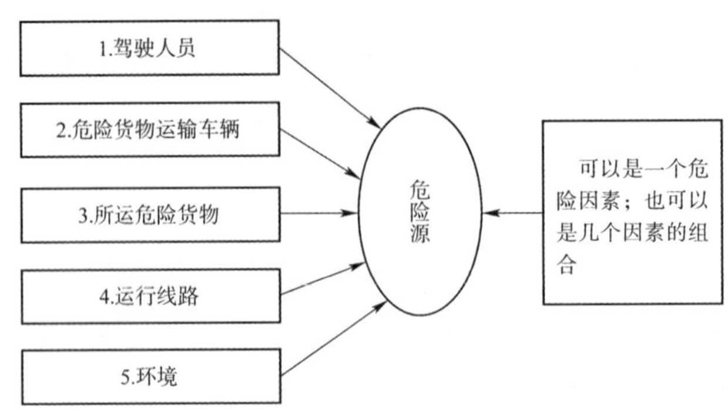

图6-1　危险因素与危险源的关系

“预先制定的行动计划或方案”是指针对危险货物道路运输事故应急环节，根据具体危险货物的理化特性、运输要求，有效识别运输过程中存在的风险，科学地预测运输过程中可能发生的事故及其灾害后果，并给出相应的应急处置措施，以达到减少事故造成的人员伤亡、财产损失、环境污染等损害的目的。

为了进一步理解应急预案，以下再介绍应急预案其他表述方式：

（1）应急预案，针对可能发生的事故，为迅速、有序地开展应急行动而预先进行的组织准备和应急保障。

（2）应急预案，为有效预防和控制可能发生的事故，最大程度减少事故及其造成损失制订的工作方案。

综上所述，应急预案就是针对可能发生的事故，做好预先的准备，最大程度减少事故危害和损失。

（五）应急响应

JT/T 911 给出了应急响应的定义：依据事故等级，为迅速、有序地开展应急行动而预先进行的组织、物资准备和应急处置工作部署。

由于不同事故级别，所需应急能力不同，为合理安排、利用有效的应急资源，需根据事故级别，划分不同应急响应级别。鉴于危险货物道路运输企业类型不同，所运的危险货物也不同，其事故等级的划分也不同，故在 JT/T 911 中未划分应急响应级别。

为了便于安全管理人员进一步了解“应急响应”的概念，在此予以进一步阐述。应急响应的开始是因为有“事故（事件）”发生。针对危险货物道路运输企业而言，就是企业为了应对各种意外事故的发生，所做的准备以及在事故发生后所采取的措施。

（1）应急响应的对象是事故，事故（等级）不同响应（等级）不同。

（2）应急响应的作用主要表现在事先的充分准备和事件发生后采取的措施两个方面的作用。一方面是事先的充分准备。这方面在管理上包括安全培训、制订安全政策和应急预案以及风险分析等，技术上则要针对运输车辆增加安全防护设备等。另一方面事件发生后的采取的抑制、根除和恢复等措施。其目的在于尽可能减少损失或尽快恢复正常运行。

这两个方面的工作是相互补充的。首先,事前的计划和准备为事件发生后的响应动作提供了指导框架,否则,响应动作将陷入混乱,而这些毫无章法的响应动作有可能造成比事件本身更大的损失。其次,事后的响应可能发现事前计划的不足,吸取教训,从而进一步完善安全计划。因此,这两个方面应该形成一种正反馈的机制,逐步强化组织的安全防范体系。

(六)应急处置

JT/T 911 给出了应急处置的定义:事故发生后,为消除、减少事故危害,防止事故扩大或恶化,最大限度地降低事故造成的损失或危害而采取的救援措施和行动。

应急处置主要包括驾驶人员、押运人员以及企业相关人员在事故发生后,采取的救援处置行动。

知识链接

在《生产经营单位安全生产事故应急预案编制导则》(AQ/T 9002—2006)中对应“应急处置”的是“应急救援”。“应急救援”是指,在应急响应过程中,为消除、减少事故危害,防止事故扩大或恶化,最大限度地降低事故造成的损失或危害而采取的紧急措施或行动。

在《生产经营单位生产安全事故应急预案编制导则》(GB/T 29639—2013)中对应“应急处置”的是,“应急救援”。“应急救援”是指,在应急响应过程中,为最大限度地降低事故造成的损失或危害,防止事故扩大,而采取的紧急措施或行动。

由于危险货物道路运输事故具有交通事故与危险品事故叠加的双重危害,会对生命、健康、财产和环境造成非常大的影响。而普通民众及一些救援人员对危险品的了解相对较少,因此,危险货物道路运输企业能在第一时间内给救援队伍正确的危害信息、采取科学的前期处置措施,极大限度地避免事故扩散,这对避免次生灾害的发生是非常重要的。

(七)应急资源

JT/T 911 给出了应急资源的定义:应急装备、物资、储备的运力和应急救援队伍等。

应急救援装备和物资是危险货物道路运输企业根据应急救援的需要和企业的实际情况,配备的用于应急救援的器械、设备、工具和储备资金等。相关应急救援装备和物资至少包括:个人防护用品、警戒保卫器材、消防器材、专业仪器、封堵工具材料、回收设备、应急救援车辆、应急照明设备、通信联络及保障设备、常用救护药品和应急救援资金等。

应急救援队伍是指在危险货物运输过程中发生事故时,参加事故救援的单位、人员,主要包括抢修、现场救护、医疗、治安、消防、交通管理、通信、供应、运输、后勤等方面。应急救援队伍是应急救援的有力保障,可以是企业自己组建的,也可以是采取与具有专业资质单位签署协议方式拥有的。

危险货物运输企业要根据自身条件和应急救援预案的要求,对所需应急救援资源进行补充和调整。而对于不具备条件的资源，企业可以根据应急救援预案的要求，与具备相应条件单位或专业救援部门签订应急救援救助协议，落实相关应急救援救助方案。应急资源强调加强与周边企业的协作，加强应急资源的共享。

（八）其他

1. 恢复

恢复是指事故的影响得到初步控制后，为使生产、工作、生活和生态环境尽快恢复到正常状态而采取的措施或行动。

2. 应急演练

应急演练是指针对可能发生的事故情景，依据应急预案模拟开展的应急活动。

综上所述，安全管理人员应当建立有关应急预案的相关概念，并把这些概念进行梳理，从而把握编制应急预案的基本理念、思路，见图6-2。

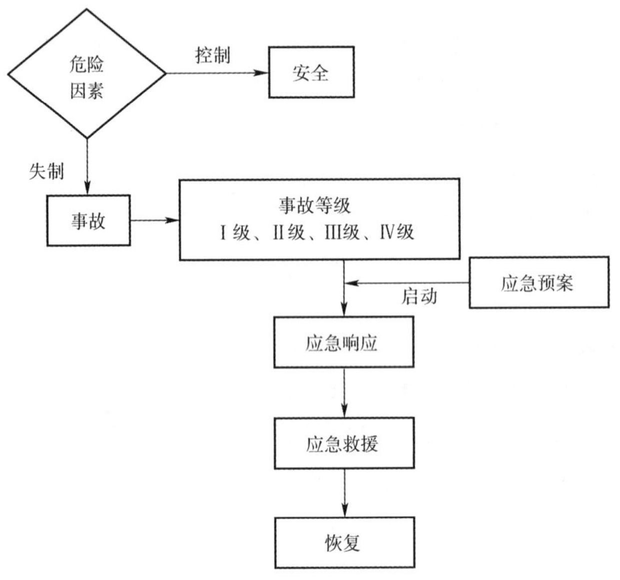

图6-2 编制应急预案的基本思路

四、应急预案编制要求

（一）编制目的

应急预案的编制是为了加强对危险货物道路运输安全的有效控制，最大限度地预防或降低危险货物道路运输事故危害，保障人民生命和财产安全，保护环境，使危险货物运输企业在突发泄漏、火灾、爆炸灾害事故时，能迅速反应、妥善处置，尽可能减少对人员、财产和环境的有害影响。

(二)编制原则

危险货物道路运输事故应急预案编制应坚持以下原则:

1. 以人为本、安全第一

把保障公众健康和生命财产安全作为首要任务,最大限度地减少危险货物道路运输事故及其造成的人员伤亡和损失。

2. 预防为主、平战结合

增强忧患意识,坚持预防与应急相结合,做好应对危险货物道路运输事故的各项准备工作。从事故预防的角度看,一方面要在技术上采取措施,使得运输生产的工具、设施设备具有保障安全状态的能力,另一方面要通过管理协调"人自身"的关系,掌握安全生产知识,以实现系统的安全。坚持预防为主的方针,做好预防、预测和预警工作。同时做好常态下的风险评估、物资储备、队伍建设、装备完善、预案演练等工作。

3. 统一领导、分级管理

建立健全分类管理、分级负责的应急管理体制,自上而下建立起危险货物道路运输事故的预案启动和应急处置工作管理体系。

4. 充分准备、科学救援

采用先进技术,充分发挥专家作用,使用先进的救援装备和技术,增强应急救援能力,确保应急救援的科学、及时、有效。加强应急处置队伍建设,建立联动协调制度,形成统一指挥、反应灵敏、协调有序、运转高效的应急管理机制。事先对可能发生事故的状态和后果进行预测并制定救援措施,一旦发生异常情况,能根据应急预案,及时进行救援,可最大限度避免突发性重大事故发生和减轻事故所造成的损失,同时又能及时地恢复生产。

(三)基本要求

制定事故应急预案时,应具体描述意外事故和紧急情况发生时所采取的措施,其要求是:

(1)提供充分而详细的资料,包括:①具体描述可能的意外事故和紧急情况及其后果;②若可能,指明采用哪些措施来限制后果。

(2)确定负责人及所有人员在应急期间的职责。

(3)与危险货物生产企业联系。

(4)与外部应急机构的联系。

(5)与安全生产监督管理部门、公安部门、环保部门、保险机构及相邻企业的交流。

(6)便于缺乏专业理化知识的人员执行。

(7)提供所需的现成资料,避免过多浪费时间。

(四)基本内容

危险货物道路运输企业制定的安全事故应急救援预案至少应包括以下内容:

(1)发生事故或紧急情况时，向单位内外的适当机构报告的程序；

(2)发生事故或紧急情况时向过往车辆、行人发出警报并采取积极抢救措施的程序；

(3)危险目标的确定和潜在危险性评估；

(4)单位内部应急指挥机构、报告程序、职责分工；

(5)应急队伍组织与演练；

(6)提供有关危险情况下适用的应急设备；

(7)预防事故的措施；

(8)紧急处置措施方案；

(9)人员培训；

(10)经费保障。

上述内容表述等很简单。但在实际工作中，企业必须根据自身的实际情况细化每一条。如针对第(1)条，企业首先要区分事故与紧急情况；其次根据企业所运危险货物的特性，将事故、紧急情况分级。只有在解决了事故、紧急情况分级后，才有可能确定报告程序。举例说明，在运输过程中如发现危险货物包装破损，这种情况是算事故还是算紧急情况？如何启动报告程序、报谁？同时还要注意，只表述危险货物包装破损还不能说明问题的性质，必须进一步说明包装物里装的是什么危险货物。如包装物里所装的危险货物分别是氰化钠、硫酸、潮湿的棉花，其危害的程度完全不一样。应如何启动报警程序？这些问题都要具体分析，也就是说，不是所有事故、紧急情况都要打报警电话。这也再次强调，明确事故及等级是编制应急预案的关键环节。

同时，还要注意避免编制者仅对上述内容作简单梳理、排列组合甚至重复、抄袭，而缺少对本企业实际情况的分析，缺少对本企业实践经验与教训的总结提炼，以及与同类预案的比对，更谈不上通过实战演练实现预案的循环更新，从而使应急预案丧失了作为一种具体工作方案应当具备的可操作性。

危险货物道路运输企业安全管理人员应当参与或组织编制企业道路运输事故应急预案，并应该在发生运输突发事件时，配合相关部门及时采取联系托运人、组织应急救援人员和设备等应急配合措施。

五、编制应急预案准备工作

(一)建立完善工作机制，细化明确任务目标

应急预案是在辨识和评估潜在风险发生的可能性、过程、后果及影响严重程度的基础上，对应急机构与职责、人员、技术、装备、设施(备)、物资、救援行动、指挥与协调等方面预先做出的具体安排。其编制工作涉及面广、专业性强，是一项较复杂的系统工作，需要安全、工程技术、组织管理、医疗急救等各方面的知识，应按一定的步骤进行。

1. 建立机构

(1)根据本企业的实际情况，从本企业的运输规模、运输危险货物的种类和车辆、从业

人员情况出发,成立由单位主要负责人(或分管负责人、企业主管经理)为组长,单位相关部门管理人员和关键岗位的业务骨干组成的应急预案编制工作组,明确工作职责和任务分工,制订工作计划,组织开展应急预案编制工作。针对危险货物道路运输企业而言,工作组应由企业负责人、安全管理人员和有经验的从业人员(驾驶人员、押运人员、装卸管理人员)组成。

同时在此强调,企业可以聘请科研院校的研究人员参与本企业的应急预案的编制,但不能全权委托科研院校编制本企业的应急预案。

(2)由于编制工作涉及面广、专业性强、针对性强,要注意选择熟悉安全管理、车辆管理、运行管理(调动)、GPS监控、危险货物特性等方面知识的管理人员和经验丰富的驾驶和押运人员参加编制工作组。工作组成员的人数,根据大、中、小型危险货物道路运输企业的实际情况确定。

(3)在条件允许的情况下,还要注意听取地方消防、公安、医疗等单位的意见和建议,尤其考虑发挥托运人(危险货物生产企业)专业优势和作用。

知识链接

某企业建立的应急预案编制机构及职责

机　构	职　责
领导小组:总指挥	(1)发生事故时,批准启动和终止本预案; (2)组织指挥应急队伍实施救援行动; (3)向上级汇报或向临近单位通报事故情况,必要时向有关单位发出救援请求; (4)总结应急救援经验教训
领导小组:副总指挥	(1)协助总指挥负责救援的具体指挥工作; (2)负责突发事件处置时的安全调度工作
信息传输组	(1)担负各组之间的联络和对外联络的任务; (2)负责与其他小组业务进展情况保持联络; (3)负责与企业领导保持联络并汇报抢险工作开展情况
关系协调组	(1)负责与110、119、122、120等部门的协调工作; (2)负责与当地安监局等政府相关部门进行关系协调; (3)负责处理抢险完毕后的政府协调工作; (4)负责日常沿途政府、安检等部门关系协调
技术保障组	(1)负责事故现场的抢险指挥工作; (2)负责抢险方案的制定工作
救护组	负责受伤人员的就地抢救和转院治疗工作
抢险救援组	(1)负责与外埠就近的抢险小组的沟通协调工作; (2)负责抢险抢修的指挥协调; (3)负责突发事件现场的抢险抢修工作

续上表

机　　构	职　　责
安全警戒组	担负现场治安、交通指挥、设立警戒、指导员工、疏散附近人群等任务
后勤保障组	(1)负责现场车辆的疏导和调度工作； (2)负责应急救援物资保障工作。担负伤员的生活必需品，抢救物资的采购、供应，受伤人员、抢救人员和救援物资的交通运输、应急生活安排等任务
环境监测组	负责监测事故现场排放污染物的种类、性质、浓度和可能释放量及其危害等，判定、预测受污染或可能受污染的地区范围和影响程度

2. 制订计划

制订、完成运输计划，是危险货物道路运输企业的硬指标。存在对安全管理工作松懈的情况，如有些企业知道制订应急预案是企业的法定责任，也成立编制工作组，但因为运输任务忙等原因，迟迟不能完成编制工作。在这种情况下，安全管理人员有义务督促企业负责人落实其法定义务。

在制订计划时，要细化、明确任务目标。制订应急预案编制计划，至少应包括以下内容：

(1)评估应急预案编制必要性；

(2)明确编制人员职责；

(3)确定工作方案、进度；

(4)制订应急预案编制计划。

3. 研究分析

(1)全面分析本单位危险因素、可能发生的事故类型及事故的危害程度；

(2)排查事故隐患的种类、数量和分布情况，并在隐患治理的基础上，预测可能发生的事故类型及其危害程度；

(3)确定事故危险源，进行风险评估；

(4)针对事故危险源和存在的问题，确定相应的防范措施；

(5)客观评价本单位应急能力；

(6)充分借鉴国内外同行业事故教训及应急工作经验。

(二)收集资料

收集、调查应急预案编制所需的各种资料，是开展所有科研工作的基础。一是要做到依法、依标；二是借鉴同行经营、借鉴发达国家的经营；三是切实结合本企业所运危险货物及运输路线情况。收集资料，至少应包括以下内容：

1. 相关法律法规和技术标准

涉及危险货物道路运输企业制订应急预案的法规标准等，见表6-1。同时，企业还要关注所在地人民政府相关部门和有关企业的应急预案。

涉及企业制定的主要法规标准　　表 6-1

主要法规、规章	《安全生产法》(国家主席令第 70 号)
	《中华人民共和国突发事件应对法》(国家主席令第 69 号)
	《危险化学品安全管理条例》(国务院令第 591 号)
	《道路运输条例》(国务院令第 406 号)
	《道路危险货物运输管理规定》(交通运输部令 2013 年 2 号)
	《生产安全事故应急预案管理办法》(国家安全生产监督管理总局令第 17 号)
	《交通运输突发事件应急管理规定》(交通运输部令 2011 年第 9 号公布)
主要国家标准 行业标准	《生产经营单位生产安全事故应急预案编制导则》(GB/T 29639—2013)
	《危险化学品单位应急救援物资配备标准》(GB 30077—2013)
	《生产经营单位安全生产事故应急预案编制导则》(AQ/T 9002—2006)
	《安全生产事故应急演练指南》(AQ/T 9007—2011)
	《生产安全事故应急演练评估规范》(AQ/T 9009—2015)
	《危险化学品事故应急救援指挥导则》(AQ/T 3052—2015)
	《危险货物道路运输企业运输事故事件应急预案编制要求》(JT/T 911—2014)
应急预案	国务院发布《国家突发公共事件总体应急预案》(2006 年 1 月 8 日)
	《突发事件应急演练指南》(国务院办公厅国务院应急管理办公室应急办函〔2009〕62 号)
	交通运输部 2009 年印发《公路交通突发事件应急预案》

2. 国内外同行业事故案例分析

危险货物道路运输企业要借鉴国内外同行企业的经验和事故案例资料。我国的一般中小型危险货物道路运输企业不具备与国外同行交流的机会，但可以查阅一些文献和资料。

3. 收集其他资料

(1)收集本企业安全生产相关资料。

收集本企业安全生产责任制、安全管理制度、安全操作规程等安全生产的相关资料。这些制度，是安全生产的基本要求。

(2)收集本企业车辆技术档案和车辆(从业人员)事故、违章处理记录。

本企业的车辆主要包括，类型(普通货车、罐车、集装箱运输车等)和使用特性、车辆技术状况等；从业人员主要包括，驾驶人员的驾龄、驾驶水平、驾驶习惯、安全意识以及道路运输车辆卫星定位系统记录超速、疲劳驾驶、急速加速制动等情况，事故违章处理记录。

(3)收集本企业运输线路及沿线的地质环境、交通状况等。

运输线路及沿线的地质环境、交通状况等，是指依据企业的主要运输产品和运输线路，确定本企业运输途中的危险源，特别是运输途中变化较多的地段、交通拥挤地段，车辆和装卸、加油等运输作业环节等，进行事故风险识别，并指出可能产生的次生、衍生事故，分析结果作为应急预案的编制依据。

(4)收集本企业所运危险货物的资料。

结合危险货物道路运输的实际，收集所运危险货物的资料。其主要包括：危险货物特性、运输要求和事故预防措施等，并要注意根据所运危险货物，了解其应急资源情况。

全面收集有关资料并进行学习、研究，是编制应急预案的基础。

(三)分析本企业和托运人的应急资源

在分析应急资源方面，要求依据危险源辨识与评价的结果，对现有的应急资源和应急能力进行分析，评估现有消防设施数量分布、人员管理和配置，明确应急救援的需求和不足，并及时改进。

相对危险货物道路运输企业而言，应急资源是有限的，但也要注意根据有关规定做好相关配置工作；在一般情况下，托运人是危险货物的生产企业。生产企业对其生产的危险货物性质最了解，并具备应急救援能力和资源，故要注意发挥危险货物生产企业的专业作用。危险货物道路运输企业在制作《危险货物道路运输安全卡》时，可以考虑增加托运人(生产企业)的联系电话。

第二节　应急预案的基本内容

应急预案应当根据有关法律、法规的规定，针对交通运输突发事件的性质、特点、社会危害程度以及可能需要提供的交通运输应急保障措施，明确应急管理的组织指挥体系与职责、监测与预警、处置程序、应急保障措施、恢复与重建、应急演练及救援物资等具体内容。本节根据 JT/T 911 等国家行业标准的要求，介绍编制应急预案的基本内容。

一、基本要求

(一)应急预案体系

首先根据《生产经营单位生产安全事故应急预案编制导则》(GB/T 29639—2013，以下简称 GB/T 29639)，介绍应急预案体系。

生产经营单位的应急预案体系主要由综合应急预案、专项应急预案和现场处置方案构成，见图 6-3。生产经营单位应根据本单位组织管理体系、生产规模、危险源的性质以及可能发生的事故类型确定应急预案体系，并可根据本单位实际情况，确定是否编制专项应急预案。风险因素单一的小微型生产经营单位可只编写现场处置方案。

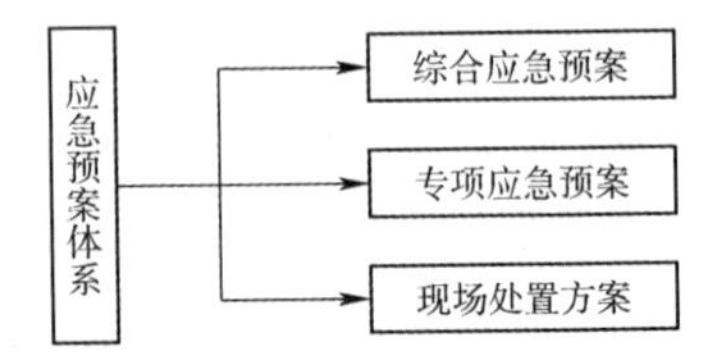

图 6-3　生产经营单位的应急预案体系

危险货物道路运输企业要把握 GB/T 29639 关于综合应急预案、专项应急预案和现场处置方案的概念，然后根据本企业的实际确定适合本企业的应急预案体系。

1. 综合应急预案

综合应急预案是生产经营单位应急预案体系的总纲，主要从总体上阐述事故的应急工作原则,包括生产经营单位的应急组织机构及职责、应急预案体系、事故风险描述、预警及信息报告、应急响应、保障措施、应急预案管理等内容。

综合应急预案主要内容,见图6-4。

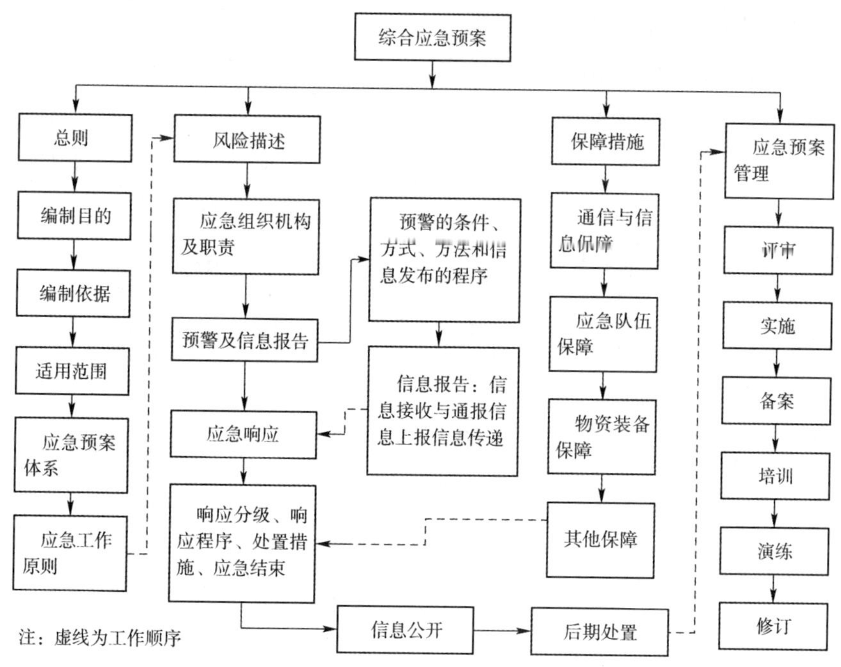

图6-4 应急预案主要内容

2. 专项应急预案

专项应急预案是生产经营单位为应对某一类型或某几种类型事故,或针对重要生产设施、重大危险源、重大活动等内容而制订的应急预案。专项应急预案主要包括事故风险分析、应急指挥机构及职责、处置程序和措施等内容。

专项应急预案主要内容,见图6-5。

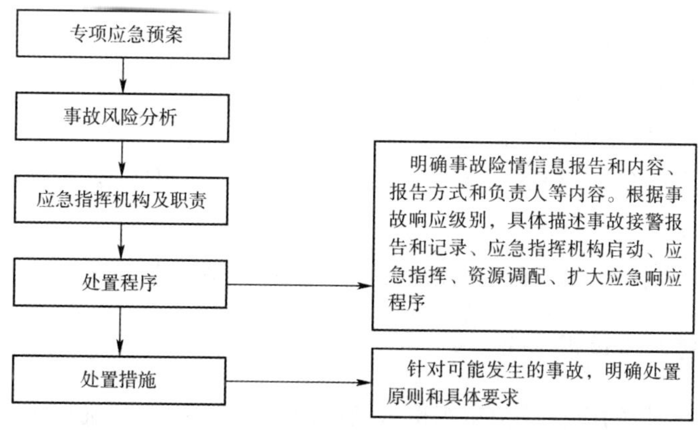

图6-5 专项应急预案主要内容

3. 现场处置方案

现场处置方案是生产经营单位根据不同事故类别,针对具体的场所、装置或设施所制定的应急处置措施,主要包括事故风险分析、应急工作职责、应急处置和注意事项等内容。生产经营单位应根据风险评估、岗位操作规程以及危险性控制措施,组织本单位现场作业人员及安全管理人员共同编制现场处置方案。

现场处置方案主要内容,见图6-6。

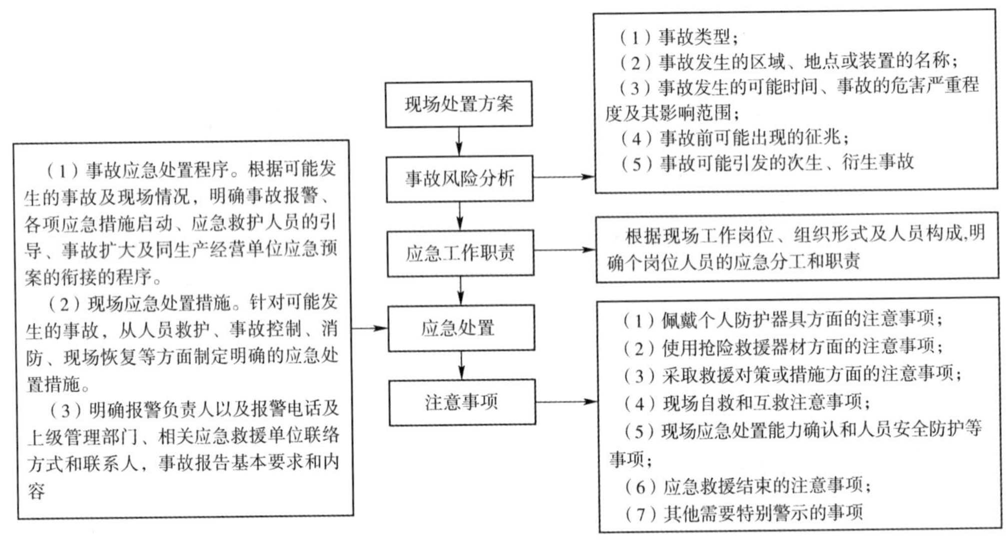

图6-6　现场处置方案主要内容

危险货物道路运输企业,要根据本企业的实际情况编制应急预案。危险货物道路运输企业的应急预案应当侧重于现场处置方案,同时还要注意兼顾综合应急预案、专项应急预案的通用内容、要求,要切实解决实际问题并具有可操作性。

(二)企业概况

企业基本情况,至少应包括以下内容:

(1)企业地址、经营范围、经营规模;

(2)企业组织管理体系;

(3)从业人员、专用车辆情况;

(4)主要运输危险货物的UN编号、品名、运量和起始地、目的地、行驶路线图等;

(5)企业应急资源。

企业了解上述基本情况是有针对性地开展应急预防、应急处置等工作的前提。

(三)应急救援组织设置

明确生产经营单位的应急救援组织形式及组成单位或人员,明确构成部门的职责。

JT/T 911要求设置应急救援组织,至少包括应急领导组、技术指导组和现场工作组,明确各组职责。但根据危险货物道路运输企业实际情况，一些中小企业不可能设置上述3个工作组。故危险货物道路运输企业在设置应急救援组织时，不论企业大小都要考虑如何落实应急领导组、技术指导组和现场工作组的职能。中小企业在保证功能的情况下，也可以将3个组合并成一个组。以下，介绍各组应具备的职能。

1. 应急领导组

应急领导组主要由危险货物运输企业法人或委托法人担任组长，组员由技术、安全、保卫、运输等部门负责人组成，其主要职责有：

(1)组织制订危险货物道路运输过程中事故应急救援预案；

(2)组织应急救援预案的演练；

(3)批准应急救援预案的启动和终止；

(4)确定事故状态下各级人员的职责，确定现场指挥人员；

(5)接受政府的指令和调动。

2. 技术指导组

技术指导组主要由企业具有专业应急救援知识的副经理或者安全部门负责人担任组长，组员由技术、安全、保卫、运输等部门技术人员组成，其主要职责有：

(1)负责抢险方案的制订工作；

(2)负责事故现场的抢险指挥工作，组织指挥应急救援队伍；

(3)协调事故现场有关工作；

(4)负责其他相关方面的指导工作。

3. 现场工作组

现场工作组主要由安全管理人员担任组长，组员由专业安全技术人员、消防人员、环境检测人员、罐车作业人员(驾驶人员、押运人员)、堵漏抢险人员、警戒保卫人员、后勤保障人员等组成，其主要职责有：

(1)负责实施事故救援方案，开展事故应急处置工作；

(2)负责现场治安、交通指挥、设立警戒、附近人群疏散等工作；

(3)负责保护事故现场及相关物证、资料；

(4)负责及时报告现场有关情况；

(5)负责事故救援后现场处理工作；

(6)负责实施应急领导组交办的其他工作。

(四)事故及其灾害后果预测

事故及其灾害后果预测，也就是风险源与风险分析。应急预案是针对可能发生的事故提出的应急行动计划，事故及其灾害后果预测是应急预案编制的基础。为了更好地引导企业分析运输过程中可能发生的事故，《危险货物道路运输企业运输事故事件应急预案编制要求》(JT/T 911—2014)在分析大量事故案例基础上，结合多家运输企业经验，分析了运输过程中的第一危险源和第二危险源，总结出了事故及其灾害后果预测表，见表6-2。运用表6-2，企业可以依据选择的运输线路及环境状况、车辆状况和危险货物性质，确定运输过程中的危险因素，进而推导出可能的事故，预测后果。为了引导企业做好事故及其灾害后果预测，标准还提供了事故及其灾害后果预测范本示例，见表6-3和表6-4。

事故及其灾害后果预测　　表6-2

危险因素		发生危险场所或路段	时间段	可能引起的事故	灾害后果
驾驶人员	身体状况不良				
	操作失误				
危险货物	理化性质不稳定				
包装及罐体容器	包装引发相关问题				
	罐体自身缺陷引起罐体破损				
	阀门泄漏				
运输车辆及安全设备	安全附件失效				
	爆胎				
	制动不良				
	底盘故障				
道路条件	路面平整度差				
	连续下坡				
	陡坡、急弯				
	有限高				
	道路线形不合理				
交通状况	交通混行秩序差、车流量大				
	行驶过程中车辆事故				
沿途地质环境	山体突出				
	山体滑坡、崩塌				
	洪水、泥石流				
恶劣天气	暴雨				
	高温				
	大雪				
	大雾或严重雾霾				

液氯罐车事故及其灾害后果预测 表6-3

<table>
<tr><th colspan="2">危险因素</th><th>发生危险场所或路段</th><th>时间段</th><th>可能引起事故</th><th>灾害后果</th></tr>
<tr><td rowspan="2">包装及罐体容器故障</td><td>罐体自身缺陷引起罐体破损</td><td>×××公路×××km</td><td>××时左右</td><td>液氯介质泄漏</td><td rowspan="4">1. 健康危害
(1)侵入途径:吸入;
(2)健康危害:对眼、呼吸道黏膜有刺激作用;
(3)急性中毒;
(4)慢性影响;
(5)液态氯蒸发时要吸收大量的热,接触液氯可引起严重冻伤;
(6)氯气浓度与对人体产生的效应见表6-4。
2. 环境危害
对植物、禽兽、具有不同程度的破坏作用</td></tr>
<tr><td>阀门泄漏</td><td>×××公路×××km</td><td>××时左右</td><td>液氯介质泄漏</td></tr>
<tr><td>恶劣天气</td><td>高温暴晒</td><td>×××公路×××km</td><td>××时左右</td><td>罐体压力升高,罐体爆炸或安全阀开启,导致液氯介质泄漏</td></tr>
<tr><td>交通状况</td><td>行驶过程中车辆事故</td><td>×××公路×××km</td><td>××时左右</td><td>引发液氯罐车的罐体破损,安全阀、压力表、液位计和装卸阀等损坏,导致液氯介质泄漏</td></tr>
</table>

氯气浓度对人体产生的效应 表6-4

氯气浓度(mg/m^3)	效　　应
0.06	闻到气味(可产生一定的耐受性)
90	可致剧咳
120～180	30～60min 可引起中毒性肺水肿及肺炎
300	可造成致命损害
3000	危及生命

在此强调,标准仅给出了风险评估的分析问题和解决问题的定性方法。关于风险评估的定量分析方法,专职安全管理人员还要结合工作需要,进一步学习风险管理方面的专业知识。

二、应急处置

(一)驾驶人员和押运人员应急处置

运输事故中,驾驶人员和押运人员是现场的第一发现者和施救者,主要职责就是全面、准确和及时地将信息报送到相关部门,并在条件许可的情况下,采取初期的处置措施,赢得最佳救援时机。依据交通运输部《道路危险货物运输管理规定》第五十一条对事故处置规定、报警,公安部《道路交通事故处理程序规定》第三章对报警和受理的要求,以及《公路交通突发事件应急预案》3.2 节应急处置的规定,确定了驾驶人员和押运人员在事故中主要职责为正确停车、有效的事故报警和报告,自我防护,在条件许可情况下设置警戒、警告标志,协助疏散人员和配合救援。

应急预案应当明确驾驶人员、押运人员在发生事故时，应急处置的具体内容。

1. 停车处置

JT/T 911 针对停车处置，提出了基本要求。

（1）立即停车，明确停车后将发动机熄火并切断所有电源的规定；对于无法立即停车的，明确移动后停车的条件，以及停车位置的要求；

（2）撤离驾驶室时需要携带《危险货物道路运输安全卡》等重要资料清单。驾驶人员或押运人员撤离驾驶室时携带《道路危险货物运输安全卡》，是为了解所运危险货物的危险性、泄漏处理、储运要求、急救措施、灭火方法以及相关门联系电话等。

由于事故情况千变万化，停车处置的内容也不同，或者说有时是不能立即停车的。在事故发生初期，驾驶人员和押运人员采取的诸如正确停车、切断电源等初期处置措施，可以有效控制事故蔓延，为救援队伍争取时间。同时在事故现场采取一切可能的警示措施，如放置警告牌、设置警戒线、广播报警等，可有效避免更多的无关人员遭受伤害，把事故损失减少至最少。以下介绍几种正确的停车做法。

（1）在一般情况下，可以立即停车，熄火发动机并切断总电源。但此时车辆要立即开启危险报警闪光灯（打开双闪灯），在车后方 150m 处摆放警告标志。对于无法立即停车的（如在隧道内、加油站旁等），要将车辆驶入安全区域停车。

（2）在高速公路上发生事故时，应将车停在紧急停靠带内，此时车辆要立即开启危险报警闪光灯，在车后方 150m 处摆放警告标志。夜间、雨、雾等天气还应当同时开启示廓灯、尾灯和后雾灯。

（3）迅速停车，观察情况。查看车辆和罐体损坏及现场周边情况。如果发生危险品泄漏，条件允许时，迅速将车驶离水源、城镇、村庄和人员密集场所等区域，或直接就近将车停于空旷、低洼地点实施关闭紧急制动阀、紧急封堵、容器或吸油海绵收集等措施。

（4）发生易燃液体罐车泄漏事故时，发现罐车容器管路系统出现有微小泄漏，尽可能在救援队伍到来之前进行检修、堵漏处理，可以有效避免泄漏点扩大，减少泄漏量。而当泄漏量增大、人员无法靠近时，应设置相应警戒隔离标志并立即离开危险区域，避免由于突发爆炸、火灾事故造成人员伤亡。

由上述违法停车案例可知，违法停车可能造成交通事故，并由交通事故导致危险货物罐车爆炸燃烧重大责任事故。同时还要注意，运输危险货物的专业车辆因事故原因需要紧急停车时，也要注意停车要求，不能违法、违规停车，避免造成次生事故。

2. 信息报告

根据 JT/T 911 的要求，发生事故时要做好信息报告。报告内容要明确以下方面内容：

（1）事故发生地报警电话；

（2）事故发生地交通运输主管部门、本企业 24 小时有效的联络方式、手段；

（3）事故信息报告的流程和时限；

(4)事故信息报告的内容和方式。

也就是说,信息报告人要做好信息报告,第一要明确24小时应急值守电话、事故信息接收、通报程序和负责人;第二要明确在事故发生后,向上级主管部门、上级单位报告事故信息的流程、内容、时限和责任人;第三要做好信息传递,明确事故发生后向有关部门或单位通报事故信息的方法和程序。

企业在接到事故报告后,及时有效地向安全生产监督管理部门、环境保护主管部门、卫生主管部门等进行通报,并立即启动应急预案,会同最了解所运危险货物性质的托运人采取检修、灭火、维护现场秩序、警戒设置等应急措施,联络、协助相关救援部门、单位进行事故救援。

3. 报告内容

按照JT/T 911要求,事故信息报告的内容至少应包括以下部分:

(1)报告人姓名、联系方式;

(2)发生的事故及部位;

(3)发生时间、具体地点(如×××公路×××km处)、行驶方向;

(4)车辆牌照、荷载吨位、车辆类型、罐车罐体容积,当前状况;

(5)UN编号、危险货物品名、数量,当前状况;

(6)人员伤亡及危害情况;

(7)已采取或拟采取的应急处置措施。

报警时,还可以进一步强调事故性质(如由交通事故引发的危险货物泄漏、火灾、爆炸等)。

在发生事故时,全面、准确和及时地将信息报送到相关部门是驾驶人员和押运人员最主要的职责,因此合理地确定事故报告内容,显得尤为主要。按照交通运输部《交通运输突发事件信息报告和处理办法》对信息报告的要求和规定,应从运输的危险货物及其当时的状态、运送的车辆及当时的状态、事故基本信息及其已经产生的影响、采取的措施等方面确定报送内容。

危险货物道路运输事故发生后,驾驶、押运人员要立即报告事发地公安交通管理部门和本企业。由于在实际运输过程中的危险货物道路运输事故,大多数是交通事故或是由交通事故导致危险货物泄漏、燃烧、爆炸等责任事故,故发生事故后第一时间报告公安部门。此外,还要强调《危险化学品安全管理条例》要求道路运输过程中发生危险化学品事故的,驾驶人员或者押运人员还应当向事故发生地交通运输主管部门报告。事故报警流程见图6-7。

事故现场的驾驶、押运人员除了要及时向事故发生地公安机关、交通运输主管部门报警,还要向本企业汇报。

4. 现场处置

现场处置,针对灾害后果预测表中事故和灾害后果,至少应明确以下内容:一是个体防护措施；二是初期应急处置措施；三是放置警告标志、设置警戒、协助疏散人员方案；四是现场保护方案；五是配合政府部门开展应急救援的要求。

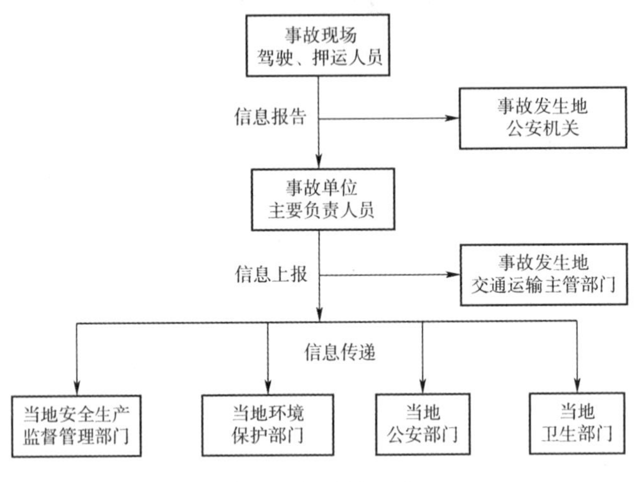

图6-7　事故报警流程

事故发生后，驾驶、押运人员需采取的措施有：

(1)个体防护，以确保自身安全。如穿防护服、佩戴自供正压式呼吸器、停留在上风向等。如有需要，施救人员要抓紧取出备用的应急装备包，穿戴好防护装备，如无法取出装备，采取简易有效的防护措施保护自己。

(2)初期应急处置。事故报告后，驾驶人员应根据危险货物的不同特性，采取相应的应急措施。如针对爆炸品爆炸燃烧等事故，需用水冷却灭火，不能采取窒息法或隔离法；对其撒漏物，应及时用水湿润，再撒以锯末或棉絮等松软物品收集并保持相当湿度，报请公安部门或消防人员处理。

(3)放置警告标志、设置警戒、协助疏散人员。警告标志和警戒的设置应按照《中华人民共和国道路交通安全法实施条例》和《道路危险货物运输管理规定》的规定规范设置。隔离事故现场，把现场人员疏散或转移至安全区域，应选择安全的撤离路线，一般是从上风侧(口)离开。

(4)现场保护。肇事车停位、伤亡人员倒位、各种碰撞碾压的痕迹、刹车拖痕、血迹及其他散落物品均属保护内容，不得破坏、伪造。如危险货物泄漏有爆炸、火灾、中毒可能危及安全时，驾驶人员应劝导阻止无关人员和车辆进入现场。并在现场周边设置安全警示标志，提示过往行人和车辆注意避让。

(5)根据车上运载的危险品货物性质、危害特性、包装容器的使用特性采取相应的应急措施。如油罐运输车、液化气运输车、腐蚀品运输车采取相应的应急器材和防护用品。

(6)发生火灾等事故。遇到火灾初期，可迅速取出灭火器灭火，或用路边沙土扑救；火势失控应放弃个人扑救，采取应急疏散、撤离和逃生措施，待消防救援力量到场后，配合开展救援行为。

(7)其他相关提示。

①在高速公路上,驾驶、押运人员要注意自身安全防护,必须停留在安全区域。

②在高架桥上,要提示引导相关人员沿桥面疏散、撤离和逃生。

③在夜间,要摆放应急警示灯,提示过往车辆注意避让。

④在人员密集区域时要告诫围观群众远离,且现场周边严禁烟火。

⑤遇突发自然灾害时,驾驶人员应立即将危险货物车辆停放于安全地带。

(二)企业应急响应

1.信息报送与通信联络

标准要求信息报送与通信联络,至少应明确以下内容:

(1)当地安全生产监督管理部门、环境保护、公安、卫生主管部门有效的联络方式和手段;

(2)本企业和托运人24小时有效的应急通信联络方式;

(3)事故信息接收和通报程序、内容和时限。

2.响应分级

JT/T 911要求,依据事故等级确定应急响应级别。因此,企业应针对事故危害程度、影响范围和单位控制事态的能力,将事故分为不同的等级。按照分级负责的原则,明确应急响应级别。

危险货物道路运输企业,根据事故可能造成不同程度的人员、财产及环境危害,需要有针对性地采取相应的应急响应,并对应急救援组织的行动做出规定,以确保有秩序地进行救援,减少事故损失。基于危险货物运输事故等级的划分,根据企业自身应急能力应制订内控等级,一般将响应级别设三级,具体应急响应等级细化内容,见表6-5。

应急响应等级表 表6-5

轻微级(黄色)Ⅲ级	公司级(橙色)Ⅱ级	外部级(红色)Ⅰ级
(1)发生剐蹭事故不影响危险货物运输车辆正常行驶; (2)发生泄漏或着火,驾驶人员、押运人员能现场应急可控,可恢复正常行驶; (3)发生轻微事故,驾驶人员、押运人员控制后,需要派出简单救援	(1)发生剐蹭事故,导致行驶中的危险货物运输车辆无法正常行驶; (2)危险货物运输车辆发生故障,无法起动; (3)发生少量泄漏或着火,驾、押人员及现场人员不可控,公司应急可控; (4)发生一般事故,无人员重伤,无人员死亡	发生车辆侧翻、人员重伤或泄漏或着火,现场人员应急不可控,公司应急能力不足,需要外部应急救援
运输部门或班组应急	企业应急	市区应急

Ⅲ级响应针对轻微事故,驾驶人员、押运人员利用随车应急用品即可控制,或者应急已得到控制,而后需要简单的救援处理,由企业运输部门或班组即可完成后续应急工作。

Ⅱ级响应针对车辆无法正常行驶,或发生危险货物泄漏或着火,驾驶人员、押运人员应急不可控或不能恢复正常,发生事故没有造成人员重伤、没有人员死亡,企业应急能力可控,由企业启动应急预案,制订应急处置方案,开展应急救援行动。

Ⅰ级响应针对发生车辆侧翻、人员重伤或泄漏或着火，现场人员应急不可控，公司应急能力不足，需要外部应急救援的一般有重伤人员事故及一般以上事故，企业开展应急的同时上报市区级交通运输主管部门，请求协调外部救援力量和政府部门启动事故应急救援行动。由辖区交通运输及安全主管部门启动市区级应急预案，制订应急处置方案，组织相关政府职能部门或周边社会应急救援力量，在最短时间内赶赴事故现场，开展市区级应急处置。

3. 应急响应和行动

根据事故的大小和发展态势，明确应急指挥、应急行动、资源调配、应急避险、扩大应急等响应程序（行动）。

JT/T 911 要求依据应急响应级别，至少应明确以下内容：

（1）应急指挥；

（2）分析、评估事态及发展；

（3）对现场应急处置的技术指导；

（4）应急资源调配；

（5）接受主管部门的组织、调度和指挥，协助应急救援；

（6）扩大应急。

4. 应急结束

明确应急终止条件。事故现场得以控制，环境符合有关标准，导致次生、衍生事故隐患消除后，经事故现场应急指挥机构批准后，现场应急结束。

JT/T 911 要求应急结束，至少应明确以下内容：

（1）应急终止条件；

（2）事故情况上报事项；

（3）需向事故调查处理小组移交的相关事项。

（三）信息发布与后期处置

根据我国有关法规，发生的道路运输事故，根据其危害程度大小，由各级政府部门组织救援，包括应急响应、应急处置、信息发布及后期处置等环节。而事故发生地的其他单位和道路运输企业应当服从政府发布的决定和命令，配合政府采取应急处置措施，接受交通运输主管部门的组织、调度和指挥，做好本单位的应急救援和处置工作。因此，危险货物道路运输企业应根据政府和交通运输主管部门的要求，给出事故信息发布的条件，明确信息范围和内容；同时，根据相关法律法规要求，积极实施恢复和重建等后期处置措施。

1. 信息发布

JT/T 911 要求明确事故信息发布的条件、部门、范围和内容等。

事故信息应由事故现场指挥部及时准确地向新闻媒体通报事故信息。

2. 后期处置

后期处理主要包括污染物处理、事故后果影响消除、生产秩序恢复、善后赔偿、抢险过程和应急救援能力评估及应急预案的修订等内容。

JT/T 911 要求恢复和重建等后期处置措施,至少应明确以下内容:

(1)污染物处理;

(2)受伤人员处理;

(3)事故后果影响消除和生产运输秩序恢复;

(4)善后赔偿;

(5)事故经过、原因和应急处置工作经验教训报告;

(6)应急预案的更新。

综上所述,企业应急处置措施,可以简单归纳为图 6-8 所示。

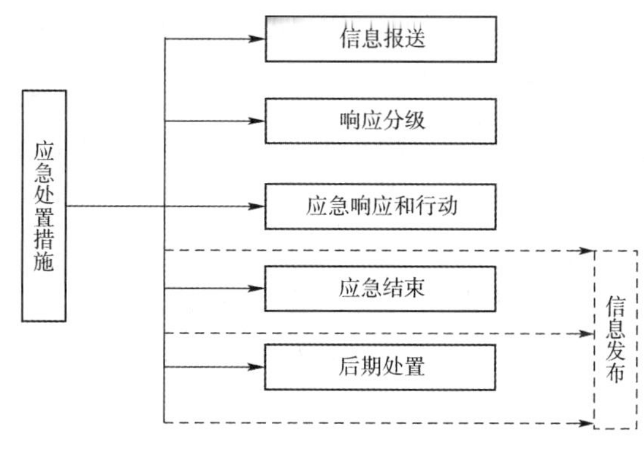

图 6-8 企业应急处置措施

三、应急救援指挥

为了做好应急救援指挥工作,国家安全生产监督管理总局颁布了《危险化学品事故应急救援指挥导则》(AQ/T 3052—2015)。本节结合该标准,介绍应急救援指挥的有关要求。救援指挥,是应急救援的重点、核心。危险货物道路运输企业虽然在重大事故应急救援工作中不担当指挥职责,但也应当了解应急救援指挥的基本要求、理念。

(一)应急救援指挥的基本原则

(1)坚持救人第一、防止灾害扩大的原则。

在保障施救人员安全的前提下,果断抢救受困人员的生命,迅速控制危险化学品事故现场,防止灾害扩大。

(2)坚持统一领导、科学决策的原则。

由现场指挥和总指挥部根据预案要求和现场情况变化,领导应急响应和应急救援。现场指挥部负责现场具体处置,重大决策由总指挥部决定。

(3)坚持信息畅通、协同应对的原则。

总指挥部、现场指挥部与援救队伍应保证实时互通信息,提高援救效率,在事故单位开展自救的同时,外部救援力量根据事故单位的需求和总指挥部的要求参与救援。

(4)坚持保护环境,减少污染的原则。

在处置中应加强对环境的保护,控制事故范围,减少对人员、大气、土壤、水体的污染。

在救援过程中,有关单位和人员应考虑妥善保护事故现场及相关证据。任何人不得以救援为借口,故意破坏事故现场及毁灭相关证据。

(二)应急救援指挥的基本程序

应急救援指挥的基本程序,包括:应急响应、警戒隔离、人员防护与救护、现场处置、现场检测、洗消、现场清理、信息发布、救援结束等。

1. 应急响应

发生事故后,事故单位应立即启动应急预案,组织成立现场指挥部,制订科学、合理的救援方案,并统一指挥实施。事故单位在开展自救的同时,应按照有关规定向当地政府部门报告。

现场指挥部根据情况,划定本单位警戒隔离区域,抢救、撤离遇险人员,制订现场处置措施,及时将现场情况及应急救援进展报告总指挥部,向总指挥部提出外部救援力量、技术、物资支持、疏散公众等请求和建议。

总指挥部根据现场指挥部提供的情况对应急救援进行指导,划定事故单位周边警戒隔离区域,根据现场指挥部请求调集有关资源、下达应急疏散指令。

现场指挥部和总指挥部应及时了解事故现场情况,主要了解下列内容:

(1)遇险人员伤亡、失踪、被困情况;

(2)危险化学品危险特性、数量、应急处置方法等信息;

(3)周边建筑、居民、地形、电源、火源等情况;

(4)事故可能导致的后果及对周边区域的可能影响范围和危害程度;

(5)应急救援设备、物资、器材、队伍等应急力量情况。

2. 警戒隔离

根据现场危险化学品自身及燃烧产生的毒害性、扩散趋势、火焰辐射热和爆炸、泄漏所涉及的范围等相关内容对危险区域进行评估,确定警戒隔离区。在警戒隔离区边界设警示标志,并设专人负责警戒。

警戒时,要合理设置出入口,除应急救援人员外,严禁无关车辆、无关人员进入。

3. 人员防护与救护

(1)应急援救人员防护。

调集所需安全防护装备。现场应急救援人员应针对不同的危险特性,采取相应安全防护措施后,方可进入现场救援,并控制、记录进入现场救援人员的数量。

现场安全监测人员若遇直接危及应急人员生命安全的紧急情况,应立即报告救援队伍负责人和现场指挥部,救援队伍负责人、现场指挥部应迅速作出撤离决定。

(2)遇险人员救护。

救援人员应携带救生器材迅速进入现场,将遇险受困人员转移到安全区,并将警戒隔离区内与事故应急处理无关人员撤离至安全区。撤离时要选择正确方向和路线。

对救出人员进行现场急救和登记后,交专业医疗卫生机构处置。

(3)公众安全防护。

总指挥部根据现场指挥部疏散人员的请求,决定并发布疏散指令。疏散时,应选择安全疏散路线,避免横穿危险区。并根据危险化学品的危害特性,指导疏散人员就地取材(如毛巾、湿布、口罩),采取简易有效的措施保护自己。

4. 现场处置

现场处置,主要包括:火灾爆炸事故处理、泄漏事故处理、中毒窒息事故处理、其他处置要求等。

(1)火灾爆炸事故处理。

扑灭现场明火应坚持先控制后扑灭的原则。依危险化学品性质、火灾大小采用冷却、堵截、突破、夹攻、合击、分割、围歼、破拆、封堵、排烟等方法进行控制与灭火。

根据危险化学品特性,选择正确的灭火剂。禁止用水、泡剂等含水灭火剂扑救遇湿易燃物品、自然物品火灾;禁止直流水冲击扑灭粉末状、易沸溅危险化学品火灾;禁用沙土盖压扑灭爆炸品火灾;易使用低压水流或雾状水扑灭腐蚀品火灾;禁止对液体轻烃强行灭火。

(2)泄漏事故处理。

泄漏事故处理,主要包括:控制泄漏源、控制泄漏物。

(3)中毒窒息事故处理。

将中毒窒息者立即转移至上风向或侧上风向空气无污染区域,并进行紧急救治。经现场紧急救治,伤势严重者立即送医院观察治疗。

(4)其他处置要求。

现场指挥人员发现危及人身生命的紧急情况,应迅速发出撤离信号。若因火灾引发泄漏中毒事故,或因泄漏引发火灾爆炸事故,应统筹考虑,优先采取保障人员生命安全,防止灾害扩大的救援措施。同时,注意维护现场救援秩序,防止救援过程中发生车辆碰撞、车辆伤害、物体打击、高处坠落等事故。

5. 现场检测

现场检测,注意是对可燃、有毒有害危险化学品的浓度、扩散等情况进行动态检测。同时,还要注意测定风向、风力、气温等气象数据和装置(如运输车辆)、设施已经受到的破坏或潜在的威胁(如车辆是否会爆炸)。

6. 洗消

在威胁区与安全区交界处设立洗消站。使用相应的洗消剂,对所有染毒人员及工具、装备进行洗消。

7. 现场清理

(1)彻底清除事故现场各处残留的有毒气体。

(2)对泄漏液体、固体应统一收集处理。

(3)对污染地面进行彻底清洗,确保不留残液。

8. 信息发布

事故信息由总指挥部统一对外发布。信息发布应及时、准确、客观、全面。

9. 应急结束

事故现场处理完毕,遇险人员全部救出,可能导致次生、衍生灾害的隐患得到彻底消除或控制,由总指挥部发布救援行动结束指令。然后,清点救援人员、车辆及器材。

解除警戒,指挥部解散,救援人员返回。

事故单位对应急救援资料进行收集、整理、归档,对救援行动进行总结评估,并报上级有关部门。

四、应急预案编制程序

从理论上讲,应急预案编制程序应该包括:成立应急预案编制工作组、资料收集、风险评估、应急能力评估、编制应急预案和应急预案评审 6 个步骤,见图 6-9。

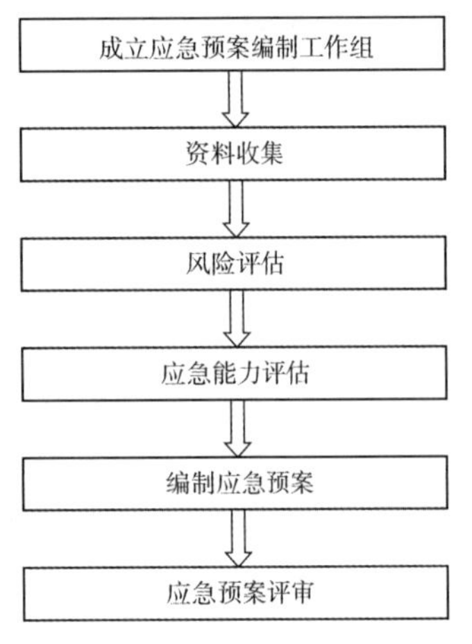

图 6-9　应急预案编制程序

成立应急预案编制工作组、资料收集等编制应急预案准备工作,是开展编制工作的重要基础。企业要在建立完善机构、精心制订计划、全面收集资料等方面,做好充分准备工作。以下重点介绍风险评估、应急能力评估、编制应急预案和应急预案评审。

(一)风险评估

1. 危险源

在本书相关章节中已经介绍了风险因素以及危险源,在此不赘述。

2. 风险评估

风险评估的主要内容包括:

(1)分析本企业存在的危险因素,确定危险源;

(2)分析可能发生的事故类型及后果,并指出可能产生的次生、衍生事故;

(3)评估事故的危害程度和影响范围,提出风险防控措施。

在危险因素分析及事故隐患排查、治理的基础上,确定本企业的危险源、可能发生事故的类型和后果,进行事故风险分析,并指出事故可能产生的次生、衍生事故,形成分析报告,分析结果作为应急预案的编制依据。

(二)应急能力评估

在全面调查和客观分析本企业应急队伍、装备、物资等应急资源状况基础上,开展应急能力评估,并依据评估结果,完善应急保障措施,加强应急能力建设。

(三)编制应急预案

依据本企业风险评估及应急能力评估结果,组织编制应急预案。应急预案编制应注重系统性和可操作性,做到与相关部门和单位应急预案相衔接。

应急预案编制过程中,还应注重全体人员的参与和培训,使所有与事故有关人员均掌握危险源的危险性、应急处置方案和技能。应急预案应充分利用社会应急资源,与地方政府预案、上级主管单位以及相关部门的预案相衔接。

知识链接

应急预案编制格式

1. 封面

应急预案封面主要包括应急预案编号、应急预案版本号、生产经营单位名称、编制单位名称、颁布日期等内容。

2. 批准页

应急预案经生产经营单位主要负责人(或分管负责人)批准方可发布。

3. 目次

应急预案设置目次,目次中所列的内容及次序如下:

——批准页;

——章的编号、标题;

——带有标题的条的编号、标题(需要时列出);

——附件,用序号表明其顺序。

4. 印刷与装订

应急预案推荐采用 A4 版面,活页装订。

说明:鉴于国家标准未对“应急预案编号、应急预案版本号”做专门说明、要求,故企业可以根据本企业情况进行编辑(编写)。

(四)应急预案评审、备案

应急预案编制完成后,生产经营单位应组织评审。评审分为内部评审和外部评审。内部评审由本单位主要负责人组织有关部门和人员进行。外部评审由生产经营单位组织外部有关专家和人员进行评审。在此强调,外部评审是企业行为(自愿的),不应当作为国家法规强制性评审。应急预案评审合格后,由生产经营单位主要负责人(或分管负责人)签发实施。

同时,依据《危险化学品安全管理条例》第七十条的规定,危险化学品单位应当将其危险化学品事故应急预案报所在地设区的市级人民政府安全生产监督管理部门备案。备案属于告知性,根据《生产安全事故应急预案管理办法》第二十六条的规定,“生产经营单位应当在应急预案公布之日起 20 个工作日内,按照分级属地原则,向安全生产监督管理部门和有关部门进行告知性备案。

(五)应急预案更新

应急预案有下列情形之一的，应当进行更新：

(1)原则上每两年组织修订、完善应急预案；

(2)应急预案依据的法规、标准发生变化，或者出台新的相关法规和标准；

(3)应急预案涉及的要素发生变化；

(4)应急演练结束后、企业发生事故应急行动结束后取得经验。

编制规范合理、可操作性强的危险货物道路运输过程中事故应急预案，有助于识别运输过程中风险隐患、了解事故的发生机理、明确应急救援的范围和体系，使事故应对处置的各个环节有章可循。

然而，编制应急预案不是一劳永逸的工作。在编制危险货物道路运输过程中事故应急预案时，涉及运输企业、危险货物性质及运量、从业人员、运输车辆及容器、运输线路、应急救援组织、应急救援资源、气候条件等诸多要素，这些要素中的一个或者多个发生变化时，事故及其灾害后果预测、驾驶人员和押运人员采取的应急处置措施、现场处置措施、应急响应和行动、应急救援装备和物资的配备、应急救援队伍的组成、事故后期的处置、应急培训和演练等相关事宜就要发生相应变化，使得整个应急预案发生变化。因此，必须根据实际情况、需要和形式变化、演练验证等，对应急预案进行适时、必要的更新，保证其有效性、合理性和实用性。

编制应急预案的准备工作和编制程序，可进一步归纳为图6-10所示。

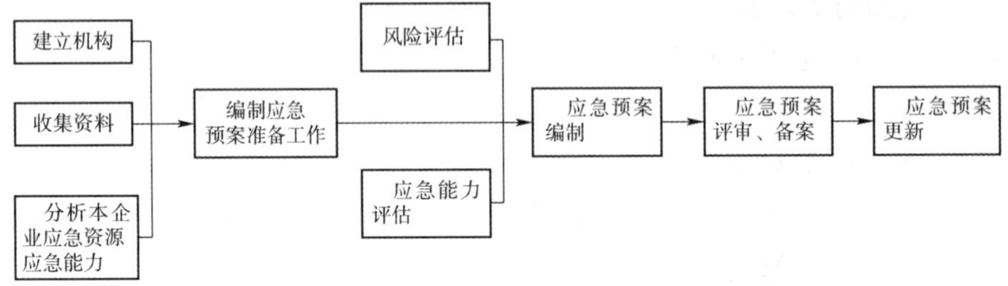

图6-10 编制应急预案的准备工作和编制程序

(六)有关问题

1.理论结合实际

本节以上介绍的主要内容，都是指导企业编制应急预案的理论性、原则性的要求。企业如何编制应急预案，一定要注意理论结合实际，在把握基本理论、原则性的前提下，结合本企业实际，在切实解决问题方面下功夫。企业要根据理论性、原则性的要求，结合企业实际进行细化、分解，绝不能照抄了事。

2.切实解决实际问题

JT/T 911要求企业，根据标准给定的应急预案内容要求，编制应急预案。编制过程中做到责任分明、科学适用、便于操作,并注重与生产单位和托运人的合作。

标准中“应急预案编制”首先强调了科学适用、便于操作。也就是说,编制应急预案是解决实际问题,不是束之高阁表面文章;其次强调了与托运人的合作。由于托运人更加了解所托运的危险货物性质,因此充分发挥其专业优势作用,在预防、应急救援预案编制和应急救援中等方面,共同开展工作,使得编制的行动计划和措施更加科学和有效。其核心,就是要切实解决实际问题。

3. 借鉴经验

危险货物道路运输企业在编制应急预案时,要注意借鉴其他单位的经验。

(1)某企业在应急预案编制时,总结出了符合 8 个基本条件,即“一符合,二结合,三明确,一内容,一衔接”。

“一符合”是指,符合法律、法规、规章和标准的规定;

“二结合”是指,结合本地区、本部门、本单位的安全生产收集情况及危险性分析情况;

“三明确”是指,明确应急组织和人员的职责,并有具体的落实措施;明确具体的事故预防措施和应急程序,并与应急能力相适应;明确应急保障措施,满足本地区、部门、单位的应急工作要求;

“一内容”是指,要素齐全、完整,预案附件信息准确;

“一衔接”是指,衔接相关应急预案。

(2)某企业在衡量应急预案编制是否完善时,提出了用“四个字”衡量应急预案编制是否完善,即全(覆盖全面)、细(可操作性)、练(经过演练)、改(经常更新)。一个应急预案体系如果能全面体现全、细、练和改这四个方面,应急预案就能在应对重大突发事件中切实发挥指南的作用。

(3)某企业在应急预案编制时,总结出了应急预案做到“四个要”:

①要务实。预案务必切合实际、有针对性。要根据事件发生、发展、演变规律,针对本企业风险隐患的特点和薄弱环节,科学制订和实施应急预案。预案务必简明扼要、有可操作性。一个企业所有的预案本子,摞在一起可能是很厚的一大本,但具体到每一个岗位,一定要简洁明了,让每一名员工都能做到“看得懂、记得住、可操作。

②要学习。企业应采取多种形式开展应急预案的宣传教育,定期开展本单位的应急预案培训工作,使员工熟知应急预案内容,掌握应急职责、程序和岗位应急处置方案,以及安全生产事故预防、避险、自救和互救知识,提高从业人员安全意识和应急处置技能。

③要演练。预案是为了实战,实战需要演练。要从实际出发、注重实效,不能走过场。要针对演练中发现的问题,及时制订整改措施,真正达到检验预案、发现问题、锻炼队伍的目的。

④要修订。预案不是一成不变的,务必持续改进。要认真总结经验教训,及时修订完善应急预案,预案务必衔接配套。应急预案要向上级报备,实现企业与政府、企业与关联单位、企业内部之间预案的有效衔接。

第三节　应急演练及救援物资

企业定期组织应急救援演练,是法定职责。同时,开展应急救援演练是提高应急能力,检验生产安全事故应急救援预案有效性的重要途径。生产经营单位应当定期开展应急救援演练,及时修订应急预案,切实增强应急预案的有效性、针对性和操作性。通过应急救援演练,让每个能涉及的相关部门、从业人员,尤其是运输第一线的驾驶人员、押运人员熟知事故发生后如何报告(报警)、如何进行现场抢救、如何联络人员、如何避灾以及采取何种技术措施的方式和程序,提高广大从业人员的应急处置能力。一旦发生生产安全事故,将真正起到能够防止事故扩大、极大减少人员伤亡的作用。专职安全生产管理人员应当根据本单位的安排,积极组织本单位的应急演练,制订详细的工作方案,精心组织实施,确保应急演练取得效果。

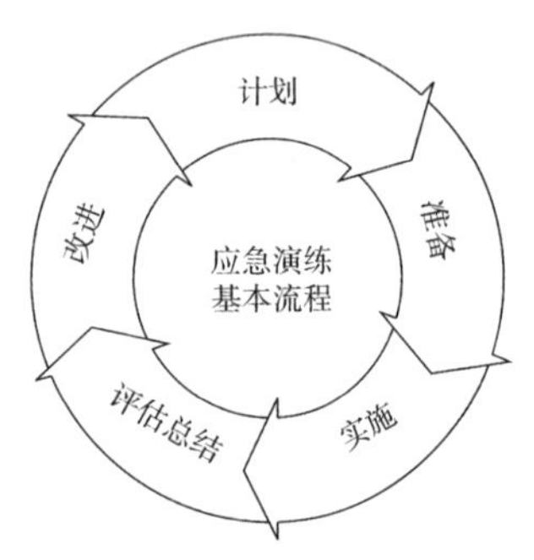

图 6-11　应急演练的作用

总之,通过应急演练,不仅可以在实践中验证应急预案的实用性、可操作性,培训、锻炼了参与人员;同时也可以通过演练发现应急预案的问题,从而改进、完善、提高应急预案,见图 6-11。

一、应急演练

危险货物道路运输企业在开展应急演练前,首先要根据 JT/T 911 的要求开展应急培训。应急培训至少应明确:培训对象、培训内容、培训方式、培训频率和时间(计划)的内容。

同时,JT/T 911 要求应急演练至少应明确以下内容:一是演练目标、内容、规模;二是参加演练的部门及人员;三是演练频次;四是评估、总结。

为全面提高应急能力,应急预案应对应急培训和演练做出相应的规定,包括其内容、规模、方式、频率和总结等。同时各级安全生产监督管理部门、生产经营单位应当采取多种形式开展应急预案的宣传教育,普及生产安全事故预防、避险、自救和互救知识,提高从业人员安全意识和应急处置技能。

各级安全生产监督管理部门应当定期组织应急预案演练,提高本部门、本地区生产安全事故应急处置能力。危险货物道路运输企业应当编制本企业的应急预案演练计划,根据本企业的事故预防重点,每年至少组织一次综合应急预案演练或者专项应急预案演练,每半年至少组织一次现场应急预案演练。应急预案演练结束后,应急预案演练组织单位应当对应急预案演练效果进行评估,撰写应急预案演练评估报告,分析存在的问题,并对应急预案提出修订意见。

(一)应急演练的有关概念

1. 术语和定义

(1)事故情景:针对生产经营过程中存在的危险源或有害因素而预先设定的事故状况

(包括事故发生的时间、地点、特征、波及范围以及变化趋势等)。

(2)应急演练:针对事故情景,依据应急预案而模拟开展的预警行动、事故报告、指挥协调、现场处置等活动。

(3)综合演练:针对应急预案中多项或全部应急响应功能开展的演练活动。

(4)单项演练:针对应急预案中某项应急响应功能开展的演练活动。

(5)现场演练:选择(或模拟)生产经营活动中的设备、设施、装置或场所,设定事故情景,依据应急预案而模拟开展的演练活动。

(6)桌面演练:为了保障演练的顺利进行,针对制订的演练方案,组织参演人员在预演和正式演练之前进行桌面推演,掌握演练的情节与流程,使演练更具合理性、可操作性。

(7)双盲演练:双盲演练是指不预先通知演练人员、不预先通知公众,接近于实战的应急演练。双盲演练模式不编写演练剧本、不准备应急用品与应急物资,现场发布事故情景,以检验应急预案的培训效果和应急预案的符合性。

2. 演练目标(目的)

(1)检验预案。发现应急预案中存在的问题,提高应急预案的科学性、实用性和可操作性。及时发现应急预案(应急响应计划和应急响应系统)中存在的问题与不足,加以改进与完善。

(2)锻炼队伍。熟悉应急预案,提高应急人员在紧急情况下妥善处置事故的能力,使参与应急响应的各部门熟悉、掌握各自在应急响应中的职责。同时也考核各级应急响应人员对所需理论与实际操作技能熟练掌握的程度。

(3)磨合机制。完善应急管理相关部门、单位和人员的工作职责,提高协调配合能力,保证应急响应各有关环节快速、协调、有效地运作。

(4)宣传教育。普及应急管理知识,提高参演和观摩人员风险防范意识和自救互救能力。

(5)完善准备。完善应急管理和应急处置技术,补充应急装备和物资,提高其适用性和可靠性。

(6)自身保护。提高安全意识和突发事件的应变能力、自身防护能力,降低事故损失和影响。

3. 应急演练原则

应急演练方案策划时,要考虑本次演练是针对动用企业内部应急资源的全面演练进行情景设计,按照《安全生产法》《危险化学品安全管理条例》等国家相关法律、法规、标准和企业应急预案的要求,进行演练策划,遵守保护生命和“安全第一、预防为主”的方针以及“救护优先、防止和控制事故扩大优先、保护环境优先”的原则,并在组织实施过程中,结合实际、突出重点、讲究实效,保证演练参与人员、公众和环境的安全。应急演练应符合以下原则:

(1)符合相关规定。按照国家相关法律、法规、标准及有关规定组织开展演练。

(2)切合企业实际。结合企业生产安全事故特点和可能发生的事故类型组织开展演练。

(3)注重能力提高。以提高指挥协调能力、应急处置能力为主要出发点组织开展演练。

(4)确保安全有序。在保证参演人员及设备设施安全的条件下组织开展演练。

（二）应急演练内容、规模、部门和人员

1. 应急演练内容

应急演练内容，应根据本企业的应急预案内容进行策划。危险货物道路运输的大型企业，尤其是与政府部门（如道路运输管理机构）联合进行演练时，可以从以下方面考虑应急演练内容。

（1）预警与报告：根据事故情景，向相关部门或人员发出预警信息，并向有关部门和人员报告事故信息。

（2）指挥协调：根据事故情景，成立应急指挥部，调集应急救援队伍等相关资源，开展应急救援行动。

（3）应急通信：根据事故情景，在应急救援相关部门或人员之间进行音频、视频信号或数据信息互通。

（4）事故监测：根据事故情景，对事故现场进行观察、分析或测定，确定事故严重程度、影响范围和变化趋势等。

（5）警戒与管制：根据事故情景，建立应急处置现场警戒区域，实行交通管制，维护现场秩序。

（6）疏散与安置：根据事故情景，对事故可能波及范围内的相关人员进行疏散、转移和安置。

（7）医疗卫生：根据事故情景，调集医疗卫生专家和卫生应急队伍开展紧急医学救援，并开展卫生监测和防疫工作。

（8）现场处置：根据事故情景，按照相关应急预案和现场指挥部要求对事故现场进行控制和处理。

（9）社会沟通：根据事故情景，召开新闻发布会或事故情况通报会，通报事故有关情况。

（10）后期处置：根据事故情景，应急处置结束后，开展事故损失评估、事故原因调查、事故现场清理和相关善后工作。

2. 应急演练规模

危险货物道路运输企业要结合实际，定期组织相关人员进行应急救援预案演习，演习规模可分为两种：

（1）全面、系统的演习，以检验整个应急反应系统各环节的有效性。

（2）针对应急反应系统中某个环节进行演习，以进一步完善应急反应预案，也可增强应急反应人员熟悉应急反应行动的机会。

3. 参加演练的部门和人员

涉及危险货物道路运输任务的部门和从业人员。

（三）综合演练组织与实施

针对规模较大的综合应急演练组织与实施，应包括：演练计划、演练准备和实施等内容。

1. 演练计划

演练计划应包括演练目的、类型(形式)、时间、地点、演练主要内容、参加单位和经费预算等。

2. 演练准备

(1)成立演练组织机构:综合演练通常成立演练领导小组,下设策划组、执行组、保障组、评估组等专业工作组。根据演练规模大小,其组织机构可进行调整。

(2)编制演练文件:编制文件包括制订工作方案、编制演练脚本、制订评估方案、有关保障工作、编制观摩手册等,见表6-6。

演练专业工作组与职责 表6-6

工作组	职责
领导小组(总指挥)	负责演练活动筹备和实施过程中的组织领导工作,具体负责审定演练工作方案、演练工作经费、演练评估总结及其他需要决定的重要事项等
策划组	负责编制演练工作方案、演练脚本、演练安全保障方案或应急预案、宣传报道材料、工作总结和改进计划等
执行组	负责演练活动筹备及实施过程中相关单位、工作组的联络和协调、事故情景布置、参演人员调度和演练进程控制
保障组	负责演练活动工作经费和后勤保障,确保演练安全保障方案或应急预案落实单位
评估组	负责审定演练安全保障方案或应急预案,编制演练评估方案并实施,进行演练现场点评和总结评估,撰写演练评估报告
救护组	负责受伤人员的就地抢救和转院治疗工作

演练工作方案的主要内容,见图6-12。

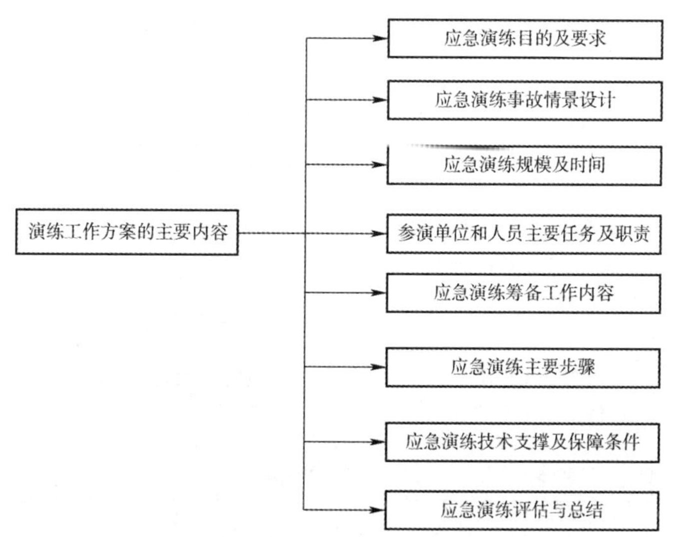

图6-12 演练工作方案的主要内容

（3）编制演练脚本：根据需要，可编制演练脚本。演练脚本是应急演练工作方案具体操作实施的文件，帮助参演人员全面掌握演练进程和内容。演练脚本一般采用表格形式，主要内容包括模拟事故情景、处置行动与执行人员、指令与对白、步骤及时间安排、视频背景与字幕、解说词等。

（4）制订评估方案：演练评估方案的主要内容，见表6-7。

演练评估方案的主要内容 表6-7

演练评估方案的主要内容	演练信息	应急演练目的和目标、情景描述，应急行动与应对措施简介等
	评估内容	应急演练准备、应急演练组织与实施、应急演练效果等
	评估标准	应急演练各环节应达到的目标评判标准
	评估程序	演练评估工作主要步骤及任务分工
	附件	演练评估所需要用到的相关表格等

（5）有关保障工作：针对应急演练活动可能发生的意外情况，制订演练保障方案或应急预案。并且进行演练，做到相关人员应知应会，熟练掌握。演练保障方案应包括应急演练可能发生的意外情况、应急处置措施及责任部门、应急演练意外情况中止条件与程序等。

（6）编制观摩手册：根据演练规模和观摩需要，可编制演练观摩手册。演练观摩手册通常包括应急演练时间、地点、情景描述、主要环节及演练内容、安全注意事项等。

（7）演练工作保障：保障工作包括，人员保障、经费保障、物资和器材保障、场地保障、安全保障、通信保障、其他保障等，具体内容见表6-8。

演练工作保障 表6-8

演练工作保障	主要工作内容
人员保障	按照演练方案和有关要求，策划、执行、保障、评估、参演等人员参加演练活动，必要时考虑替补人员
经费保障	根据演练工作需要，明确演练工作经费及承担单位
物资和器材保障	根据演练工作需要，明确各参演单位所准备的演练物资和器材等
场地保障	根据演练方式和内容，选择合适的演练场地。演练场地应满足演练活动需要，避免影响企业和公众正常生产、生活
安全保障	根据演练工作需要，采取必要安全防护措施，确保参演、观摩等人员以及生产运行系统安全
通信保障	根据演练工作需要，采用多种公用或专用通信 根据演练工作需要，明确，保证演练通信信息通畅
其他保障	根据演练工作需要，提供的其他保障措施

3.演练实施

（1）熟悉任务和角色：组织各参演单位和参演人员熟悉各自参演任务和角色，并按照演练方案要求组织开展相应的演练准备工作。

(2)组织预演:在综合应急演练前,演练组织单位或策划人员可按照演练方案或脚本组织桌面推演或合成预演,熟悉演练实施过程的各个环节。

(3)安全检查:确认演练所需的工具、设备、设施、技术资料以及参演人员到位。对应急演练安全保障方案以及设备、设施进行检查确认,确保安全保障方案可行,所有设备、设施完好。

(4)应急演练:应急演练总指挥下达演练开始指令后,参演单位和人员按照设定的事故情景,实施相应的应急响应行动,直至完成全部演练工作。演练实施过程中如出现特殊或意外情况,演练总指挥可决定中止演练。

(5)演练记录:演练实施过程中,安排专门人员采用文字、照片和音像等手段记录演练过程。

(6)评估准备:演练评估人员根据演练事故情景设计以及具体分工,在演练现场实施过程中展开演练评估工作,记录演练中发现的问题或不足,收集演练评估需要的各种信息和资料。

(7)演练结束:演练总指挥宣布演练结束,参演人员按预定方案集中进行现场讲评或者有序疏散。

(四)应急演练频次、评估、总结、备案及修订

1. 应急演练频次

危险货物道路运输企业或单位应当制订本企业或单位的事故预防措施及应急救援预案,并配备应急救援人员和必要的应急救援器材、设备,定期组织演练,每半年不得少于一次。

2. 应急演练评估

应急演练结束后,首先要根据应急演练的情况进行评估,判断其适用性、可操作性;其次根据发现的问题,修订预案。

(1)现场点评。应急演练结束后,在演练现场,评估人员或评估组负责人对演练中发现的问题、不足及取得的成效进行口头点评。

(2)书面评估。评估人员针对演练中观察、记录以及收集的各种信息资料,依据评估标准对应急演练活动全过程进行科学分析和客观评价,并撰写书面评估报告。

评估报告重点对演练活动的组织和实施、演练目标的实现、参演人员的表现以及演练中暴露的问题进行评估。

3. 应急演练总结

演练结束后,应由演练组织单位根据演练记录、演练评估报告、应急预案、现场总结等材料,对演练进行全面总结,并形成演练书面总结报告。报告可对应急演练准备、策划等工作进行简要总结分析。参与单位也可对本单位的演练情况进行总结。演练总结报告的内容主

要包括:演练基本概要;演练发现的问题,取得的经验和教训;应急管理工作建议。

4. 应急演练资料归档与备案

应急演练活动结束后,演练组织单位应将应急演练工作方案、应急演练书面评估报告、应急演练总结报告等文字资料,以及记录演练实施过程的相关图片、视频、音频等资料归档保存。

对主管部门要求备案的应急演练资料,演练组织单位应及时将相关资料报主管部门备案,持续改进。

5. 应急预案修订完善

根据演练评估报告中对应急预案的改进建议,由应急预案编制部门按程序对预案进行修订完善。应急管理工作改进,包括:①应急演练结束后,演练组织单位应根据应急演练评估报告、总结报告提出的问题和建议,对应急管理工作(包括应急演练工作)进行持续改进。②组织应急演练的部门(单位)应督促相关部门和人员,制订整改计划,明确整改目标,制订整改措施,落实整改资金,并跟踪督查整改情况。

(五)应急演练评估

应急演练评估是指围绕演练的目标要求,对参演人员表现、演练活动准备及其组织实施过程作出客观评价,并编写演练评估报告的过程。通过评估发现应急预案、应急组织、应急人员、应急机制、应急保障等方面存在的问题或不足,提出改进意见或建议,并总结演练中好的做法和主要优点等。

二、应急救援物资

应急救援物资是指,危险化学品单位配备的用于处置危险化学品事故的车辆和各类侦检、个体防护、警戒、通信、输转、堵漏、洗消、破拆、排烟照明、灭火、救生等物资及其他器材。危险化学品单位,包括生产、经营、储存、运输、使用危险化学品和处置废弃危险化学品的企业。

危险货物道路运输企业应根据本单位危险化学品的种类、数量和危险化学品发生事故的特点配置应急救援物资;应急救援物资应符合实用性、功能性、安全性、耐用性以及单位实际需要的原则,应满足单位员工现场应急处置和企业应急救援队伍(针对大型企业而言)所承担救援任务的需要。

危险货物道路运输企业专职安全管理人员应根据本企业所运危险货物的特性配备相应的应急救援物资,并保证发生事故时能及时供应、正确使用。由于危险货物道路运输企业规模不同,其配置的应急救援物资的要求也不同。在此只对大型企业,介绍配置的应急救援物资的要求。中小企业的专职安全管理人员,作为常识性知识了解。

JT/T 911 要求,应急保障至少应明确以下内容:一是与应急工作相关联的单位或人员通信联系方式和方法,并提供备用方案;二是本企业和托运人的应急救援队伍;三是应急装备、物资和储备运力,主要包括名称、型号、数量、性能、存放地点、管理者及其通信联系方式等;

四是应急专项经费，主要包括来源、使用范围、额度和监督管理措施；五是其他相关保障，如运输保障、治安保障、技术保障、医疗保障、后勤保障等。

危险货物道路运输事故的应急保障是一项系统工程，不是某个部门或某个人所能独立解决的，它需要处理事故的各要素主体共同参与、相互配合完成，其中包括中央及地方各级政府、危险货物道路运输管理机构、危险货物道路运输行业协会、危险货物道路运输企业等相关部门。政府作为事故应急保障的最核心要素，起到统筹协调、全面指导的作用。而危险货物道路运输企业作为危险货物道路运输的主要执行者，应保证基本的应急能力，形成一套完备的事故应急保障体系，至少包括与参与救援的部门联系方式、应急队伍、应急装备、物资和储备运力，以及应急专项经费和其他相关保障等。一旦发生事故，企业可以配合政府，在最短的时间内调配人力和物力，启动应急预案和快速响应机制，指挥各要素主体快速投入应急救援当中。

（一）现场救援物资

1. 应急救援器材专用柜

在危险化学品单位作业场所，应急救援物资应存放在应急救援器材专用柜或指定地点。危险货物道路运输企业，通常采用类似小型集装箱的应急救援器材专用柜。应急救援器材专用柜，放在本企业内随时待用。当车辆发生事故时，企业救援车辆立即吊上（装上）应急救援器材专用柜，前往事故现场。这种集装箱似的应急救援器材专用柜，便于救援车辆携带、机动性强，同时也可以配合兄弟企业救援时使用，如图 6-13 所示。

应急救援器材专用柜内，应根据本企业所运危险货物的特性配备应急救援物资。

图 6-13　小型集装箱形状的应急救援器材专用柜

2. 应急救援物资

应急救援物资有：①正压式空气呼吸器。②化学防护服（具有有毒腐蚀液体危险化学品的作业场所）。③过滤式防毒面具。类型根据有毒有害物质确定。④气体浓度检测仪。检测气体浓度，根据作业场所的气体确定。⑤手电筒。易燃易爆场所，防爆。⑥对讲机。易燃易爆场所，防爆。⑦急救箱或急救包。物资清单可参考 GBZ 1[1]。⑧吸附材料或堵漏器材。处理化学品泄漏；以工作介质理化性质选择吸附材料，常用吸附材料为沙土（具有爆炸危险性的除外）。⑨洗消设施[2]或清洗剂。洗消受污染或可能受污染的人员、设备和器材；可随救援车配备。⑩应急处置工具箱。工作箱内配备

[1] 《工业企业设计卫生标准》（GBZ 1—2010）。

[2] 洗消设施包括洗消门、消毒药品和洗消器材，对进入人员进行局部或全身洗消，避免将放射性灰尘、毒剂带入人防工程内，以确保人防工程内人员的安全。

常用工具或专业处置工具。防爆场所应配置无火花工具。

3. 应急救援车辆

有条件的大型企业,可以配备救援车辆。地方人民政府,也可以根据辖区内危险货物道路运输情况,组建专业性的救援队伍,配备救援车辆。

应急救援车辆车厢内相关装备,见图 6-14。

a) 移动供气源　　b) 各种防化服及呼吸器

c) 排烟机　　d) 水雾灭火系统

图 6-14　应急救援车辆车厢内相关装备图

(二)应急救援人员个体防护装备

1. 主要装备

(1)消防头盔。头部、面部及颈部的安全防护。

(2)二级化学防护服装。化学灾害现场作业时的躯体防护。

(3)一级化学防护服装。重度化学灾害现场全身防护。

(4)灭火防护服。灭火救援作业时的身体防护;指挥员可选配消防指挥服。

(5)防静电内衣。可燃气体、粉尘、蒸汽等易燃易爆场所作业时的躯体内层防护。

(6)防化手套。手部及腕部防护;应针对有毒有害物质穿透性选择手套材料。

(7)防化靴。事故现场作业时的脚部和小腿部防护;易燃易爆场所应配备防静电靴。

(8)安全腰带。登梯作业和逃生自救。

(9)正压式空气呼吸器。缺氧或有毒现场作业时的呼吸防护。备用气瓶按照正压式空气呼吸器总量 1∶1 备份。

(10)佩戴式防爆照明灯。单人作业照明。

(11)轻型安全绳。救援人员的救生、自救和逃生。

(12)消防腰斧。破拆和自救。

2. 防护用品

各类防护服、防护用品包括耐高温手套、防滑手套、电工绝缘手套、防化水靴、轻型内置防化服、半面罩、全面罩、冷却背心、外置防化服、防静电工作服、防静电鞋等。重型防护服见图6-15。

图6-15　重型防护服

防冻服及防冻手套见图6-16。

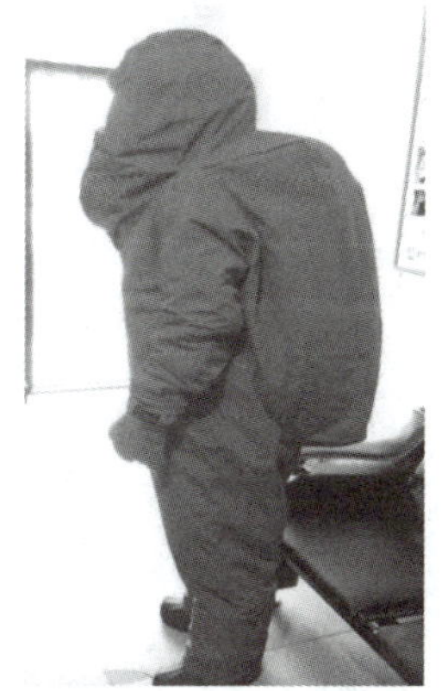

图6-16　防冻服及防冻手套

(三)其他物质

1. 消防器械

水雾灭火系统、消防水带、消防水枪、灭火器等消防器械,见图6-17。

a)灭火器

b)消防水枪

图6-17　消防器械

2. 回收设备

回收设备包括吸附垫、收集池、围油栏、排油泵、防爆软管泵、有毒物质回收桶、砂土、锯末、棉絮、软刷、塑料簸箕、洗消废水回收袋、废物收集池等。有毒物质回收桶、围油栏、防爆软管泵，见图6-18。

a) 有毒物质回收桶和围油栏

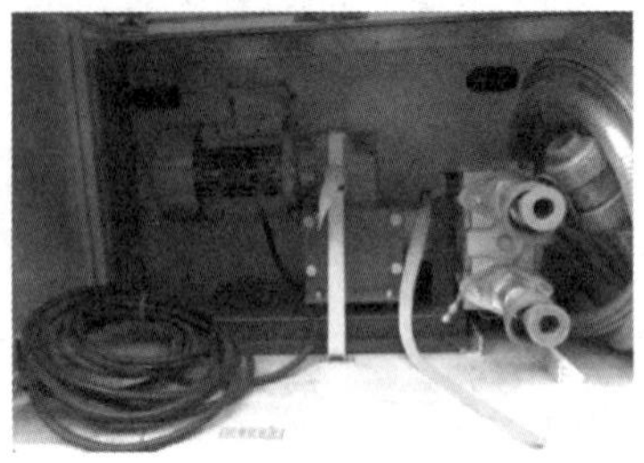

b) 防爆软管泵

图6-18 泄漏物品回收设备

3. 堵漏器材

(1) 木制堵漏楔，见图6-19。各类孔洞状较低压力的堵漏作业；经专门绝缘处理，防裂，不变形。

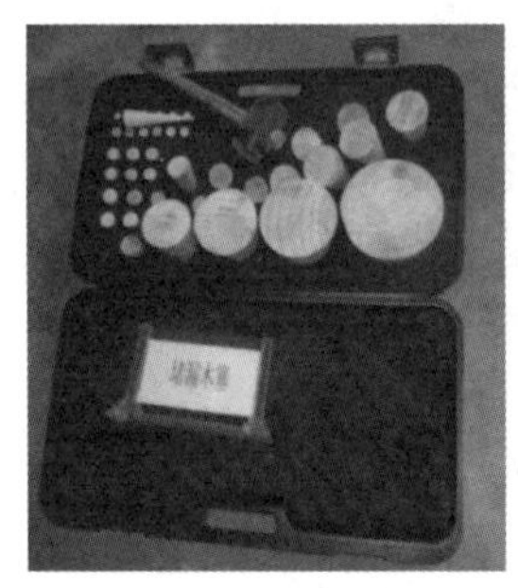

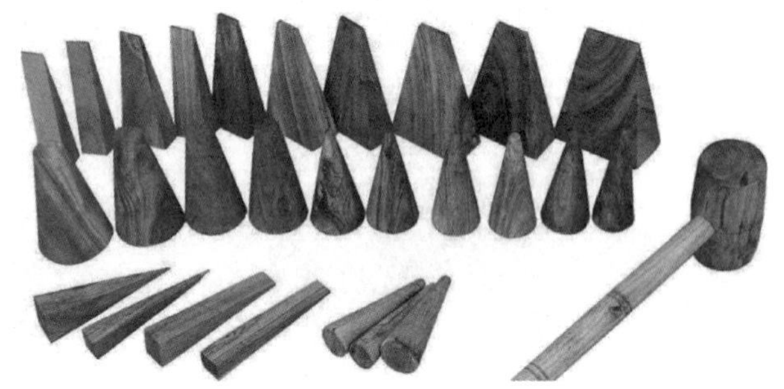

图6-19 木制堵漏楔（堵漏木塞）

(2) 气动吸盘式堵漏工具，见图6-20。封堵不规则孔洞；气动、负压式吸盘，可输传[1]作业。

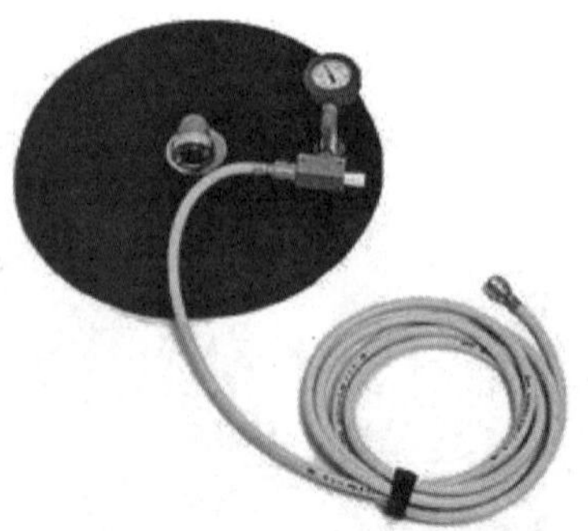

图6-20 气动吸盘式堵漏器

[1] 如输传泵。吸附、输传各种液体；易燃易爆场所应为防爆。

(3)粘贴式堵漏工具,见图6-21。各种罐体和管道表面点状、线状泄漏的堵漏作业。

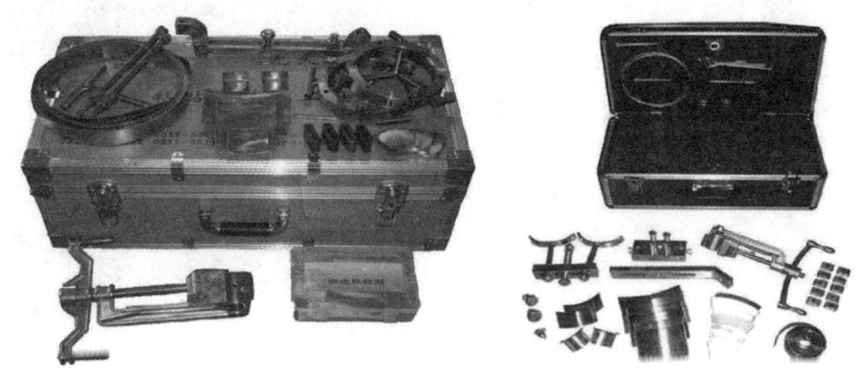

图6-21　粘贴式堵漏工具

(4)电磁式堵漏工具,见图6-22。各种罐体和管道表面点状、线状泄漏的堵漏作业;适用温度不大于80℃。

图6-22　电磁式堵漏工具

(5)注入式堵漏工具,见图6-23。阀门或法兰盘作业;无火花材料;配有手动液压泵,液压不小于74MPa,适用温度-100~400℃。

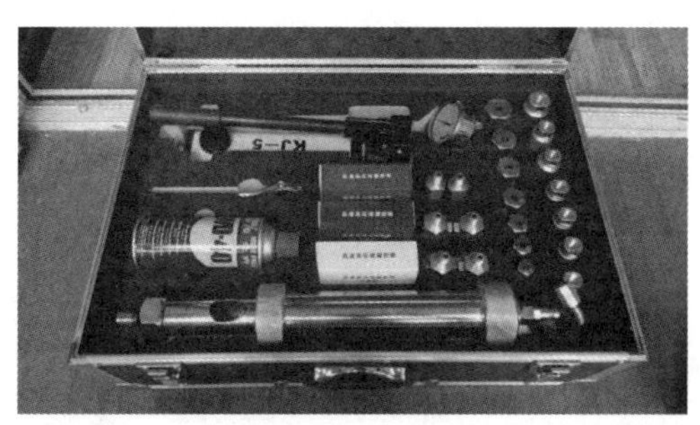

图6-23　注入式堵漏工具

(6)无火花工具,见图6-24。易燃、易爆事故现场的手动作业,铜制材料。

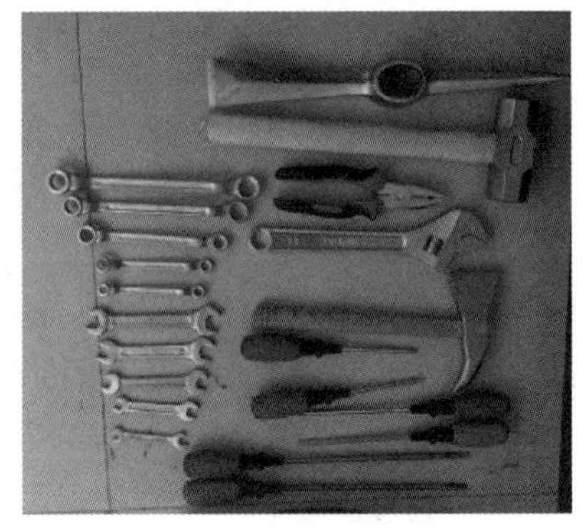

图 6-24　无火花工具

(7)金属堵漏套管。各种金属管道裂缝的密封堵漏,如夹具(图 6-25)。

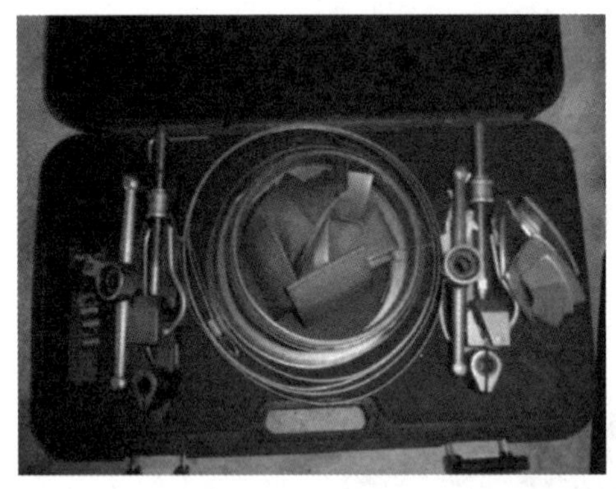
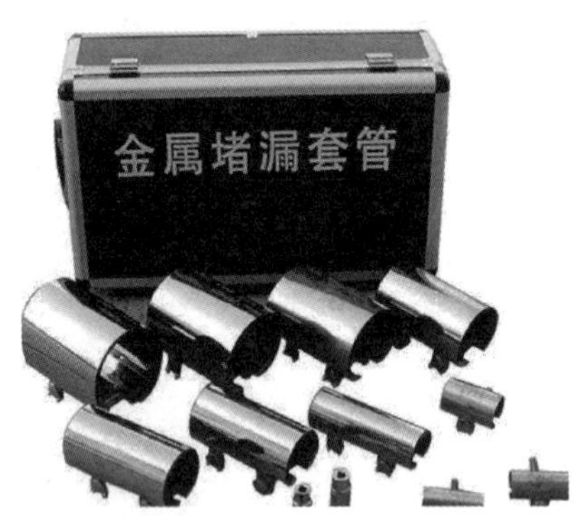

图 6-25　夹具

4. 警示器材

(1)警戒标志杆,见图 6-26。灾害事故现场警戒,有反光功能。

(2)锥形事故标志柱,见图 6-27。灾害事故现场道路警戒。

图 6-26　警戒标志杆

图 6-27　锥形事故标志柱

(3)隔离警示带,见图 6-28。灾害事故现场警戒;双面反光,每盘长度约 500m。

图 6-28　隔离警示带

(4)危险警示牌,见图 6-29。灾害事故现场警戒警示,分为易燃、爆炸、泄漏、有毒、危险等 5 种标志,图案为反光材料。与标志杆配套使用,易燃易爆环境应为无火花材料。

图 6-29　危险警示牌

(5)闪光警示灯,见图 6-30。灾害事故现场警戒警示;频闪型,光线暗时自动闪亮。

图 6-30　危险警示灯

（6）手持扩音器，见图6-31。灾害事故现场指挥；功率大于10W，同时应具备警报功能。

5. 救生、医疗物资

（1）救生物资主要有：逃生面罩、折叠式担架、救生软梯、安全绳等。

（2）医疗物资主要有：正压式空气呼吸器（图6-32）、医用氧气、医疗急救箱以及洗眼液、洗眼器、各种药品。

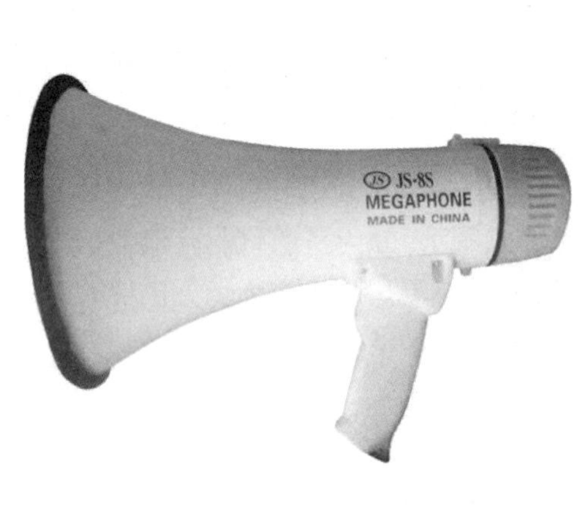

图6-31　手持扩音器

图6-32　正压式空气呼吸器

6. 侦检器材

（1）有毒有害气体检测仪，见图6-33。具备自动识别、防水、防爆性能；能探测有毒、有害气体及氧含量。

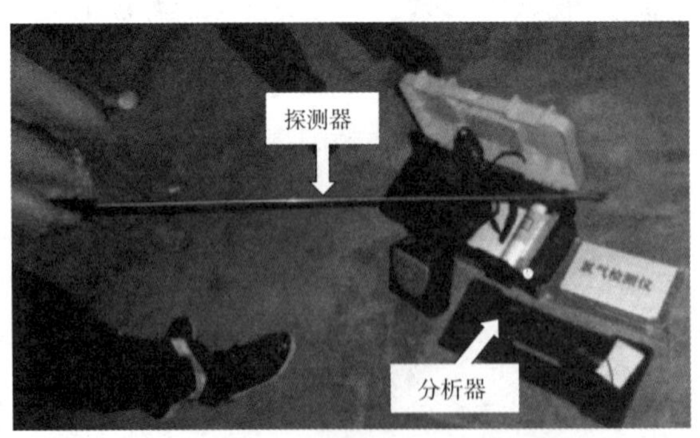

a) 氯气检测仪

b) 有毒气体检测仪

图6-33　有毒有害气体检测仪

（2）可燃气体检测仪，见图6-34。可检查事故现场多种易燃易爆气体的浓度。

（3）红外线测温仪，见图6-35。测量事故现场温度；可预设高、低温危险警报。

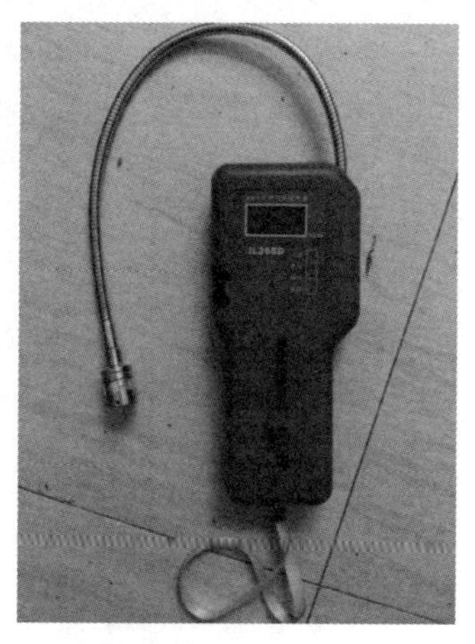

图 6-34 可燃气体检测仪

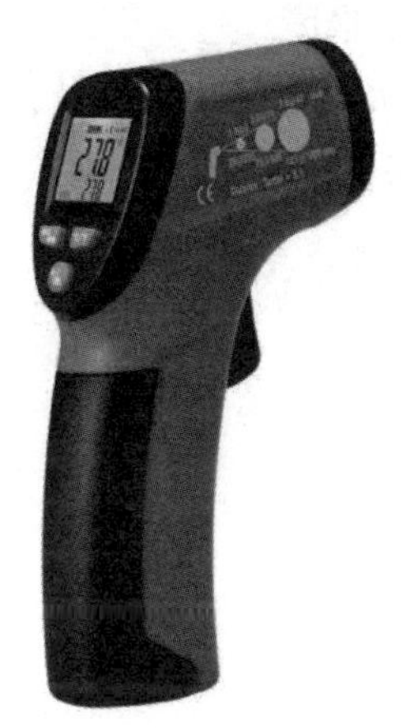

图 6-35 红外测温仪

(4)便携式气象仪,见图 6-36。测量风速、风向、温度、湿度、大气压等气象参数。

(5)水质分析仪,见图 6-37。定性分析液体内的化学成分。

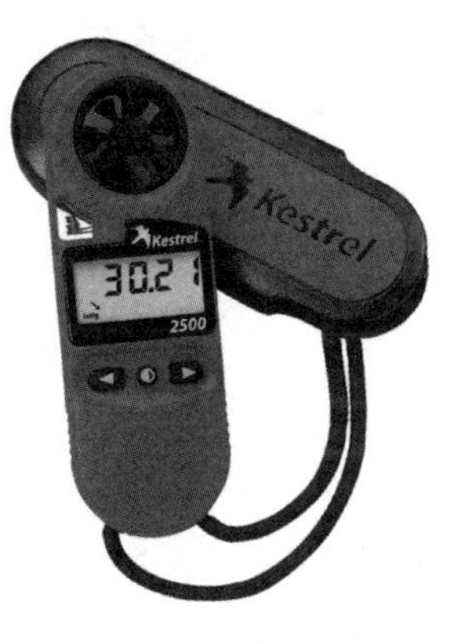

图 6-36 便携式气象仪

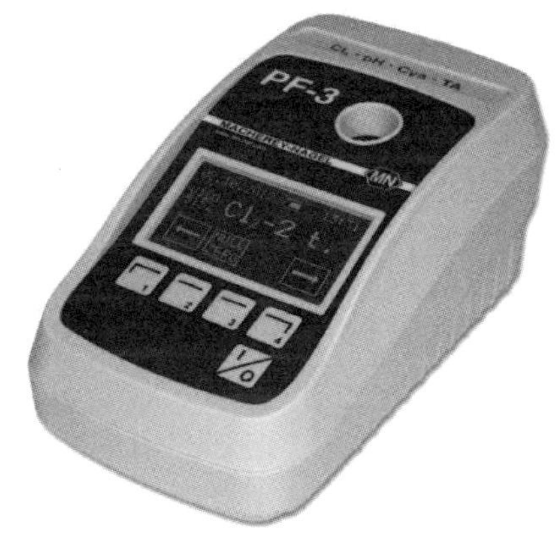

图 6-37 便携式水质分析仪

(四)建立应急救援物资管理制度

危险货物道路运输企业应建立应急救援物资的有关制度和记录。主要有:①物资使用管理制度;②物资测试检修制度;③物资调用和使用记录;④物资检查维护、报废及更新记录。

同时还要做到:

(1)应急救援物资应明确专人管理;严格按照产品说明书要求,对应急救援物资进行日常检查、定期维护保养;应急救援物资应存放在便于取用的固定场所,摆放整齐,不得随意摆放、挪作他用;

(2)应急救援物资应保持完好,随时处于备战状态;物资若有损坏或影响安全使用的,应及时修理、更换或报废;

(3)应急救援物资的使用人员,应接受相应的培训,熟悉装备的用途、技术性能及有关使用说明资料,并遵守操作规程。

附录一 《易制爆危险化学品名录》（2017 年版）

序号	品　　名	别　　名	CAS 号	主要的燃爆危险性分类
1　酸类				
1.1	硝酸		7697-37-2	氧化性液体，类别 3
1.2	发烟硝酸		52583-42-3	氧化性液体，类别 1
1.3	高氯酸（浓度 >72%）	过氯酸	7601-90-3	氧化性液体，类别 1
	高氯酸（浓度 50% ~72%）			氧化性液体，类别 1
	高氯酸（浓度≤50%）			氧化性液体，类别 2
2　硝酸盐类				
2.1	硝酸钠		7631-99-4	氧化性固体，类别 3
2.2	硝酸钾		7757-79-1	氧化性固体，类别 3
2.3	硝酸铯		7789-18-6	氧化性固体，类别 3
2.4	硝酸镁		10377-60-3	氧化性固体，类别 3
2.5	硝酸钙		10124-37-5	氧化性固体，类别 3
2.6	硝酸锶		10042-76-9	氧化性固体，类别 3
2.7	硝酸钡		10022-31-8	氧化性固体，类别 2
2.8	硝酸镍	二硝酸镍	13138-45-9	氧化性固体，类别 2
2.9	硝酸银		7761-88-8	氧化性固体，类别 2
2.10	硝酸锌		7779-88-6	氧化性固体，类别 2
2.11	硝酸铅		10099-74-8	氧化性固体，类别 2
3　氯酸盐类				
3.1	氯酸钠		7775-09-9	氧化性固体，类别 1
	氯酸钠溶液			氧化性液体，类别 3 *
3.2	氯酸钾		3811-04-9	氧化性固体，类别 1
	氯酸钾溶液			氧化性液体，类别 3 *
3.3	氯酸铵		10192-29-7	爆炸物，不稳定爆炸物
4　高氯酸盐类				
4.1	高氯酸锂	过氯酸锂	7791-03-9	氧化性固体，类别 2
4.2	高氯酸钠	过氯酸钠	7601-89-0	氧化性固体，类别 1
4.3	高氯酸钾	过氯酸钾	7778-74-7	氧化性固体，类别 1

续上表

序号	品　　名	别　　名	CAS 号	主要的燃爆危险性分类
4.4	高氯酸铵	过氯酸铵	7790-98-9	爆炸物,1.1 项氧化性固体,类别 1
		5　重铬酸盐类		
5.1	重铬酸锂		13843-81-7	氧化性固体,类别 2
5.2	重铬酸钠	红矾钠	10588-01-9	氧化性固体,类别 2
5.3	重铬酸钾	红矾钾	7778-50-9	氧化性固体,类别 2
5.4	重铬酸铵	红矾铵	7789-09-5	氧化性固体,类别 2 *
		6　过氧化物和超氧化物类		
6.1	过氧化氢溶液(含量>8%)	双氧水	7722-84-1	(1)含量≥60% 氧化性液体,类别 1 (2)20% ≤含量<60% 氧化性液体,类别 2 (3)8% <含量<20% 氧化性液体,类别 3
6.2	过氧化锂	二氧化锂	12031-80-0	氧化性固体,类别 2
6.3	过氧化钠	双氧化钠; 二氧化钠	1313-60-6	氧化性固体,类别 1
6.4	过氧化钾	二氧化钾	17014-71-0	氧化性固体,类别 1
6.5	过氧化镁	二氧化镁	1335-26-8	氧化性液体,类别 2
6.6	过氧化钙	二氧化钙	1305-79-9	氧化性固体,类别 2
6.7	过氧化锶	二氧化锶	1314-18-7	氧化性固体,类别 2
6.8	过氧化钡	二氧化钡	1304-29-6	氧化性固体,类别 2
6.9	过氧化锌	二氧化锌	1314-22-3	氧化性固体,类别 2
6.10	过氧化脲	过氧化氢尿素; 过氧化氢脲	124-43-6	氧化性固体,类别 3
6.11	过乙酸(含量≤16%,含水≥39%,含乙酸≥15%,含过氧化氢≤24%,含有稳定剂)	过醋酸; 过氧乙酸; 乙酰过氧化氢	79-21-0	有机过氧化物 F 型
	过乙酸(含量≤43%,含水≥5%,含乙酸≥35%,含过氧化氢≤6%,含有稳定剂)			易燃液体,类别 3 有机过氧化物,D 型
6.12	过氧化二异丙苯 (52% <含量≤100%)	二枯基过氧化物;硫化剂 DCP	80-43-3	有机过氧化物,F 型
6.13	过氧化氢苯甲酰	过苯甲酸	93-59-4	有机过氧化物,C 型
6.14	超氧化钠		12034-12-7	氧化性固体,类别 1
6.15	超氧化钾		12030-88-5	氧化性固体,类别 1

续上表

序号	品　　名	别　　名	CAS 号	主要的燃爆危险性分类
7　易燃物还原剂类				
7.1	锂	金属锂	7439-93-2	遇水放出易燃气体的物质和混合物,类别 1
7.2	钠	金属钠	7440-23-5	遇水放出易燃气体的物质和混合物,类别 1
7.3	钾	金属钾	7440-09-7	遇水放出易燃气体的物质和混合物,类别 1
7.4	镁		7439-95-4	(1)粉末:自热物质和混合物,类别 1 遇水放出易燃气体的物质和混合物,类别 2 (2)丸状、旋屑或带状:易燃固体,类别 2
7.5	镁铝粉	镁铝合金粉		遇水放出易燃气体的物质和混合物,类别 2 自热物质和混合物,类别 1
7.6	铝粉		7429-90-5	(1)有涂层:易燃固体,类别 1 (2)无涂层:遇水放出易燃气体的物质和混合物,类别 2
7.7	硅铝 硅铝粉		57485-31-1	遇水放出易燃气体的物质和混合物,类别 3
7.8	硫黄	硫	7704-34-9	易燃固体,类别 2
7.9	锌尘		7440-66-6	自热物质和混合物,类别 1;遇水放出易燃气体的物质和混合物,类别 1
	锌粉			自热物质和混合物,类别 1;遇水放出易燃气体的物质和混合物,类别 1
	锌灰			遇水放出易燃气体的物质和混合物,类别 3
7.10	金属锆		7440-67-7	易燃固体,类别 2
	金属锆粉	锆粉		自燃固体,类别 1,遇水放出易燃气体的物质和混合物,类别 1
7.11	六亚甲基四胺	六甲撑四胺;乌洛托品	100-97-0	易燃固体,类别 2
7.12	1,2—乙二胺	1,2—二氨基乙烷;乙撑二胺	107-15-3	易燃液体,类别 3
7.13	一甲胺(无水)	氨基甲烷;甲胺	74-89-5	易燃气体,类别 1
	一甲胺溶液	氨基甲烷溶液;甲胺溶液		易燃液体,类别 1
7.14	硼氢化锂	氢硼化锂	16949-15-8	遇水放出易燃气体的物质和混合物,类别 1
7.15	硼氢化钠	氢硼化钠	16940-66-2	遇水放出易燃气体的物质和混合物,类别 1
7.16	硼氢化钾	氢硼化钾	13762-51-1	遇水放出易燃气体的物质和混合物,类别 1

续上表

序号	品　　名	别　　名	CAS 号	主要的燃爆危险性分类
8　硝基化合物类				
8.1	硝基甲烷		75-52-5	易燃液体，类别 3
8.2	硝基乙烷		79-24-3	易燃液体，类别 3
8.3	2,4—二硝基甲苯		121-14-2	
8.4	2,6—二硝基甲苯		606-20-2	
8.5	1,5—二硝基萘		605-71-0	易燃固体，类别 1
8.6	1,8—二硝基萘		602-38-0	易燃固体，类别 1
8.7	二硝基苯酚（干的或含水 <15%）		25550-58-7	爆炸物，1.1 项
	二硝基苯酚溶液			
8.8	2,4—二硝基苯酚（含水≥15%）	1—羟基—2，4—二硝基苯	51-28-5	易燃固体，类别 1
8.9	2,5—二硝基苯酚（含水≥15%）		329-71-5	易燃固体，类别 1
8.10	2,6—二硝基苯酚（含水≥15%）		573-56-8	易燃固体，类别 1
8.11	2,4—二硝基苯酚钠		1011-73-0	爆炸物，1.3 项
9　其他				
9.1	硝化纤维素（干的或含水（或乙醇）<25%）	硝化棉	9004-70-0	爆炸物，1.1 项
	硝化纤维素（含氮≤12.6%，含乙醇≥25%）			易燃固体，类别 1
	硝化纤维素（含氮≤12.6%）			易燃固体，类别 1
	硝化纤维素（含水≥25%）			易燃固体，类别 1
	硝化纤维素（含乙醇≥25%）			爆炸物，1.3 项
	硝化纤维素（未改型的，或增塑的，含增塑剂 <18%）			爆炸物，1.1 项
	硝化纤维素溶液（含氮量≤12.6%，含硝化纤维素≤55%）	硝化棉溶液		易燃液体，类别 2
9.2	4,6—二硝基—2—氨基苯酚钠	苦氨酸钠	831-52-7	爆炸物，1.3 项

续上表

序号	品　　名	别　　名	CAS 号	主要的燃爆危险性分类
9.3	高锰酸钾	过锰酸钾;灰锰氧	7722-64-7	氧化性固体,类别 2
9.4	高锰酸钠	过锰酸钠	10101-50-5	氧化性固体,类别 2
9.5	硝酸胍	硝酸亚氨脲	506-93-4	氧化性固体,类别 3
9.6	水合肼	水合联氨	10217-52-4	
9.7	2,2—双(羟甲基)1,3—丙二醇	季戊四醇、四羟甲基甲烷	115-77-5	

注:1. 各栏目的含义:

"序号":《易制爆危险化学品名录》(2017 年版)中化学品的顺序号。

"品名":根据《化学命名原则》(1980)确定的名称。

"别名":除"品名"以外的其他名称,包括通用名、俗名等。

"CAS 号":Chemical Abstract Service 的缩写,是美国化学文摘社对化学品的唯一登记号,是检索化学物质有关信息资料最常用的编号。

"主要的燃爆危险性分类":根据《化学品分类和标签规范》系列标准(GB 30000. 2—2013 ~ GB 30000. 29—2013)等国家标准,对某种化学品燃烧爆炸危险性进行的分类。

2. 除列明的条目外,无机盐类同时包括无水和含有结晶水的化合物。

3. 混合物之外无含量说明的条目,是指该条目的工业产品或者纯度高于工业产品的化学品。

4. 标记"*"的类别,是指在有充分依据的条件下,该化学品可以采用更严格的类别。

附录二 《易制毒化学品的分类和品种目录》（2017 年版）

第一类					
序号	名　称	CAS 号	《危险化学品目录》收录情况	备　注	增　补
1	1—苯基—2—丙酮	103-79-7	未收录	445 号令版	
2	3,4—亚甲基二氧苯基—2—丙酮	4676-39-5	未收录	445 号令版	
3	胡椒醛	120-57-0	未收录	445 号令版	
4	黄樟素	94-59-7	未收录	445 号令版	
5	黄樟油	8006-80-2	未收录	445 号令版	
6	异黄樟素	120-58-1	未收录	445 号令版	
7	N—乙酰邻氨基苯酸	89-52-1	未收录	445 号令版	
8	邻氨基苯甲酸	118-92-3	未收录	445 号令版	
9	麦角酸 *	—	未收录	445 号令版	
10	麦角胺 *	—	未收录	445 号令版	
11	麦角新碱 *	—	未收录	445 号令版	
12	麻黄素、伪麻黄素、消旋麻黄素、去甲麻黄素、甲基麻黄素、麻黄浸膏、麻黄浸膏粉等麻黄素类物质 *	—	未收录	445 号令版	
13	羟亚胺及其盐类（如盐酸羟亚胺等）	羟亚胺 CAS 号 90717-16-1	未收录	2008 年 8 月 1 日收录	第一次增补 1 个 第一类产品
14	邻氯苯基环戊酮	6740-85-8	未收录	2012 年 9 月 15 日收录	第二次增补 1 个 第一类产品
15	1—苯基—2—溴—1—丙酮	2114-00-3	未收录	2014 年 4 月 10 日收录	第三次增补 2 个 第一类产品
16	3—氧—2—苯基丁腈	4468-48-8	未收录	2014 年 4 月 10 日收录	

附录二 《易制毒化学品的分类和品种目录》(2017年版)

续上表

第一类					
17	N—苯乙基—4—哌啶酮		未收录	2017年11月6日收录	第四次增补3个第一类产品
18	4—苯胺基—N—苯乙基哌啶		未收录	2017年11月6日收录	
19	N—甲基—1—苯基—1—氯—2—丙胺		未收录	2017年11月6日收录	
第二类					
1	苯乙酸	103-82-2	未收录	445号令版	
2	醋酸酐	108-24-7	收录	445号令版	
3	三氯甲烷	67-66-3	收录	445号令版	
4	乙醚	60-29-7	收录	445号令版	
5	哌啶	110-89-4	收录	445号令版	
6	溴素	7726-95-6	收录	2017年11月6日收录	第四次增补2个第二类产品
7	1—苯基—1—丙酮	93-55-0	未收录	2017年11月6日收录	
第三类					
1	甲苯	108-88-3	收录	445号令版	
2	丙酮	67-64-1	收录	445号令版	
3	甲基乙基酮	78-93-3	收录	445号令版	
4	高锰酸钾	7722-64-7	收录	445号令版	
5	硫酸	7664-93-9	收录	445号令版	
6	盐酸	7647-01-0	收录	445号令版	

说明:

一、第一类、第二类所列物质可能存在的盐类,也纳入管制。

二、带有*标记的品种为第一类中的药品类易制毒化学品,第一类中的药品类易制毒化学品包括原料药及单方制剂。

附录三　2015 年深圳市道路危险货物运输突发事故应急演练方案和演练剧本

2015 年　深圳市道路危险货物运输突发事故应急演练

2015 年深圳市道路危险货物运输突发事故应急演练方案

为进一步做好道路危险货物运输安全管理工作,切实提高各级单位对道路危险货物运输突发事故的应急救援速度和协调水平,提高各级管理人员和从业人员的安全意识,由深圳市交通运输委员会、盐田区政府主办,深圳市交通运输委港航和货运交通管理局、深圳市交通运输应急指挥中心、盐田区应急管理办公室、盐田区安全生产监督管理局承办,将于 2015 年 12 月 22 日在深圳市背仔角关路段开展内容为“汽油运输罐车被追尾导致油品泄漏”的突发事故应急演练,特制订本方案。

一、演练目的

(1)检验市、区政府部门应对道路危险货物运输突发事故的快速反应能力,检验各职能部门间的应急协同作战水平和现场应急救援能力。

(2)进一步明确各级职能部门在应急事故情况下的岗位与职责,发现应急响应程序中存在的缺陷、应急资源的不足,整体提高我市道路危险货物运输突发事故应急反应能力,提高应急人员的事故处置水平。

(3)提高道路危险货物运输行业从业人员的安全意识和事故处理经验。

二、演练组织架构

(一)组织机构

主办单位:深圳市交通运输委员会
　　　　　深圳市盐田区政府
承办单位:深圳市交通运输委港航和货运交通管理局
　　　　　深圳市交通运输应急指挥中心
　　　　　盐田区应急管理办公室
　　　　　盐田区安全生产监督管理局
参演单位:盐田区公安分局、盐田区交警大队、盐田区公安消防大队、盐田海事局、
　　　　　盐田区环境保护和水务局、盐田区卫生和计划生育局、盐田区委宣传部、
　　　　　盐田区梅沙街道办、深圳市道路危险货物运输行业协会、
　　　　　深圳市宏茂达石油配送有限公司、深圳市危险废物处理站有限公司、
　　　　　深圳市深南燃气有限公司、广东龙善环保高科技实业集团有限公司

(二)演练指挥部

演练总指挥:深圳市交通运输委副主任　温文华

盐田区委常委、常务副区长

演练副总指挥：深圳市交通运输委港航货运局局长　朱各英

深圳市交通运输应急指挥中心主任　张少远

盐田区应急办主任　陈建平

盐田区安监局局长　陈伟东

（三）演练现场指挥部

现场总指挥：盐田区安监局副局长　黄福亮

现场副总指挥：深圳市交委港航货运局调研员　李川

深圳市交通运输应急指挥中心副主任　廖宪民

盐田区应急办副主任　王国峰

盐田海事局副局长　陈为中

成员：深圳市交通运输委港航货运局、深圳市交通运输应急指挥中心、盐田区应急办、盐田区安监局、盐田区公安分局、盐田区交警大队、盐田区公安消防大队、盐田海事局、盐田区卫生和计划生育局、盐田区环境保护和水务局、盐田区委宣传部、盐田区梅沙街道办、市危运协会等各单位负责人。

职责：统一指挥突发事故的救援、抢险、处置、转移、疏散、环境监测、人员救助安置等事故相关处理工作。

三、演练相关工作安排

（一）筹备工作

2015 年 10 月 20 日至 11 月 7 日，市交委港航货运局负责制定演练方案、演练剧本。

2015 年 11 月 10 日，市交委港航货运局、市交通运输应急指挥中心、盐田区安监局会同参演企业，在市交委港航货运局召开应急演练协调会，并根据各单位意见修改剧本，完善演练方案。

（二）桌面推演、预演及正式演练

2015 年 11 月 25 日下午，由盐田区应急办、盐田区安监局、市交委港航货运局、市交通运输应急指挥中心牵头组织各参演单位在盐田区工青妇活动中心 18 楼进行第一次桌面推演，听取各单位意见，对方案、剧本修改完善。

2015 年 12 月 9 日下午，各参演单位在盐田区工青妇活动中心 18 楼进行第二次桌面推演，进一步完善演练方案和剧本。

2015 年 12 月 22 日上午，组织预演。

2015 年 12 月 22 日下午，正式演练。

（三）演练地点

深圳市背仔角关检查站。

四、演练组织机构

现场指挥部下设8个应急行动组，如附图1所示。

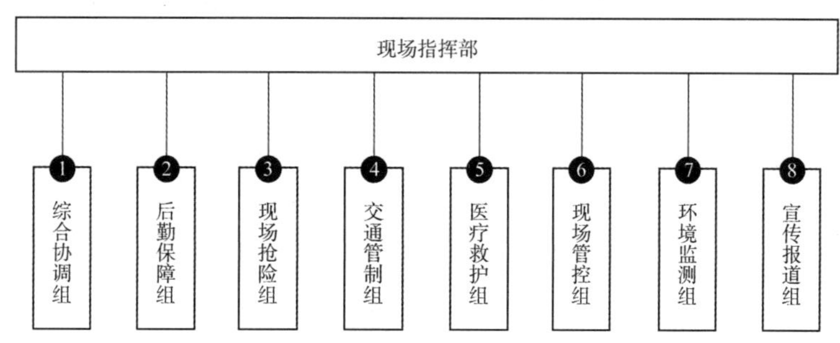

附图1 现场指挥部的构成

1. 综合协调组

成员：盐田区应急办、盐田区安监局

职责：指挥协调各组职能分工，保证各分组应急职能有效落实；收集整理事故动态信息及处置工作情况，将情况汇报给应急指挥部。

2. 后勤保障组

成员：深圳市交通运输委港航货运局、深圳市交通运输应急指挥中心

职责：负责演练物资、器材、用品的供应及其他后勤保障工作。

3. 现场抢险组

成员：盐田区公安消防大队、盐田海事局、深圳市危险废物处理站有限公司、深圳市宏茂达石油配送有限公司（以下简称A公司）、广东龙善环保高科技实业集团有限公司。

职责：（A公司）负责事故初步处置；（消防）负责事故抢险救援，对事故现场泄漏罐车进行应急处置；（危险废物处理站）对泄漏出的油品进行收集，对事故现场地面、海事除污器材进行消污处理；（海事局）组织指挥开展海面油品污染控制和除污处理；（龙善环保）负责准备海面救援物资，实施海面救援。

4. 交通管制组

成员：盐田区交警大队

职责：负责事故周边道路交通管制、安全警戒，禁止无关车辆、人员进入事故区域。

5. 现场管控组

成员：盐田区公安分局、盐田区梅沙街道办

职责：负责事故周边区域人员疏散、转移、管控，防止无关人员进入事故区域，阻止干扰

现场救援的情况。

6. 医疗救护组

成员:盐田区卫计局

职责:负责受伤人员的救护工作。

7. 环境监测组

成员:盐田区环水局

职责:负责监测事故周边油品挥发浓度与扩散范围;事故处理完成后,对事故现场地面环境进行检测,监督污染消除情况。

8. 宣传报道组

成员:盐田区委宣传部

职责:负责事故宣传报道工作,向外界公布事故处理情况。

五、演练情景设定

2015 年 12 月 22 日下午 15 时 30 分,A 公司一辆满载汽油的罐式运输车在盐葵路上由东向西行驶,在行至盐田区背仔角关路段时,因道路转弯弧度较大,驾驶员在车辆急转弯时采取减速操作,致使车辆被 B 公司普通运输车辆追尾,导致罐车罐体破损、所载油品泄漏,并有部分油品通过路边排水渠流入海水污染海面,如附图 2 所示。后方车辆驾驶员受轻伤。

附图 2　汽油运输罐车被追尾导致油品泄漏

前车驾驶员和押运员在查看车辆受损情况后,迅速采取应急响应,押运员在事故车辆周围建立警戒区,转移后车伤员,向 110 报警指挥中心和公司值班室汇报事故情况;驾驶员采取措施进行堵漏,由于罐体裂口较大,随车携带的应急装备无法发挥作用,油品持续泄漏,驾驶员随后退到一旁警戒,等待公司救援人员的到来。

接到 A 公司事故汇报后,110 报警指挥中心立即通知盐田区公安分局指挥中心、盐田区公安消防大队、盐田区交警大队、盐田区委宣传部等部门,盐田区公安分局指挥中心通报盐田区总值班室(盐田区应急办);盐田区总值班室(盐田区应急办)立刻通报盐田区政府,区政府组织盐田区安监局、盐田区环水局、盐田区卫计局、盐田区梅沙街道办等相关部门赶赴现场。A 公司值班室立即汇报给市交委港航货运局,港航货运局汇报给市交委总值班室(市交通运输应急指挥中心)。市交委总值班室(市交通运输应急指挥中心)把事故及有油品泄漏流到海面的情况汇报给市政府,市政府通知深圳海上搜救中心,搜救中心指派盐田海事局到场指挥开展海面清污工作，盐田海事局组织广东龙善环保高科技实业集团有限公司实施海面清污处理。港航货运局立刻启动应急预案，组织危险货物事故处理专家和危险废物处理站紧急赶到现场。各部门、各单位相继启动应急预案，赶赴现场开展事故救援处置工作。

A公司值班室向港航货运局汇报事故的同时，组织公司救援力量赶赴现场实施救援。

现场总指挥参考专家建议，根据汽油燃点、现场气温等客观条件，决定采取“先防控、后排险”的战术措施，命令首先利用消防泡沫车对泄漏罐车喷泡沫覆盖；其次根据现场检测出油品挥发的浓度，进一步扩大警戒区，杜绝一切火种进入现场。在检测周围油品挥发浓度已降至安全操作范围内之后，在保证安全的情况下，利用油品接驳罐车，将事故车辆罐体内剩余油品进行转移，对泄漏油品进行回收。海事局组织开展海面油品的清污工作，危险废物处理站实施对油品回收及地面、沙滩的残留油品的消污处理，龙善环保实施海面油品的清理工作。

六、演练行动

本次演练行动分为“准备阶段、先期处置、堵漏救援、现场清理、点评总结”5部分，具体演练行动如下：

（一）准备阶段（执行单位：各参演单位）

各参演人员及单位现场签到。领导主席台就座，各参演人员在主席台前集合，观摩人员在观摩区就座。现场总指挥向演练总指挥报告人员集结完毕，演练总指挥下令演练开始。解说员对演练方案进行解说。

（二）事故前期处置及事故汇报（执行单位：A公司、市交委港航货运局、市交通运输应急指挥中心）

（1）模拟事故车辆在行驶转弯过程中被后方车辆追尾，驾驶员、押运员立即下车查看现场，并立即切断车辆总电源；初步查看后，发现罐体破裂造成油品泄漏，后方车辆驾驶员受轻伤。前车驾驶员随后取出随车配备的堵漏工具进行堵漏操作。

前车押运员取出随车配备的三角警示牌和辅助警示设备，跑步向来车方向100m处设置危险警示标志，并疏导周围人群和车辆远离危险点；之后，立即向110报警中心和公司值班室汇报事故情况。

（2）由于事故车辆罐体破裂口较大，随车配备的堵漏工具无法发挥作用，操作过程中油品持续漏出，驾驶员随后退到一旁，持灭火器警戒，等待公司救援力量的到来。

（3）A公司接到现场报告情况后，立即启动公司应急预案，派遣救援队赶往现场，开展企业自救，同时将有关情况迅速报告给港航货运局。

（4）港航货运局接到公司报告后，立即启动《港航和货运交通管理局道路危险货物运输行业突发事件应急预案》，组织行业专家及危险废物处理站赶赴现场，协助救援。同时，将事故信息报告给市交委，市交委把有油品泄漏到海面的情况上报市政府，市政府通知深圳海上搜救中心，深圳海上搜救中心指派盐田海事局到事故现场指挥开展海面污染处置，盐田海事局组织龙善环保公司实施海面污染处理。

(5)110值班室接到A公司人员报警后，立刻通知盐田区公安分局指挥中心。盐田区公安分局指挥中心汇报盐田区总值班室并通报盐田区公安消防大队、盐田区交警大队等相关单位。盐田区总值班室（应急办）接盐田区公安分局指挥中心汇报后，立即组织盐田区安监局、盐田区卫计局、盐田区环水局、梅沙街道办、区委宣传部等部门赶赴现场。

（三）交通管制与秩序维护（执行单位：盐田区交警大队、盐田区公安分局、盐田区梅沙街道办）

盐田交警大队到达现场后，对事故道路进行交通管制，根据需要封闭道路，疏散滞留在事故现场的车流和群众，严禁无关人员、车辆进入事故现场区域。盐田区公安分局、梅沙街道办协助维护现场秩序。

（四）现场救援、污染清理（执行单位：盐田区公安消防大队、盐田海事局、龙善环保、危险废物处理站）

盐田区公安消防大队接获警情后，立即调动消防、救援车辆装备赶赴现场；在听取现场前期到达的救援人员对现场情况的介绍后，根据现场总指挥的指示对发生泄漏的车辆进行喷泡沫覆盖（附图3），同时抢救受伤人员。

附图3 对泄漏车辆喷泡沫覆盖

盐田海事局接获警情后，立即调拨海事船只等设备，到现场组织开展海面清污。龙善环保实施海面清污工作。危险废物处理站负责事故现场油品回收及清污设备消污处理。

（五）伤员急救（执行单位：盐田区卫生和计划生育局）

医务人员及救护车辆到场后，负责接送伤员、对抢救出来的伤者进行现场救护和包扎；将伤者送医院进行救治。

（六）现场环境污染监测（执行单位：盐田区环境保护和水务局）

盐田区环境保护和水务局对现场泄漏油品挥发浓度进行监测，防止挥发气体浓度达到爆炸极限。对事故处理后的现场进行环境检测，确保污染已经消除。

（七）现场恢复（执行单位：盐田区交警大队、A 公司）

在盐田区交警大队警员指挥下，A 公司组织人员转移事故油罐车离开事故现场，恢复道路交通。

（八）公众及媒体引导（执行单位：盐田区委宣传部）

向媒体和公众公布有关信息。

（九）总结与点评

参演单位在指定位置集合，演练总指挥对此次演练情况进行总结点评。

七演练准备

（一）制定演练预案

由港航货运局制定演练实施方案，撰写演练剧本。

（二）组织演练培训

演练剧本确定后，组织主要参演单位相关人员进行 2 次桌面推演，并根据实际推演情况对演练方案和剧本进行修改完善。演练单位提前对参加演练人员进行应急预案、应急技能及个体防护装备使用等方面的培训。

（三）演练前检查

演练前 3 天，各参演单位负责各自演练相关设施、设备的调试，确保正常使用，保证演练顺利进行。

（四）组织预演

演练前，组织所有参演单位有关人员进行总体预演；并根据预演情况对演练方案进行再次完善。

（五）演练保障

（1）人员保障。各参演单位根据演练的要求安排模拟人员，并负责参演人员的培训。观演人员包括相关管理部门人员、道路危险货物运输企业管理人员等。

（2）物资保障。由 A 公司准备汽油罐车 1 辆、应急处理车 1 辆、油品接驳车 1 辆，相应交通警示标志、警示线等。深南燃气准备普通厢式货车 1 辆。危险废物处理站准备相应的危险品收集、处理车。龙善环保准备相应的海事救援装备。盐田区公安消防大队准备消防车、泡沫车、消防指挥车等消防设备。卫计局负责救护车辆1辆。

(3)通信保障。准备20部防爆对讲机，由协办单位负责。

(4)场地保障。由盐田区安监局负责。

(5)经费保障。由市交通运输应急指挥中心、港航货运局、盐田区应急办、盐田区安监局负责统筹协调。

(6)其他保障。由盐田区安监局负责，包括接待场所、用电接入、临时卫生间设施等。

八、演练要求

(1)各参演单位要高度重视，积极参与，切实锻炼队伍，提高应急处置能力。要认真做好演练前的各项准备工作，组织参加演练人员进行相关培训。

(2)演练时要服从命令，听从指挥，演练开展要迅速、连贯，按要求着装及佩戴好个人防护装备。

(3)演练时要注意行车和操作安全，按照指定的停车、行车路线行驶，停车尽量靠边，以免影响其他车辆通过。

(4)模拟事故现场必须有人员对现场安全进行控制，以防止发生意外。

(5)演练过程中，如遇突发事件影响演练时，必须立即中止部分或全部演练。

(6)演练结束后，各有关单位认真总结经验教训，完善应急救援预案。

演练步骤　　附表1

时　间	步　骤
15:00—15:20	人员签到就座
15:20—15:25	参演单位集结
15:25—15:27	参演单位汇报就位情况
15:27—15:28	演练开始
15:28—15:30	致欢迎辞
15:30—15:32	模拟事故发生，解说演练场景
15:32—15:37	事故前期处置
15:37—15:40	事故报警
15:40—15:43	事故应急响应
15:43—15:48	公司救援
15:48—15:50	成立现场指挥部
15:50—16:00	消防救援
16:00—16:05	医疗救护
16:05—16:15	接驳操作
16:15—16:25	现场污染处理
16:25—16:35	海事救援
16:35—16:38	现场环境检测
16:38—16:40	现场恢复
16:40—16:50	点评总结

参演单位责任分工

附表2

序号	参演单位	职责
1	盐田区应急管理办公室	协调指挥各组分工职能，保证各分组应急职能有效落实，收集整理事故动态信息及处置工作情况
2	盐田区安全生产监督管理局	协调指挥各组分工职能，保证各分组应急职能有效落实，收集整理事故动态信息及处置工作情况
3	深圳市交通运输委港航货运局	负责演练物资、器材、用品的供应及其他后勤保障工作
4	深圳市交通运输应急指挥中心	负责演练物资、器材、用品的供应及其他后勤保障工作
5	盐田区公安分局	负责事故周边区域人群疏散、转移、管控，防止无关人员进入事故区域，阻止干扰现场救援的情况
6	盐田区交警大队	事故周边道路交通管制、安全警戒，禁止无关车辆、人员进入事故区域
7	盐田区公安消防大队	负责事故抢险救援，对事故现场泄漏罐车进行应急处置
8	盐田海事局	组织指挥开展海面油品污染控制和除污处理
9	盐田区环境保护和水务局	负责监测事故周边油品挥发气体浓度与扩散范围；事故处理完成后，对事故现场地面环境进行检测，监督污染消除情况
10	盐田区卫生和计划生育局	负责事故中受伤人员的救护工作
11	盐田区梅沙街道办	协助完成事故周边区域人群疏散、转移、管控，防止无关人员进入事故区域，阻止干扰现场救援的情况
12	盐田区委宣传部	负责事故宣传报道工作，向外界公布事故处理情况
13	深圳市道路危险货物运输行业协会	协助开展后勤保障工作
14	深圳市宏茂达石油配送有限公司	负责模拟追尾事故发生，及时向有关部门报告，事故前期处置与现场警戒，公司救援队伍初步救援
15	深圳深南燃气有限公司	负责模拟追尾事故发生，事故处理完成后转移车辆
16	深圳市危险废物处理站有限公司	负责对泄漏出的油品进行收集，对事故现场地面、海事除污器材进行消污处理
17	广东龙善环保高科技实业集团有限公司	负责准备海面救援物资，实施海面救援

演 习 物 资 清 单

附表3

序号	物资名称及数量	负 责 单 位
1	油罐车1辆、应急救援车1辆、油品接驳车1辆、相应交通警示标志、警示线、救援人员装备	宏茂达公司
2	普通厢式货车1辆	深南燃气
3	小型危险品运输车1辆、大型危险品收集车1辆、大型器材保障车1辆	市危险废物处理站
4	清污船只、吸油索、吸油毡等清污设备	龙善环保
5	消防抢险车2辆，消防指挥车1辆，灭火器、防护服等相应装备	盐田区公安消防大队
6	交警指挥车1辆	盐田区交警大队
7	120救护车1辆	盐田区卫计局
8	海事指挥船	盐田区海事局
9	环境监测车1辆	盐田区环水局
10	安监局执法车	盐田区安监局
11	交通应急指挥车	市交通应急指挥中心
12	交通执法车	市交委港航货运局
13	防爆对讲机	协办单位
14	矿泉水若干	协办单位

2015年深圳市道路危险货物运输突发事故应急演练剧本

时间:2015年12月22日　　地点:深圳市背仔角关

主办单位:深圳市交通运输委员会
深圳市盐田区政府

承办单位:深圳市交通运输委港航和货运交通管理局
深圳市交通运输应急指挥中心
盐田区应急管理办公室
盐田区安全生产监督管理局

参演单位:盐田区公安分局、盐田区交警大队、盐田区公安消防大队、盐田海事局、盐田区环境保护和水务局、盐田区卫生和计划生育局、盐田区委宣传部、盐田区梅沙街道办、深圳市道路危险货物运输行业协会、深圳市宏茂达石油配送有限公司、深圳市危险废物处理站有限公司、深圳市深南燃气有限公司、广东龙善环保高科技实业集团有限公司。

模拟场景:2015年12月22日15时30分,一辆汽油运输罐车在盐葵路由东向西行至背仔角关检查站处被一辆普通厢式车辆追尾,造成罐体破裂,油品泄漏,部分油品流入海水污染海面。

当天天气多云,温度18℃,风向东北。

第一部分:准备阶段(15:00—15:30)

15:00—15:20 人员签到就座

各参演单位领导同志、观摩人员抵达盐田背仔角关演练现场,在签到处签到。相关领导同志在主席台就座,观摩人员在观摩区就座。

15:20—15:25 参演单位集结

各参演单位清点到场人员、设备,无误后按照指定位置集结,测试通信设备。

○解说:

请各参演单位在指定位置集合,演练位置如附图4所示。

15:25—15:27 参演单位汇报就位情况

○现场总指挥(黄福亮)(通过对讲机联络各参演单位,确认人员、设备就位情况):“备单位汇报就位情况。”

○综合协调组(盐田区安监局、盐田区应急办):“综合协调组就位。”

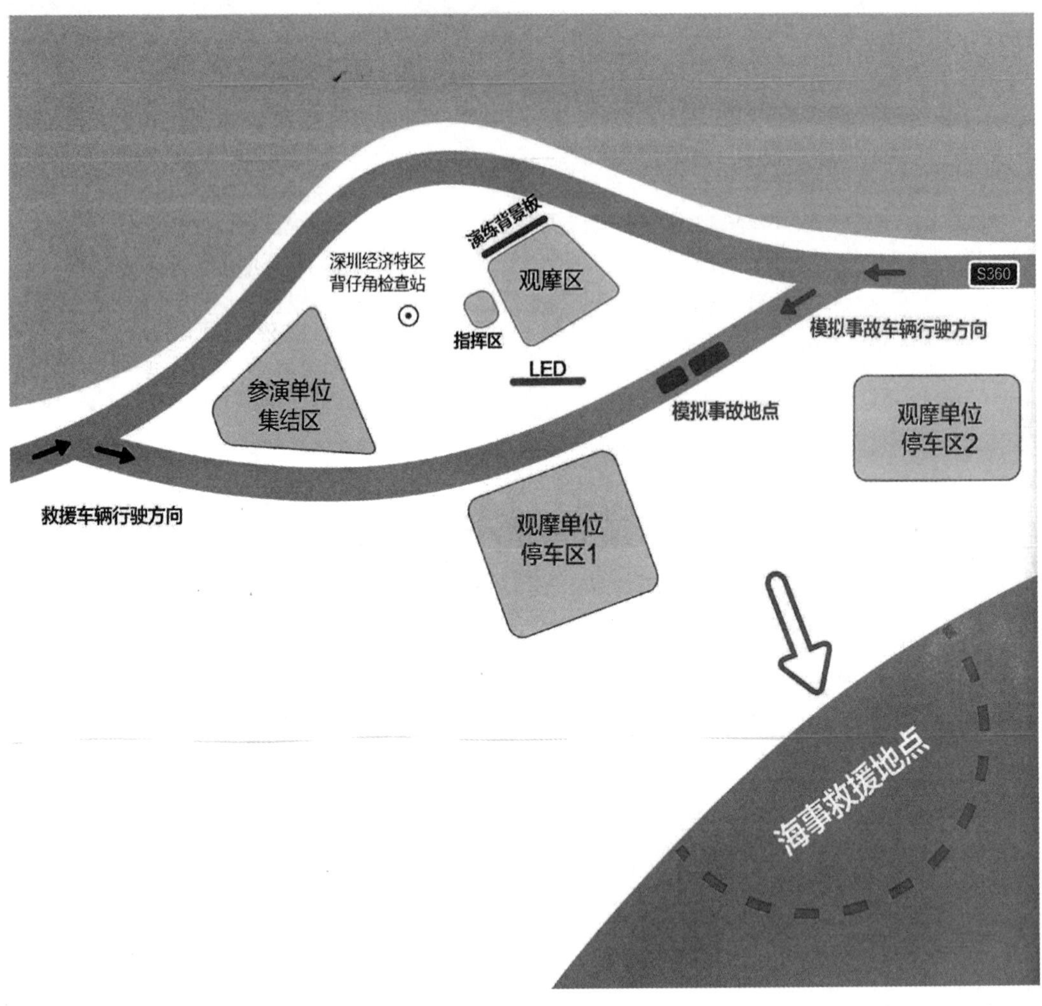

附图4　演练位置图

○后勤保障组(市交委港货局、应急中心):“后勤保障组就位。”

○现场抢险组

· 盐田区公安消防大队:“盐田区公安消防大队就位。”

· 盐田海事局:“盐田海事局就位。”

○交通管制组(盐田区交警大队):“交通管制组就位。”

○现场管控组(盐田区公安分局、梅沙街道办):“现场管控组就位。”

○医疗救护组(盐田区卫计局):“医疗救护组就位。”

○环境监测组(盐田区环水局):“环境监测组就位。”

○宣传报道组(盐田区委宣传部):“宣传报道组就位。”

15:27—15:28 演练开始

○现场总指挥(黄福亮):“报告演练总指挥,备单位已准备就绪,请您指示。”

附录二 2015年深圳市道路危险货物运输突发事故应急演练方案和演练剧本

○演练总指挥(温文华):“我宣布,2015 年道路危险货物运输突发事故应急演练,现在开始!”

15:28—15:30 致欢迎辞

○解说:

各位领导、各位来宾,下午好! 欢迎大家参加 2015 年深圳市道路危险货物运输突发事故应急演练。

本次演练由深圳市交通运输委员会、盐田区政府联合主办,由深圳市交通运输委员会港航和货运交通管理局、深圳市交通运输应急指挥中心、盐田区应急管理办公室、盐田区安全生产监督管理局承办。

参演单位有:盐田区公安分局、盐田区公安消防大队、盐田海事局、盐田区环境保护和水务局、盐田区卫生和计划生育局、盐田区委宣传部、盐田区梅沙街道办、深圳市道路危险货物运输行业协会、深圳市宏茂达油品配送有限公司(以下简称 A 公司)、深圳市危险废物处理站有限公司、深圳市深南燃气有限公司(以下简称 B 公司)、广东龙善环保高科技实业集团有限公司。

下面,我介绍一下参加今天演练的领导和嘉宾。

担任演练总指挥的是:深圳市交通运输委副主任　温文华

盐田区委常委、常务副区长________

担任演练副总指挥的有:深圳市交通运输委港航货运局局长　朱各英

深圳市交通运输应急指挥中心主任　张少远

盐田区应急办主任　陈建平

盐田区安监局局长　陈伟东

担任现场总指挥的是:盐田区安监局副局长　黄福亮

担任现场副总指挥的有:深圳市交委港航货运局调研员　李川

深圳市交通运输应急指挥中心副主任　廖宪民

盐田区应急办副主任　王国峰

盐田海事局副局长　陈为中

今天莅临指导本次演练的还有各参演单位的领导同志。

今天前来观摩的还有深圳市各危运企业的代表。欢迎大家的到来!

第二部分:事故报警及前期处置(15:30—15:43)

15:30—15:32 事故发生

演练场景介绍

○解说:

各位领导、各位来宾,本次演练的场景假设为:一辆满载 20000L 汽油的油罐车由东向西行驶，在途经背仔角检查站转弯路段时，由于道路转弯弧度较大，驾驶员采取制动操作，被后方普通厢式货车追尾，导致油罐车罐体破裂，汽油发生泄漏。

○模拟事故车辆已事先驶入模拟事故现场，停在指定位置。

○解说：

现在，我们看到，油罐车在转弯处被厢式货车追尾，发生了事故。

15:32—15:37 事故前期处置

○事故发生后，油罐车驾驶员马上打开双闪灯，穿戴安全帽、反光背心，下车走到卸油口的气动仓（打开装水仓的气动开关）。然后，到车辆尾部观察事故情况，发现厢式车辆驾驶员受伤困在车内。

驾驶员立刻告知厢式车驾驶员关闭货车电源总开关（或告知他熄灭发动机）；接着检查车辆受损情况，发现有油品渗漏，小跑到罐车电源开关旁，迅速关闭电源总开关；马上到车上取出灭火器（2个）快步走到渗油处在旁摆放；然后，从驾驶室内拿出应急救援堵漏设备箱，走到泄漏点附近打开应急救援堵漏设备箱，佩戴好防护眼镜、防毒面具，准备实施堵漏，发现罐体裂口较大，堵漏操作无法实施。拿起其中一个灭火器进行警戒，等待救援车辆的到来。

○解说：

油罐车驾驶员、押运员立即下车检查，经现场勘查后，发现罐车罐体破裂，汽油泄漏，后方车辆驾驶员受轻伤。驾驶员立刻告知后方车辆驾驶员关闭货车总电源。

驾驶员随后采取应急措施，切断罐式车辆总电源，穿戴好防护装备，利用随车应急工具进行堵漏操作。

押运员在事故地点后方100m处设置警示标志，疏导车辆，之后，协助救出后方车辆受伤驾驶员，并将驾驶员转移到安全地带。

由于罐车罐体裂口较大，随车应急堵漏工具无法发挥作用，油品持续泄漏。

○解说：

汽油闪点低，极易挥发和燃烧，泄漏后其蒸汽能与空气形成爆炸混合物，如果不能采取有效的应对措施，及时疏散人员和车辆，一旦遇明火、高热，或现场处置产生火花，就可能发生燃烧爆炸，造成严重的事故后果。

○与此同时，押运员戴好安全帽、反光背心，下车后，马上放置三角木于右前轮两侧。再到两车碰撞点观察情况，发现厢式货车驾驶员受伤和油罐车罐体破裂；马上小跑拿起雪糕筒及三角警告牌放置事故车辆后方100m处戒备。并在警示标志以外，拨打110报警电话和公司值班室电话。

○解说：

押运员立即按照事故应急汇报程序，在警戒标志外，拨打110报警指挥中心电话和公司值班室电话，报告事故情况。

驾驶员随即退到一旁，手持灭火器警戒，等待公司救援人员的到来。

○（专家）：

（1）押运员需要在警示标志以外拨打电话汇报事故的原因？

因手机在拨打、接听及通话过程中会产生火花。

（2）汽油泄漏后驾驶员第一时间进行事故处置的常用方法、注意要点？

①隔断一切火源。

②隔离警戒、疏散无关车辆及人员。

15:37—15:40 事故报警

○解说：

现在，押运员正向110报警指挥中心汇报事故情况。

（在警戒标志外，电话汇报）

○押运员："110，15时30分，我们驾驶的粤B87086油罐车在盐田区背仔角关被普通货车追尾，车辆载有20000L汽油，车辆罐体破裂，发生泄漏。由于油罐裂口较大，随车配备的应急工具无法发挥作用。追尾车辆驾驶员受伤，请求支援。"

○110："110值班室收到，我们会迅速派人赶赴现场处置。"

○解说：

押运员向110汇报后，又向公司值班室汇报事故情况。

○押运员："公司值班室，15时30分，我们驾驶的粤B87086油罐车在盐田背仔角关被普通货车追尾，车辆载有20000L汽油，车辆罐体破裂，发生泄漏。由于油罐裂口较大，随车配备的应急工具无法发挥作用。事故地点离海边较近，油品有流到海边的可能。追尾车辆驾驶员受伤，请求支援。"

○A公司值班室："收到，请你们做好现场处置，杜绝一切火源，注意安全，公司马上安排救援。"

○押运员："是，明白。"

15:40—15:43 事故应急响应

○解说：

110接事故报警后，迅速派人赶赴现场，同时将事故情况通报盐田区公安分局指挥中心。

○110："盐田区公安分局指挥中心，15:32分接到警情，一辆牌号为粤B87086的油罐车在盐田背仔角关被普通货车追尾，车辆载有20000L汽油，车辆罐体破裂，油品发生泄漏，追尾车辆驾驶员受伤。"

○盐田区公安分局指挥中心："收到，我们将迅速通报区总值班室和各相关部门。"

○解说：

盐田区公安分局指挥中心汇报盐田区总值班室，并通报盐田区消防大队、盐田区交警大队等相关部门。

○盐田区公安分局指挥中心:“区总值班室,15:34 分接市局 110 警情,一辆牌号为粤 B87086 的油罐车在盐田背仔角关被普通货车追尾,车辆载有 20000L 汽油,车辆罐体破裂,油品发生泄漏,追尾车辆驾驶员受伤。”

○区总值班室:“收到,我们将迅速组织相关单位赶赴救援。”

○解说:

盐田区总值班室接盐田区公安分局指挥中心汇报后,立即组织区安监局、区环水局、区卫计局、区委宣传部、梅沙街道办等相关部门赶赴现场。

A 公司接到事故报告后,立刻启动公司应急预案,组织救援力量赶赴现场。同时,将事故情况汇报给港航和货运交通管理局。

○A 公司:“港航和货运交通管理局,15 时 30 分,我 A 公司车牌号为粤 B87086 的油罐车在盐田区背仔角关发生追尾事故,车上载有 20000L 汽油,事故造成车辆罐体破裂,随车应急工具无法发挥作用,油品持续泄漏,且事故地点离海边较近,有污染海水的可能。追尾车辆驾驶员受伤,公司已启动应急预案,请求支援。”

○港航货运局:“收到,请你们继续监控事态发展,及时汇报相关情况,我局将尽快组织人员赶赴现场。”

○解说:

港航货运局接到事故报告后,立即启动《港航和货运交通管理局道路危险货物运输行业突发事件应急预案》,组织行业专家和深圳市危险废物处理站有限公司赶往现场,同时,将事故情况上报市交委总值班室(市交通运输应急指挥中心)。

○港航货运局:“市交委总值班室,15 时 30 分,在盐田区背仔角关,一辆载有 20000L 汽油的油罐车发生追尾事故,出现油品泄漏,并有油品污染海水的可能,情况紧急,后续情况再报。”

○市交委总值班室(市交通运输应急指挥中心):“收到,我们会马上将情况上报相关领导和部门。请你们继续关注事态发展,及时报告最新情况。”

○解说:

市交委总值班室接到汇报后,立即启动相关应急预案以及危险货物运输安全事故Ⅳ级应急操作指令,同时将相关情况上报市委市政府,并通报盐田区政府。市政府将事故情况通报深圳海上搜救中心,深圳海上搜救中心指派盐田海事局到场组织开展海上清污工作。

第三部分:现场救援(15:43—16:38)

15:43—15:48 公司救援

○解说:

接 110 警情后,盐田区公安、交警、消防等部门立即携带救援装备赶赴事故现场。

盐田交警到达事故现场,开始交通管制与车辆疏导工作。

○解说:

我们看到交警人员在事故现场开展交通管制与车辆疏导工作。

盐田区公安分局人员到达现场,疏导现场人员,询问事故情况。

○解说:

公安人员到场后对现场人员进行疏导管控,并向事故现场人员询问事故情况。

○(专家):

汽油泄漏事故,人员应该如何疏散?

汽油在《危险货物品名表》中属第三类易燃液体危险品,具有易挥发、易燃烧特性。汽油泄漏事故现场一定要进行隔离,杜绝明火,防止发生燃烧爆炸。无关人员要从事故现场撤离,救援人员要尽量停留在事故现场上风处。

○公司救援车辆到达现场,救援人员实施救援。抢险车从道路最左侧车道进入现场,救援人员(4 人)身着消防服下车,人员先将救援物资、抢险工具卸下,等候救援队长下达命令,如附图 5 所示。

附图 5　救援人员到达现场

○解说:(解说根据救援人员的动作进行)

现在,我们看到 A 公司的救援人员已经抵达事故现场,他们身着防护服,从救援车辆上卸下救援物资,准备实施救援工作。

应急救援队长首先向驾驶员了解事故情况并现场观察油品泄漏情况和流向,然后向救援人员下达救援指令。

○解说:

救援队长向驾驶员询问并查看事故现场后,向救援队员说明救援方案并下达救援命令。

两名救援队员利用堵漏工具对罐车进行堵漏操作,发现裂口太大,无法操作时退到一旁。

○解说:

救援队员在进行堵漏时发现,由于罐体裂口较大,所带工具无法发挥作用。

另外两名救援队员拿起装好沙土的麻袋,根据救援队长的指挥对渗漏的油品进行弧形

围堵截流，然后，用吸油毡覆盖泄漏的油品；同时有一名救援队员与驾驶员拿着灭火器在堵漏点进行警戒。（截流成功）

随后，A公司油品接驳车也到达现场。

○解说：

其他队员利用装好沙土的麻袋对泄漏到地面的油品进行弧形围堵截流，并用吸油毡对地面油品进行覆盖吸附。

○（专家）：

汽油泄漏事故的救援方法、注意要点？

（1）对车载罐体进行静电消除；静电接地。

（2）利用随车工具尽可能进行堵漏。

（3）防止泄漏物流入附近水源、沟渠；沙土围堵。

（4）汽油为麻醉性毒物，对皮肤、黏膜有刺激作用，救援人员要做好个人防护。

各部门人员先后赶到，协助交警部门管控现场。

○解说：

盐田区应急办，盐田区安监局、盐田区公安消防大队、盐田区环境保护和水务局、盐田区卫生和计划生育局、盐田区委宣传部、盐田区梅沙街道办等部门也先后赶到现场，协助交警、公安管控现场。

15:48—15:50 成立现场指挥

市交委车辆（有港航货运局标识车辆及交通运输指挥中心应急指挥车）到达现场；

各部门负责人根据应急预案成立现场指挥部。

○解说：

各部门领导根据危险品事故应急预案，由盐田区安监局副局长黄福亮为现场总指挥。由盐田区应急办、盐田区安监局协调现场救援工作。

○现场指挥部和专家商议事故处理方法。

○解说：

易燃易爆危险品泄漏事故该怎样处置？

○（专家解答）：

汽油的特点：依据汽油爆炸极限低和着火能量低等特性，要先防爆，后排险。

现场指挥部根据专家意见，开始部署救援工作。

15:50—16:00 消防救援

盐田区消防大队的车辆已到达事故现场，车辆停至指定位置。

○解说：

我们看到，消防车辆已经抵达现场。

○消防负责人汇报:“报告现场总指挥,消防车辆已经就位,准备对事故车辆喷泡沫覆盖,请指示。”

○现场总指挥:“收到,可以实施操作。”

○解说:

消防人员(封闭式防护服)按照现场总指挥的要求,对现场温度、油品挥发浓度进行监测。对事故车辆喷泡沫覆盖,并根据检测结果,扩大警戒范围,严禁一切火种进入现场。

○(专家):

消防人员采用泡沫覆盖的作用?

遇汽油泄漏事故时,采用泡沫覆盖,可将汽油与空气隔离,抑制汽油挥发,降低燃烧风险。

16:00—16:05 医疗救护

救护车入场,停在指定位置。

○解说:

现在 120 救护车已经抵达事故现场,医护人员在安全地带对受伤人员伤情进行查验。

○(专家):

遇危险化学品伤害时,首先要将患者转移到空气新鲜的地方;呼叫 120 或专业救援机构;如果患者停止呼吸,应实施人工呼吸;如果患者出现呼吸困难,应进行吸氧;若皮肤或眼睛接触危化品,要立即用自来水冲洗至少 20 分钟(皮肤接触浓硫酸时要先用干抹布擦去酸液,再用水冲洗),之后使用相应的药物治疗,并及时脱去被污染的衣物。医护人员要知道事故中涉及物质的性质,并做好自我防护。

○解说:

医务人员向现场指挥部报告伤员救治情况。

○卫计局:“报告现场指挥部,伤员伤势已经得到控制,需送医院进一步检查。”

○现场总指挥:“立即送医院,尽全力做好伤员的护理工作,有情况及时汇报。”

○卫计局:“是。”

○解说:

现在我们看到医疗人员将伤员抬上救护车送往医院。

16:05—16:15 接驳操作

A 公司接驳车在现场待命。

(车辆进场开始解说)

○解说:

由于罐体裂口较大,堵漏操作无法进行,罐车中油品仍在不断漏出。

现在,A 公司的接驳车已在现场待命,救援人员和行业专家在对事故现场进行勘察后,决定采用接驳操作对事故油罐车中的油品进行转移。

○A 公司："报告现场总指挥，接驳车已到指定位置，准备开始接驳操作，请指示。"

现场总指挥："同意开始接驳操作。"

○A 公司："是。"

现场救援队长在专家指导下，指挥接驳操作，接驳车驾驶员、押运员佩戴好安全帽、反光背心，驾驶员与另外一名救援队员将两车的接地线接地，押运员于右前轮两侧放置三角木。

抢险人员从接驳车上卸下油管，把油管一端连接在驳车上，油管另一端吊到事故罐车顶部，从装油口放入罐内。对接工作完成后，并逐一向救援队长汇报。

救援队长听到队员的汇报后，指挥驾驶员开泵，1 分钟过后，油管两端的队员同时报告：油品过驳完毕。救援队长下达过驳结束指令，并命令队员收起相关设备。

各队员有条不紊地将救援设备回位。

（与接驳操作人员动作同时进行）

○（专家）：

油品接驳操作的注意事项及操作方法？

操作人员应穿着防静电服，佩戴好手套等劳保用品，确认作业阀门开关正确，确定作业泵和作业管线连接正确。无误后，开启作业泵接驳，作业中严禁使用非防爆工具进行敲打，工作人员要注意计量工作，防止接驳罐溢出。

○解说：

我们看到，A 公司救援人员正在有条不紊地进行油品接驳操作。工作人员连接两罐车间的管道，将事故车辆中的油品转移到接驳车中。

○A 公司："报告现场总指挥，接驳作业完成，经确认事故泄漏油品约 10000L，请指示。

○现场总指挥："接驳车辆安全撤离，交通管制组对事故现场拍照取证。"

○解说：

现在，事故现场接驳完成，危险源已消除，现场总指挥通知交警部门，到事故现场拍照取证。

○交通管制组："报告现场总指挥，事故取证完毕。"

○现场总指挥："收到，A 公司分离事故车辆并转移。"

○解说：

我们看到，A 公司正在专家的指挥下对事故车辆进行分离。

○（专家）：

危险品运输车辆追尾分离要讲究一定的方法吗？

分离不当会引起次生事故，例如山西岩后隧道事故，车辆追尾甲醇泄漏后驾驶员违规移动车辆，产生火花引起火灾。一定要确认消除危险源后方可进行追尾车辆的分离。

○解说：

现在接驳操作已经完成，接驳车辆在交通管制组指挥下驶离现场。

16:15—16:25 现场污染处理

○危险废物处理站专业车辆进场,工作人员对地面油品进行消污处理,并对洗消废液进行回收。

(处理站与消防沟通相关处理动作)

○解说:

现在,废物处理站工作人员对地面泄漏油品情况进行查看,并利用化油剂对洒在地面的油品进行消污处理,对部分洗消废液进行收集并装至危险废物专用车上。

(地面油污处理完成)

○处理站汇报:"报告现场总指挥,地面油污处理作业完成。

○现场总指挥:"收到。"

16:25—16:35 海事救援

海事部门派小艇抵达受污染海面,同时,海事部门通知龙善环保公司的清污船携带专业设备赶赴现场,开展海面污染控制。

○解说:

在消防人员施救的同时,现场救援人员发现有油品透过路旁排水渠流到了海边,已造成海面小面积污染。

(请看大屏幕)我们看到,作为盐田辖区的水上交通安全监管部门,盐田海事局已经在接到深圳海上搜救中心的现场清污指令后到达现场。

○海事部门负责 A:"报告现场总指挥,海事应急处置力量已经就位,请指示。"

○现场总指挥:"盐田海事,事故车辆已经撤离,整个事故油品泄漏量约 10000L,请立即按照应急预案做好海面油污围控工作。"

○海事部门负责人:"海事部门明白,我们将根据油品泄漏量对海面清污力量进行调整和安排。"

○(专家):

海面油品污染的救援知识?

海面油品污染处理方法一般有:

(1)机械回收法:使用围油栏防止油品扩散,利用撇油器进行油品回收;

(2)化学分解法:在海面喷洒化油剂进行分解;

(3)使用吸油材料进行吸附,然后用网捞起后进行处理。

(海面救援开始后解说)

○解说:

海事应急处置人员在对现场油污情况进行评估后,认定泄漏汽油无须使用围油栏进行围控,已经指挥具有海面清污资质的专业公司利用吸油毡对海面油污进行吸附。

现在海事部门也在紧张地指挥开展海面污染的除污工作。

我们看到，在海事部门的组织指挥下，龙善环保公司已经完成了对海面油品的控制，并利用专业设备进行回收，现在回收工作已基本完成，海面污染处置人员正将除污器材、回收油品运到岸上交予危险废物处理站进行消污处理。

海事部门报告海面油品处置情况。

○海事救援负责人："报告现场总指挥，泄漏至海面的油品清除工作已经完成，经在油品污染周边水域观测，未发现对周边水域的污染。"

○现场总指挥："收到。"

16:35—16:38 现场环境检测

环境保护和水务局工作人员到达事故现场，开始利用检测仪进行现场环境监测工作。

○解说：

现在，环境监测人员已经到达现场，穿着专业装备，正在使用专业检测仪对现场环境进行监测（附图6），并将监测的结果报告给现场指挥部。

附图6　环境监测

○（专家）：

危险品污染对环境造成的污染？

危险化学品事故的发生具有突发性、毒物泄漏量大、波及范围广、伤害形式特殊、对人员和环境危害极大的特点。因为化学品事故发生的时间、地点具有不确定性和偶然性，在短时间内会导致大量有毒有害物质泄漏、燃烧、爆炸，释放出许多有毒有害的物质，会严重污染地表、水源，甚至会污染江河从而扩大危害范围，破坏生态环境。同时，在事故处置中灭火剂和泄漏的有毒物料混合，控制不当极易进入污水管或雨排管线，流入江、河、湖、海，也会造成污染。消防灭火污水导致水污染是化工事故后产生的次生灾害。

油品泄漏时会浸入土壤造成土壤污染；流入下水道或排水沟造成水体污染，油品蒸汽在下水道聚集有可能造成爆炸。

（解说完对话）

○环境保护和水务局："报告现场总指挥，经现场监测，事故没有对环境造成影响。"

○现场总指挥："收到。"

○解说：

"环境部门通过检测，此次事故没有对周围环境造成影响。"

第四部分:现场恢复(16:38—16:40)

16:38—16:40 恢复现场交通秩序

○现场总指挥:"交通管制组恢复道路交通秩序。"

○交通管制组:"收到。"

交警撤掉路面警戒标志,恢复道路交通秩序。

○解说:

现在,事故处理已经结束,事故车辆已经转移,交警部门已经恢复了路面交通,如附图7所示。

附图7 交警恢复道路秩序

紧张的事故救援工作已经结束,伤员已送医院救治,交警部门将会对事故原因进行调查,区委宣传部正在组织相关单位召开新闻发布会,通报事故处置情况。由于时间关系,相关内容不再体现。

○现场总指挥:"报告演练总指挥,事故已处置完毕,请您指示。"

○演练总指挥:"收到,我宣布,演练到此结束。"

○现场总指挥:"是。各参演单位集合。"

○解说:

现在,现场指挥部决定解除事故紧急状态。区委宣传部已向外发布事故已经处置完毕的信息。

第五部分:点评总结(16:40—16:50)

16:40—16:50 点评总结

○解说:

首先有请本次演练总指挥市交通运输委温文华副主任对本次演练情况进行点评总结。

○解说：

有请演练总指挥盐田区——副区长对本次演练情况进行点评总结。

○解说：

有请演练副总指挥盐田区应急办陈建平主任对演练进行点评。

○解说：

有请演练副总指挥盐田区安监局陈伟东局长对演练进行点评。

○解说：

有请演练副总指挥市交通运输应急指挥中心张少远主任对演练进行点评。

○解说：

有请交委港航货运局朱各英局长对本次演练进行点评。

16:50 演练结束

○解说：

“感谢各位领导的精彩点评。2015年深圳市道路危险货物运输突发事故应急演练到此圆满结束,谢谢大家。”